철학 들여다보기

철학 들여다보기

초판 1쇄 발행 / 2002년 9월 20일
개정판 1쇄 발행 / 2013년 3월 15일

지은이 / 도널드 파머
옮긴이 / 남경태
펴낸이 / 신성모
펴낸곳 / 북&월드

등록 / 2000년 11월 23일 제10-2073
주소 / 경기도 양평군 용문면 덕촌길 211번지 129-11
전화 / (02) 326-1013
팩스 / (031) 771-9087
이메일 / gochr@hanmail.net

ISBN 978-89-90370-94-5 04100

책 값은 뒷표지에 표기되어 있습니다.
파본은 구입하신 서점에서 교환해 드립니다.

철학 들여다보기

도널드 파머 지음 / 남경태 옮김

북&월드

비트겐슈타인은 언젠가 모든 철학 책에는 농담만 가득하다고 말한 적이 있다. 지금 이 책은 그런 책이 아니며, 철학의 역사를 농담으로 말하지도 않는다. 이 책은 철학을 진지하게 여기지만, 단지 심각하게 여기지 않을 뿐이다. '참을 수 없이 무거운 철학 가볍게 하기'라는 제목이 말해주듯이, 이 책의 목표는 철학의 부담을 다소 줄여주는 데 있다,

짐을 완전히 팽개쳐버리지 않으면서 그렇게 하려면 어떻게 해야 할까? 첫째, 기원전 6세기부터 20세기에 이르는 서양 철학의 핵심을 놓치지 않고 소개하면서 그것들을 구슬처럼 꿰는 것이다. 이는 다시 말해서, 각각의 사상의 진화 과정을 요약하는 한편, 지나치게 가볍지 않으면서 부담 없이 읽을 수 있는 포맷으로 만드는 것이다. 물론, 여러 철학 사상을 남김없이 설명하거나 깊게 파고드는 것은 무리다. 둘째, 유서 깊은 중세의 글쓰기 전통을 모방하여 중요한 요소들을 그림과 유머로 표현하는 것이다. 이 작업에서 나는 난해한 사상들을 문자 그대로 밝히고자 했다. 중력의 힘에 이끌리는 철학자들의 자연스러운 성향을 다소나마 가볍게 띄우려는 의도로 여겨주길 바란다.(중세에 이끌리면 죽음뿐이라고 니체가 말했던가?)

그러나 비록 철학적 농담이라고 하더라도, 나는 가급적이면 교육적 기능을 부여하고자 했다. 독자 여러분은 철학이 희화화된 와중에도 그 핵심만은 놓치지 말아야 할 것이다. 철학을 40년 가까이 강의하는 경험에서, 나는 학생들이 철학을 배우면서 웃을 수 있다는 것을 보고 이 기법이 통할 수 있다는 사실을 확신하게 되었다. 니체가 말하는 "즐거운 지혜"에 도달했다고까지는 말할 수 없지만, 나는 철학에도 그런 재미가 있고 그것을 추구해야 한다고 믿는다.

탈레스와 그의 형이상학적 '물'(최초로 진정하게 무거운 물)로 들어가기 이전에 먼저 여성 철학자들이 없다는 사실에 대해 한 마디 해야 할 듯싶다. 철학사에는 왜 여성이 별로 없을까? 여기에는 여러 설명이 가능하다. 이를테면, 이런 것들이다.

> 1 여성은 지식을 승화시키는 능력이 없으므로 고급 문화에 참여할 수 없다(쇼펜하워와 프로이트가 이런 견해를 가졌다).
> 2 여성은 실상 철학의 역사에 큰 기여를 했지만, 철학사를 쓴 학자들의 남성 중심주의 때문에 제대로 취급받지 못했다.
> 3 여성은 (의도적이든 아니든) 철학사에서 체계적으로 배제되어왔다. 그 이유는 정치·사회·종교·심리가 뿌리 깊은 가부장제의 지배를 받아왔기 때문이다.

이 가운데 첫 번째 주장은 분명 진지하게 고려할 필요가 없을 것이다. 두 번째 주장에 대해서는 어느 정도 진실이라고 생각하며, 나 또한 거기에 일조하였음을 고백할 수밖에 없을 것이다. 예를 들어, 그리스의 고전 시대 후기만 해도 최소한 70명의 여성 철학자의 이름이 기록에 전해지는데, 그 중에서 대표적인 사람을 들면 아스파시아Aspasia, 디오티마Diotima, 아레테Aretê, 히파티아Hypatia 등이다(히파티아는 최근에 어느 여성 철학 잡지가 그 이름을 따서 제목을 지은 덕에 뒤늦게 주목을 받았다). 많은 세기를 건너뛰어 우리 세기에 이르면 20세기 전반에도 많은 저명한 여성이 철학사에 기여한 것을 볼 수 있다. 시몬느 드 보봐르Simone de Beauvoir, 쉬잔느 랑어Susanne Langer, 수전 스테빙Susan Stebbing 등이 그들이다.

하지만 그들의 사상이 아무리 독창적이고, 깊이 있고, 과감하다 해도 나는 그들이 이 책에서 다루고 있는 철학자들만큼 역사적으로 중요하지 않다고 믿는다(여기에는 아마 앞에서 말한 두 번째와 세 번째 주장의 탓도 있을 것이다). 다행스럽게도, 최근 들어 그런 사태는 크게 개선되기 시작했다. 이제 여성 철학자들의 사상을 자세히 검토하지 않고서는 현대 철학을 제대로 서술할 수 없게 된 것이다. 분석 철학의 전통에 서 있는 이리스 머독, 필리파 푸트, G. E. 앤스컴, 주디스 지르비스 톰슨, 그리고 대륙의 전통을 따르고 있는 가야트리 차크라보르티 스피바크, 모니크 비티크, 뤼스 이리가레, 쥘리아 크리스테바 등이 바로 그런 철학자다. 나아가, 여성 철학자들의 새로운 세대도 현재 현대 철학의 내용과 형식에 지대한 영향력을 행사하고 있는 중이다.

그러므로 위험을 감수하고서라도 나는 세 번째 주장을 옹호한다. 나는 여성들이 만약 철학사의 주요한 흐름에서 체계적으로 배제되지 않았더라면,[1] 역사는 지금보다 훨씬 풍요롭고, 깊이 있고, 공감적이고, 흥미로웠을 것이라 생각한다. 이 책에서 한 여성 철학자를 다루고 그녀가 철학에 제기한 의문, 곧 "철학이여, 어디로 가시나이까?"라는 말로 끝맺음한다는 것은 괜한 일이 아니다.

이 책의 3판에서는 특히 고대 그리스 철학, 중세 철학, 르네상스 철학, 그리고 20세기 후반의 영미 분석 철학을 조금 더 구체화하려 했다. 또한 용어 풀이도 더 늘렸으며, 각 장의 말미에는 '생각해볼 문제'라는 제목으로 몇 가지 주제를 수록했다.

마지막으로, 이 책의 1판에서 3판을 쓰는 과정에서 내게 도움을 준 분들에게 감사를 표하고 싶다. 1판에서는 케리 워크를 비롯하여 데이토나비치 지역대학의 클레멘트, 웨인 주립대학교의 한스 핸슨, 샌안토니오대학의 유키오 시라하마, 푸트힐대학의 윌리엄 틴슬리 등 원고를 읽고 도움말을 준 분들에게 감사를 드린다. 특히 샌마테오대학의 도널드 포터는 원고 전체를 읽는 수고를 해주었다. 그는 나의 집필 의도를 정확히 이해하고 나에게 그 의도를 잘 실현할 수 있도록 여러 가지 아이디어를 주었다.

2판에서는 리버사이드 지역대학의 데이지어 캐버스 후프, 샌마테오대학의 도널드 포터, 몽고메리대학의 매트 슐트, 로버트 화이트 등의 도움이 컸다. 메이필드 출판사의 담당 편집자인 짐 불은 이 책을 구상할 때부터 나에게 굳은 믿음을 주었다. 그는 이 책의 출발에서부터 2판의 완성에 이르기까지 절대적인 지원을 해주었다. 또한 출판사의 제작 전문가인 손드라 길더와 로빈 마우어트에게도 사의를 보낸다. 내 아내 레일라 메이는 가장 예리한 비평가이자 가장 큰 영감의 원천으로 역할하였다. 그는 원래 내용에서 찾을 수 없던 유머를 종종 발견해서 원고를 쓰는 괴로운 시간에 나에게 웃음을 주었다. 아내가 책의 내용을 대부분 이해했으리라 믿는다. 덕분에, 원래 의도했던 것보다 한층 재미있는 책이 될 수 있었다.

I. Mary Warnock, *Women Philosophers*(J. M. Dent, 1996) 참조

다른 분야라면 몰라도 철학을 역사적으로 학습한다는 것은 어딘지 무모하고 무의하다는 느낌이 든다. 다른 학문 분과에서는 이른바 '역사 발전'의 궤적을 찾아볼 수 있지만, 철학에서는 그렇지 않기 때문이다. 예컨대, 과학이나 경제학이라면 새로운 현상(설명 대상)이 발생하면서 기존의 설명 체계가 무력해지는 과정이 있고, 그때 새로운 이론이 제시되어 그 단계가 극복되면서 발전이 이루어지게 마련이다. 하지만 철학에서는 어찌 보면 2500년 전의 고대 그리스에서나 지금이나 다루는 대상이 별로 달라지지 않았고, 어떤 면에서는 논의 방식도 딱히 '발전'했다고 보기는 어렵다.

예나 지금이나 철학은 인간의 문제, 세계의 문제, 그리고 인간과 세계를 매개하는 인식의 문제를 주요 테마로 삼는다. 그리스 철학자들이 원질arché을 물을 때나, 데카르트가 인식과 존재의 이원론을 철학의 출발점으로 확립할 때나, 하이덱거가 존재의 언어를 개발하기 위해 부심할 때나 철학의 그런 본질은 변하지 않았다. 심지어, 현대에 들어 구조주의가 인간을 세계의 중심에서 탈락시키고, 분석 철학이 철학의 과제를 일상 언어의 분석으로 제한했음에도 불구하고 철학의 주제는 여전히 인간-인생-세계의 메커니즘이었다(엄밀히 분석해서, 구조주의는 인간에게서 설명 주체의 자격을 박탈한 것뿐이고, 분석 철학은 인식을 언어로 대체했을 뿐이다).

이렇게 역사적으로 설명 대상과 설명 체계가 근본적으로 달라지지 않은 것을 보면 철학사란 무의미해 보인다. 게다가, 철학자의 수만큼 종류가 많은 게 철학이라고 보면 도대체 철학을 역사적으로 학습한다는 게 무슨 소용이 있을까 싶기도 하다. 인류 역사에서 철학은 늘 다루는 테마와 구사하는 방법이 반복적이지 않았던가?

사실, 유명한 철학자들이 저술한 정평 있는 철학사들을 보아도 그런 심정은 별로 달라지지 않는다. 대부분 그저 역사상 존재했던 철학자들의 철학 사상들의 요약·정리한 것일 뿐이니까. 그러나 '참을 수 없이 무거운 철학 가볍게 하기'라는 다소 속된(?) 제목을 단 이 책은 매우 쉽게 읽힌다는 게 장점이다. 하지만 더 큰 장점은, 다른 두껍고 거창한 철학사 책들이 주로 각각의 철학자들의 '이론'을 소개하는 데 반해, 이 책은 역사적 시대에 따른 철학 문제들의 '흐름'을 정확히 짚어낸다는 데 있다. 그런 점에서 이 책은 어느 것보다 철학사라는 표제에 어울리는 책이다.

지은이는 해당 시대의 철학 문제에 대해 외부적인 관찰자의 입장에서 접근하지 않고, 마치 자신이 동시대인이기라도 한 것처럼 일종의 감정 이입적인 방식으로 다가간다. 이를테면, 중세 철학자 안셀무스가 신의 존재를 논증하는 과정에서는 우리 스스로가 중세적 사고방식 속에서 안셀무스와 같은 지적 실험을 해보도록 제한하고 있으며, 데카르트가 유명한 철학 명제("나는 생각한다. 고로 나는 존재한다")를 발견하는 대목에서는 난롯가에서 진행된 데카르트의 철학적인 명상을 드라마처럼 재현해 보여준다. 또한 밀의 자유론을 설명할 때는 셰익스피어의 소네트와 TV 축구 중계를 예로 들어 쾌락의 질을 분석한다.

어느 학문보다 엄숙주의가 지배하는 철학의 분야에서 지은이는 마치 대학 신입생처럼 재기를 번득이며 인류 역사상 가장 위대하고 근엄한 사상가들을 마음대로 요리하고 있다. 우리는 단지 지은이가 베푼 철학의 성찬에서 맛있는 요리를 마음껏 즐기기만 하면 된다. 게다가, 지은이가 소박한 솜씨로 파티장을 장식한 철학적인 삽화까지 감상할 수 있으니 일거양득이다. 이 책이 철학사만이 아니라 철학적 글쓰기의 전범이 될 수 있는 건 그런 의미에서다.

2013년 1월

옮긴이

차례

1 소크라테스 이전의 철학자들

기원전 6세기와 5세기 … 23

들어가기

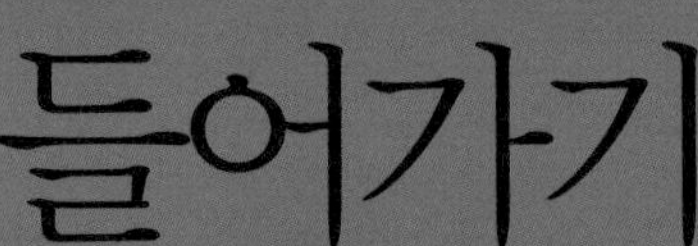

서양 철학의 이야기는 그리스에서 시작한다

로고스logos라는 그리스어는 세계에 대한 특정한 사유 양식을 가리키는 말이다. 이를테면 사물을 이성의 맥락 안에 위치하게 하고 순전히 사유의 힘으로만 설명하는 방식의 논리적 분석을 로고스라고 부른다. 고대 그리스 사람들은 그런 지적 훈련을 통해 지혜sophia에 도달할 수 있다고 믿었으며, 로고스를 탐구하는 사람을 가리켜 지혜를 사랑philo하는 사람이라고 불렀다. 필로소피philosophy, 곧 철학은 이렇게 생겨났다.

그럼 철학 이전, 로고스 이전에는 어땠을까? 그땐 뮈토스mythos, 곧 세계를 초자연적인 기원의 맥락 안에 놓는 사유 방식이 있었다. 그것에 따르면, 세계 안의 사물들을 지금의 세계를 있게 만든 특별하고 신성한 사건들로 인해 존재하게 되었다는 것이다. 그리스인들의 경우에 그것은 곧 올림포스산의 신들 덕분이었다. 이렇게 기원을 강조하는 이야기(신화)는 모든 것을 설명해줄 뿐만 아니라 도덕적으로도 모범이 되며, 종교적으로도 교훈적이기 마련이다. 다시 말해서, 신화가 제시하는 규칙들을 모두가 따를 경우에는 단순히 '나'만 앞세우는 개인들의 집합이 아니라, '우리'로 뭉쳐진 진정한 공동체의 토대가 형성될 수 있는 것이다. 그렇기 때문에 신화는 대개 보수적인 성격을 띠게 된다. 기원을 복제함으로써 현재 상태를 유지하려 하기 때문이다. "신성한 조상들이 그렇게 했으니까 우리도 그렇게 해야 돼." 이런 식이다.

고대 그리스의 관습

신화를 이용해서 사람들은 모든 행위가 나름대로 의미를 가지는 사회 세계 전체를 쉽게 창조해낼 수 있었다. 그러나 그렇게 해서 창조된 세계는 정태적이고 혁신을 거부하는 사회, 즉 흔히들 잘못되었다고 말하는 사회였다. 그러던 중 갑자기 철학이 생겨났다. 전통적인 설명에 따르면, 그 무렵에 로고스가 탄생했다고 한다(하지만 이와는 달리, 서양적인 로고스—철학과 과학—는 곧 신화의 변형에 불과하다는 주장도 있다). 기원전[1] 700년 경에 그리스에서는 뭔가 색다른 것이 생겨났다. 이를테면, '최초'의 철학자는 나일강이 여름에 범람하는 현상(대부분의 강은 여름에 말라버린다)을 사막의 바람(신들 사이의 사랑이나 다툼이 아니라) 때문이라고 설명했다. 그는 자연 현상의 원인을 '꿈 속에서' 일어나는 초자연적인 사건에서 찾지 않고 다른 자연 현상에서 찾은 것이다. 바로 그런 점에서 그리스는 서양 철학의 요람이라고 말할 수 있다.

그런데 하필이면 그리스일까? 이집트나 유대는 왜 아니었을까? 이에 대해서는 솔직히 밝힐 필요가 있다. 그 이유는 알 수 없다. 하지만 많은 역사적 사실을 참고하면 어느 정도 설명할 수 있을 것이다. 우선 고대 그리스와 동부 지중해 일대—페르시아, 메소포타미아, 페니키아, 키프로스, 남부 이탈리아, 이집트 등—의 여러 문화 사이에는 매우 생산적인 접촉이 있었다는 사실을 들 수 있다.

그리스인들은 여행을 많이 했으며, 여행을 하면서 접한 문화들로부터 여러 가지 생각, 관습, 예술 형식을 차용해서 자기들의 필요에 따라 창조적으로 적용하는 솜씨가 뛰어난 사람들이었다. 또 최근에는 그리스 문

현대의 신화?

---

[1]. 나는 연대 표시로 기존에 사용하던 B.C.(Before Christ)와 A.D.(After Christ) 대신에 B.C.E.(Before the Common Era)와 C.E.(Common Era)를 선택했다. 왜냐하면 특정한 종교적 전통에 따라 인류 역사 전체를 바라보는 것은 옳지 않기 때문이다.(지은이는 연대 표시에서 기독교의 색체를 거부하려는 것이지만, Common Era도 서력 기원을 뜻하므로 우리 말에서는 '기원전'과 '기원후'라는 표현을 계속 사용할 수밖에 없다.—옮긴이) 물론, 이 새로운 연대 표기가 다소 인위적이란 점은 인정한다. 그러나 사실 역사적인 사건들의 연대를 표시하는 모든 방식은 어느 정도 인위적일 수밖에 없다. 적어도 나는 19세기 철학자 프리드리히 니체처럼 "역사는 나의 탄생으로부터 비롯된다"고 주장하는 것은 아니다.

화가 주로 아프리카에 기원을 두고 있다는 논쟁적인 이론이 제기되기도 했다.[1] 한 가지 확실한 것은 최근에 그리스 사상사 연구자가 말했듯이, "고전 시대 그리스의 문화적 성과는 근동의 지적 배경이 없었다면 생겨날 수 없었다"[2]는 사실인데, 여기에는 동부 아프리카도 포함된다.

그밖에 주변 사회들과는 달리, 그리스에는 사상을 검열하는 사제 계급이 없었다. 물론, 그렇다고 해서 그리스의 사상가들이 아무런 제약도 없이 무엇이라도 할 수 있었다는 뜻은 아니다(나중에 살펴보겠지만, 이 시기에 사상가에게 불경죄가 적용되기도 했다). 그러나 그리스인들은 지배 종교의 견해로부터 상당히 멀리 벗어날 수 있었다.

또 다른 역사적 사실로, 그리스인들은 미세한 것에 대한 상상력이 풍부했다는 점을 들 수 있다. 예를 들어 호메로스는 《일리아드》에서 아킬레우스의 방패 하나를 놓고서 4쪽에 걸쳐 장황하게 묘사한다. 게다가 호메로스와 헤시오도스[3]—이 두 사람은 그리스 종교를 후대에 전달하는 통로의 구실을 했다—의 시를 읽고 자란 그리스의 아이들은 시적 논쟁의 습성과 본질을 묻는 태도를 몸에 익힐 수 있었다. 그리스 연극과 시의 논쟁적인 성격은 자연스럽게 그리스의 철학으로 옮아갔다.

철학을 낳는 마지막 요소는 그리스의 사회경제적 구조다. 그리스에서는 철학적 쟁점들에 관해 충분히 숙고할만한 여유

I. Nartin Bernal, *Black Athena: The Afroasiatic Roots of Classical Civilisation*, vol 1, *The Fabrication of Ancient Greece 1785~1985*(Rutgers Univ. Press, 1987).

II. Robin Osborne, "The Polis and Its Culture", in *Routledge History of Philosophy*, vol 1, *From the Beginning to Plato*, ed. C. C. W. Taylor(Routledge, 1977) p. 14.

III. Homer, *The Illiad*, trans, Michacl Reck(Icon Edition 1994); Homer, *The Odyssey*, trans. Robert Fitzgerald (Farrar, Straus & Giroux, 1998); Hesiod, *Theogony: Works and Days*, trans. Dorothea Wender(Penguin, 1976).

를 가진 유한 계급—주로 남성—이 있었다. 놀랍게도, 그리스 역사 전체를 통해 사회의 경제적 토대를 담당했던 부분은 노예 노동과 군사적인 정복에서 나온 전리품이었다. 바로 이런 것들이 '그리스의 영광'을 빛나게 했던 것이다.

게다가 정확한 이유는 알 수 없지만, 그리스의 시와 연극에는 변화와 대립물의 투쟁에 대한 감각이 유달리 발달했다. 여름에서 겨울로, 더위에서 추위로, 밝음에서 어둠으로 향하는 변화를 그들은 읽고 있었던 것이다.

사실, 이렇듯 모든 사물의 과도기적 본질을 인식하게 되면서 그리스인들은 비관주의에 빠져들기도 했다. 호메로스, 밈네르모스Mimnermus, 시모니데스Simonides 같은 시인들은 그 심정을 이렇게 표현했다. "인간은 결국 숲 속의 나뭇잎처럼 지고 마는구나."[IV]

그러나 이러한 변화에 대한 감수성 때문에 그리스인들은 '설명'을 요구하게 되었다. 즉, 종교적 전통에서 권위에서 나오는 설명이 아니라, 순전히 인간 이성의 힘으로써 얻어지고 정당화될 수 있는 설명을 필요로 하게 될 것이다. 여기서 우리는 비관주의 뒤에 있는 낙관주의를 읽을 수 있다. 그것은 바로 스스로의 힘으로 움직이는 인간 정신이 실재(reality: 아다시피, reality에는 '실재'라는 뜻 이외에 '현실'이라는 뜻도 있다. 따라서 일반적으로 철학에서는 실재라고 말하지만, 여기에는 사유[사고, 관념]와 대비되는 현실이라는 의미도 포함되어 있음에 유의하라.—옮긴이)에 관한 궁극적인 진실을 발견할 수 있다는 믿음이다.

하지만 그렇다고 해서 그리스 철학자들이 이전까지의 신화적 사고 방식과 완전히, 근본적으로 결별했다고 생각하지는 말라. 느닷없이 새로운 무신론이 우지끈뚝딱 하고 생겨나서 일체의 종교적 설명이나 제약을 거부해버린 것처럼 여겨서는 안 된다. 사실, 우리가 알고 있

IV. 이런 정서는 그리스의 시 작품들에서 보인다. *Greek Lyric: An Anthology in Translation*, ed. Andrew M. Miller(Hackett Publishing, 1996), pp. 27, 117, 118 참조

아낙시만드로스

하지만 탈레스 시대의 사람들이 모두 그의 이론을 받아들인 건 아니다. 그 중 한 사람인 아낙시만드로스Anaximandros(기원전 610?~546?)는 "만약 모든 사물이 물이라면 모든 것은 이미 오래 전에 물이 되어버렸을 것"이라고 말했다. 그렇다면 물은 어떻게 그것과 상극인 불이 될 수 있을까? 하나의 질이 어떻게 반대의 질로 변할 수 있을까? 다시 말해서, 관찰 가능한 대상이 실은 물이 다양한 상태로 변한 것—얼음이나 수증기처럼—에 불과하다면, 모든 사물은 궁극적으로 최초의 액체 상태로 돌아가게 될 것이다. 아리스토텔레스의 풀이에 따르면 이렇다. "만약 궁극적인 실재가 물처럼 특성화시킬 수 있는 것이라면 다른 요소들은 물에 의해 사라져버릴 것이다.……하나의 요소가 무제한적인 것이라면 다른 요소들은 그 순간부터 존재하지 않게 된다.["](만약 이 견해가 진정 아낙시만드로스의 것이라면, 그는 엔트로피의 원칙을 일찍이 파악했다고 할 수 있다. 엔트로피란 모든 사물은 평형 상태를 추구하는 경향이 있다는 개념이다.)

아낙시만드로스는 4가지 요소의 배후에 있는 궁극적인 물질이 그 4요소 중 하나일 수밖에 없다고 생각했다. 궁극적인 물질은 관찰할 수 없고, 확정할 수 없으며, 비정형적인 어떤 것이어야 한다. 그는 그것을 '무한한 것', 혹은 '무제한적인 것'(그리스어로 apeiron)이라고 불렀다. 그것이 무한하고 무제한적이며 불특정한 것일 수밖에 없는 이유는, 모든 특정한 사물들과 대립하기 때문이다(예컨대, 물은 불이 아니고 공기도 아니다). 하지만 무한한 것은 바로 모든 것이기 때문에 그것에 대립하는 사물은 없다.

아낙시만드로스는 그 무한한 것이 원래는 거대한 우주적 소용돌이 속에서 끊임없이 움직였다고 본 듯하다.

I. 앞의 책, p. 55.

그러다가 그 운동이 모종의 커다란 재앙(빅뱅?)으로 중단되면서 4요소가 소용돌이로부터 분리되어 나왔다는 것이다. 그의 책 일부가 지금까지 전해지는데, 거기에서 아낙시만드로스는 이렇게 쓰고 있다.

어떤 근원에서부터 솟아났든 간에 사물들은 파괴되고 나면 필연적으로 다시 그 근원으로 되돌아간다. 사물들은 시간의 흐름으로 인해 겪는 불공정함에 대해 서로에게 징벌을 가하고 보상을 하기 때문이다.[II]

이 놀라운 서술에 대해서는 여러 가지 해석이 있을 수 있다. 그 중 가장 극적인 해석에 따르면, 우리가 아는 세계 전체는 우주적인 실수의 산물이란 것이다. 창조는 불공정한, 곧 정의롭지 못한 행위다. 그러나 정의는 회복될 것이다. 세계는 결국 파괴될 테고, '사물

II. Milton C. Nahm, ed., *Selections from Early Greek Philosophy*(Appleton-Century-Crofts, 1962), p. 62.

들'은 결국 무한한 근원으로 되돌아가서 소용돌이 속에서 영원히 회전할 테니까. '뮈토스'와 '로고스'가 모두 내포된 이런 해석은 정의의 승리에 관한 기묘한 낙관주의를 보여준다.

그보다 덜 급진적이고 덜 신화적인 해석은 이럴 것이다. 4요소들이 창조된 다음에 그것들은 서로 적대적인 방식으로 연관을 맺었는데, 그것들 사이의 대립이 생태적인 조화속에서 불균형을 이룬다. 한 요소가 어떤 시기에 지배적이면(예컨대, 만수기의 물), 그 다음 시기에는 다른 요소가 지배적이 된다(예컨대, 가뭄기의 불). 이렇게 해서 현상적으로는 대립물들 사이의 투쟁이 일어나면서도 무한한 것의 본래적 통일성이 보존되는 것이다. 아낙시만드로스는 어떤 경우에도 아페이론은 불변이며 파괴되지 않는다고 본다. 아리스토텔레스에 따르면, 아페이론은 신과 연관된 속성이다.[1] 여기서 우리는 소크라테스 이전 철학이 종교적 기원과 완전히 결별하지는 못했음을 또 다시 보게 된다.

I. "무한성이란 죽음과 파괴가 없기 때문에 신적인 것에 상당한다"(Wheelwright, p. 55).

아낙시메네스

아낙시만드로스의 몇몇 제자는 이런 의문을 품었다. "아무 것도 아닌 것보다 '불측정하고 비정형적인 어떤 것'이 더 낫다고 할 수 있을까?" 그들은 전혀 나을 게 없다고 생각했다. 그것은 아무 것도 아닌 것과 전혀 다를 바 없다. 엑스 니힐로 니힐*ex nihilo nihil*(무에서는 무가 나오지 않는다)을 깨달은 그들은 다시 신비스러운 궁극적 본질을 찾기 시작했다.

우리가 느끼는 공기('상식적인' 공기)는 '원초적' 공기가 농후화와 희박화를 통해 변형되어 다른 수많은 사물을 생성시키는 과정에서 그 중간에 해당하는 형태이다.

농후화와 희박화라는 개념을 통해 아낙시메네스Anaximenes(기원전 545년 경)는 모든 질적 차이가 사실은 양적 차이라는 중요한 주장을 하기에 이른다(즉, 특정한 공간 속에 들어가 있는 물

그래서 아낙시메네스는 그것이 공기라고 생각했다

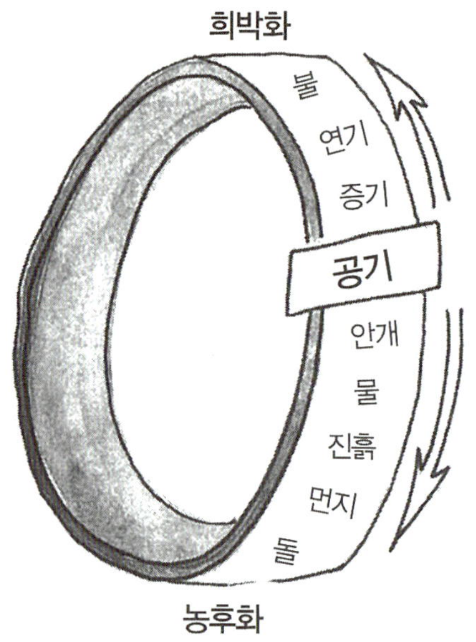

질의 양이라는 것이다). 이것은 오늘날 많은 과학자가 동의하는 주장이다(예컨대, 양성자나 전자의 '수'[양]가 달라짐으로써 원소의 화학적 '성질'[질]이 달라짐을 뜻한다).

이들 최초의 철학자 세 명—탈레스, 아낙시만드로스, 아낙시메네스—은 모두 페르시아쪽 해안에 있는 그리스 식민지 밀레토스 출신이고 또 최초의 철학 학파를 이루었기 때문에 밀레토스 학파라고 부른다. 각자의 차이는 있지만 그들은 여러 가지 측면에서 공통적이었고, 그들의 학설은 나중에 서양의 과학적 전통의 일부가 되었다. 이를테면, 가급적 단순하게 설명하려 했다는 점, 이론을 입증하기 위해 관찰에 의지했다는 점, 자연주의(자연 현상을 다른 자연 현상에 의거하여 설명해야 한다는 입장), 일원론(궁극적으로 단 한 가지 종류의 '물질'이 있다는 견해) 등이 그들의 유산이다.

밀레토스 학파는 그리스 식민지와 페르시아 사이에 근근히 유지되던 평화가 깨지고 페르시아에 정복됨으로써 문을 닫게 되었다.

피타고라스

밀레토스 학파의 뒤를 이은 피타고라스Pythagoras(기원전 572?~500?)는 밀레토스 부근의 시모스 섬 출신이었는데, 선배 철학자들처럼 물질적인 요소에서 궁극적인 것을 찾지 않았다. 그 대신에 그는 모든 사물이 수數라는 묘한 견해를 내놓았다. 문자 그대로 이해하면 터무니없는 주장인 듯하지만, 피타고라스의 주장은 실재를 정확히 서술하려면 수학적 공식에 의거하여 표현해야 한다는 뜻이다. 현재 우리의 과학에서는 수학 공식에 입각한 무수한 자연 법칙들을 찾을 수 있다(예컨대 중력의 법칙, 운동의 3법칙, 열역학의 3법칙, 반사의 법칙, 베르누이의 법칙, 멘델의

3법칙). 피타고라스는 실재의 총체가 수학적인 법칙으로 표현할 수 있다는 견해의 원조인 셈이다.

피타고라스의 삶에 관해서는 거의 알려진 바가 없다. 그의 저서도 거의 남아 있지 않다. 또한 피타고라스 자신의 견해와 제자들의 견해를 구별하는 것도 거의 불가능하다. 그의 제자들은 이후 수백 년 동안 그리스 세계 전역에 피타고라스를 이어받아 금욕 생활을 하는 식민지들을 많이 건설했다. 피타고라스는 수학자라기보다는 수점술사數占術師로 보아야 할 것이다. 그는 수의 신비한 의미에 관심을 기울였기 때문이다. 예를 들어 피타고라스 학파는 10을 신성한 숫자로 여겼으므로, 지금 우리가 태양계라고 부르는 것이 모두 10개의 천체로 이루어져 있다고 믿었다. 이 이론은 대체로 옳다는 게 입증되었지만—태양과 9개의 행성—피타고라스 식의 추론 때문은 아니다.

그럼에도 불구하고 그는 유클리드가 기하학에 관해 남긴 방대한 저술의 선구자적 역할을 했으며, 음악과 수가 조화를 이루는 비율을 발견하기도 했다. 이것으로부터 그는 우주 전체에 걸친 수학적 조화를 추론해냈는데, 이 견해는 '천체의 음악'이라는 학설로 이어지게 된다. 10개의 천체가 움직이면서 그 운동이 소리를 만들어낸다. 즉 10개의 천체의 신성한 운동이 신성한 소리를 내는 것이다. 이 음악은 세상에 존재하는 모든 소리의 배후에 있는 영구한 배경음이다. 보통 우리는 '세계에 존재하는 소리'만 들을 뿐, 배경의 조화로운 소리는 듣지 못한다. 그러나 모종의 신비로운 태도를 취하면 세계의 소리를 넘어 우주의 신성한 음악을 들을 수 있다.

피타고라스의 영향력이 워낙 컸던 탓에 피타고라스 학파는 400년 가까이나 존속했다. 사실, 그가 플라톤에게 미친 영향만 감안해도 그는 철학사 속에서 영원히 한 자리를 차지하기에 충분한 자격이 있다(우리는 곧 플라톤이 그리스 시대의 가장 중요한 철학자인 동시에 뛰어난 수학자이

기도 했다는 사실을 알게 될 것이다). 지금까지 우리는 피타고라스의 연구 중에서 그와 그의 제자들을 진정한 철학자라고 규정할 수 있게 해주는 측면들만 검토했다. 하지만 피타고라스들의 사상에서 철학적이라고 할 수 있는 부분을 떼어내는 것은 인위적인 구분일 따름이다. 우리는 피타고라스의 가르침 중에 비교적 과학적 성격이 덜한 측면도 있음을 잊어서는 안 된다. 그는 종교 집단을 이끌기도 했는데, 그 신도들은 엄격한 금욕주의와 채식주의, 숫자를 이용한 점술 등으로 이루어진 밀교적인 규율을 준수해야만 했다.

여느 채식주의자와는 달리, 피타고라스 학파는 콩조차 먹으면 안 되었다. 그들은 콩을 먹는 행위가 일종의 식인 관습이라고 여겼다. 아닌 게 아니라 콩알을 자세히 들여다보면 그 안에 조그만 태아 형태의 인간이 들어 있는 것을 볼 수 있다.

다음 철학자는 밀레토스에서 얼마 떨어져 있지 않은 에페수스의 헤라클레이토스Herak-leitos(기원전 470년 경)인데, 그는 새로운 관점을 선보였다.

헤라클레이토스는 이렇게 썼다. "불은 만물을 변화시키고 만물은 불을 변화시킨다."[1] 물론, 그는 이런 생각을 문자 그대로의 의미가 아니라 형의상학적인 의미로 이해했다.

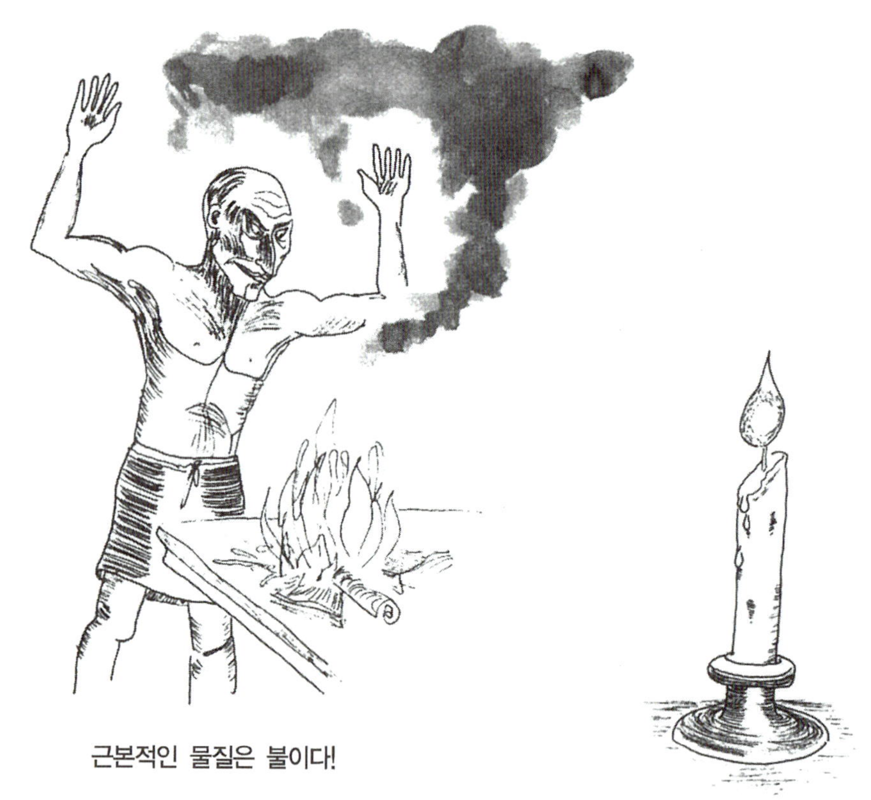

근본적인 물질은 불이다!

불의 성질에는 독특한 데가 있다. 불은 안정성의 외양(불의 형태는 안정적이다)과 더불어 변

---

1. 앞의 책, p. 71.

화의 사실(불 속에서는 모든 게 변한다)을 둘 다 가지고 있다.

바로 이 점에서 헤라클레이토스는 충격적인 결론을 이끌어낸다.

실재는 수많은 사물로 이루어진 게 아니라, 지속적인 창조와 파괴의 과정으로 이루어져 있다.

이 문구도 역시 말 그대로가 아니라 상징적으로 이해해야 한다.[II]

II. Merrill Ring, *Beginning with the Pre-socratics*, 2nd ed.(Mayfield Publishing. 2000), p. 70.

헤라클레이토스는 이것을 이렇게 풀이한다. "모든 것은 흐르며, 아무 것도 제자리에 머물지 않는다. 모든 것은 움직이며, 아무 것도 고정되어 있지 않다."[II] 실제로 그는 변하지 않는 것은 변화 자체뿐이라고 생각한다.

헤라클레이토스는 '어둠의 철학자' 혹은 '모호한 철학자'로 불린다. 그의 저작 중에는 100개 이상의 구절이 지금까지도 전해지고 있으며, 시가 아니라 산문을 썼음에도 불구하고 그는 철학자들 가운데 가장 까다로운 사람에 속한다. 그를 이해하기 어려운 이유는 그가 잠언 형식으로 글을 썼기 때문이기도 하지만—짧고 간결한 문장은 보편적 진리를 요약하기 위한 것이다—그가 전달하려는 진리를 의도적으로 위장하고 있기 때문이기도 하다. 옳든 그르든 후대 그리스인들은 그의 사상을 비관주의적으로 해석했으며, 이런 관점이 후대에까지 전승되었다. 이 해석에 따르면, 그의 사상은 단순히 철학 이상의 것을 만들어낸다. 즉, 거의 향수와 상실의 세계관이라

I. 앞의 책, p. 66.

II. Wheelwright, p. 70.

할 분위기를 풍기는 것이다.

그대는 다시 집에 돌아갈 수 없다.

그대의 유년기는 상실되었다.

어린 시절의 그대 친구들은 사라져 버렸다.

그대의 부모는 끊임없이 네게서 멀어져간다.

세상에 똑같은 것은 아무 것도 없다.

그럼에도 불구하고 헤라클레이토스의 철학에는 궁극적인 것도 있다. 그는 눈으로 볼 수 없는 '로고스'—논리—가 변화를 지배하고 있다고 보았다. 변화가 아무리 자의적인 것으로 보일지라도 로고스가 그 변화를 혼돈이 아니라 이성적인 현상으로 만들어준다는 것이다. 그는 "로고스는 언제나 그렇다"[III]고 썼다. 이 로고스론은 플라톤에게 깊은 인상을 주었으며, 나중에는 자연법 개념의 근간이 되었다. 또한 그의 이론은 그리스도교 교의와도 전적으로 연관된다. 요한 복음서에서 '신'과 '그리스도'는 로고스와 동격이다. "태초에 '말씀'[로고스]이 계시니라. 말씀[로고스]이 하느님과 함께 계셨으니 이 말씀[로고스]은 곧 하느님이시니라."(요한 복음 1장 1절) "말씀[로고스]이 육신이 되어 우리 가운데 거하시니라."(요한 복음 1장 14절)

파르메니데스

헤라클레이토스의 뒤를 이은 파르메니데스Parmeneides(기원전 515?~440?)는 선배보다 한 걸음 더 나아간다.

III. Ring, p. 62.

영리하고 교활한 엘레아의 제논Zenon(기원전 490~?)은 수많은 유명한 역설을 만들어냈는데, 여기서 귀류법*reductio ad absurdum*이라는 방법을 이용해 운동의 불가능성을 '입증'함으로써 파르메니데스의 엉뚱한 견해를 옹호했다.

이 논증은, 우선 상대방의 전제를 인정한 다음에 그 전제가 논리적으로 불합리나 모순으로 이어진다는 점을 증명하는 것이다.

제논은 설령 운동이 가능하다고 해도 우리는 아무 곳에도 도착할 수 없다고 말했다. 심지어, 우리는 문에까지도 가지 못한다. 문에까지 닿으려면 먼저 문까지의 거리의 절반을 가야 한다. 그런데 그 절반을 가려면 먼저 그 절반 거리의 절반을 가야 한다. 또한 그 거리를 가려면 그 절반의 절반의 절반 거리를 가야 한다. 이런 논증은 언제 끝날까? 결코, 끝나지 않는다. 논증은 무한대로 지속된다. 그러므로 운동은 설명 가능하다 해도 불가능하다는 묘한 결론이 나온다.

또 다른 역설에서 제논은 아킬레우스와 거북의 경주를 말한다. 그는 거북이 아킬레우스보다 조금만 먼저 출발한다면(속도로 봐서는 그래야 공평하겠지만), 아킬레우스가 아무리 빨리 달린다 해도 느릿느릿 기어가는 거북을 추월하려면 우선 거북이 방금 전에 있었던 장소까지 가

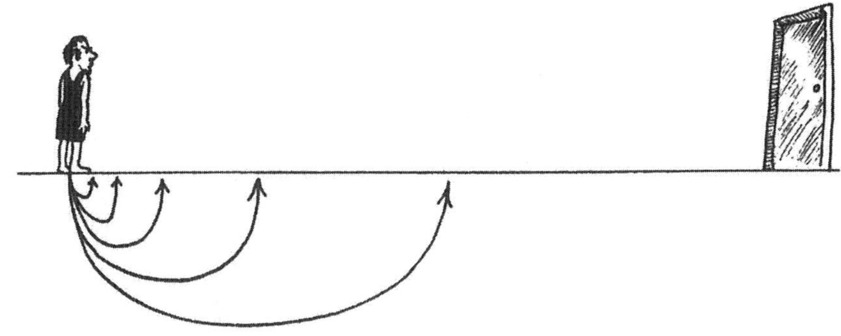

야 한다. 그런데 둘 다 움직인다고 가정하면 그가 그곳에 갔을 때 거북은 이미 그 장소에 있지 않다. 그럼 아킬레우스는 다시 이동해야 한다. 이 과정이 영원히 되풀이된다. 아킬레우스가 거북이 있던 곳까지 가면 거북은 조금이라도 더 전진해 있다. 그러므로 아킬레우스는 영원히 거북을 추월할 수 없다.

여러분은 제논이 자기 스승인 파르메니데스를 옹호하는 데 써먹은 이 역설적 논증의 결론에 대해 터무니없다고 여길 것이다. 하지만 그 결론은 사실 모든 수의 무한 분할 가능성, 나아가 모든 물질의 무한 분할 가능성이라는 수학적인 관념으로부터 파생된 것이다. 제논의 논증

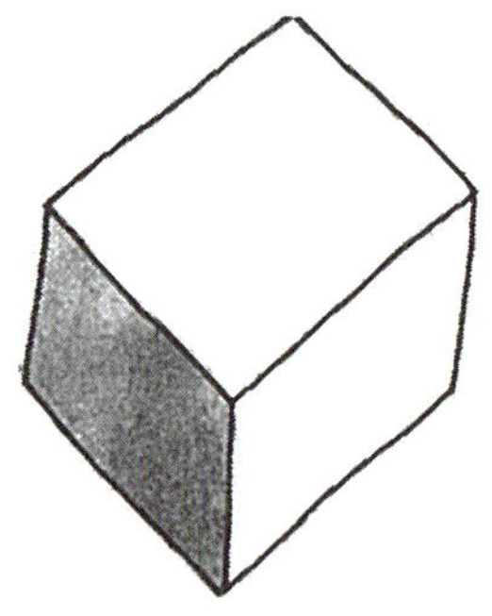

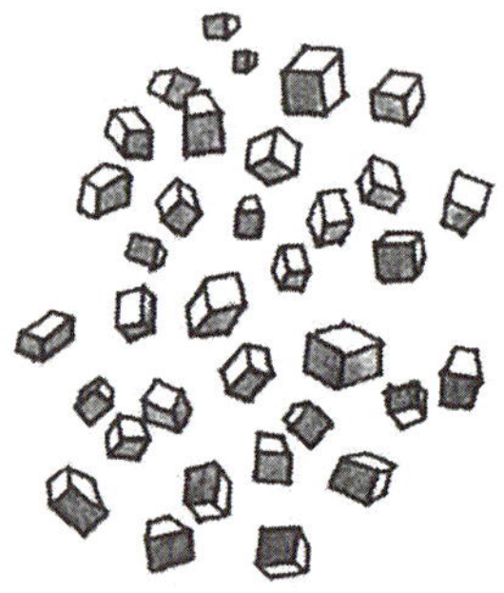

은 지금까지도 수학의 기초를 다루는 대학원 과정에서 연구되고 있다. 제논은 우리에게 수학과 감각적 정보 사이에서 양자 택일하라고 요구하는 것이다. 감각이 자주 우리를 속인다는 것은 잘 알려져 있으므로, 우리는 수확의 확실성을 택해야만 한다. 파르메니데스와 제논은 이런 식으로 그리스 철학의 위기를 초래했다. 그들은 오감에 의한 정보와 순수 이성에 의한 정보를 확연하게 구분했다(이 구분은 나중에 경험론과 합리론이라는 철학의 두 학파를 낳게 된다). 나아가, 그때까지 모든 그리스인이 받아들였던 일원론적 세계(실재가 하나의 사물로 구성되어 있다고 보는 견해)를 재검토할 필요성을 제기했다. 이제 사람들은 일원론적 견해가 파르메니데스의 허무맹랑한 결론으로 곧장 연결된다는 것을 깨달았기 때문이다. 철학자들은 파르메니데스의 충격적인 논증을 받아들이는가, 아니면 일원론을 포기해야만 할 처지에 놓이게 되었다. 실제로 그들은 일원론을 포기하였다.

엠페도클레스

다음 철학자들은 다원론자라고 알려진 사람들이다. 그들은 파르메니데스가 말하는 존재의

일원론적 정태성을 받아들일 수 없었다. 따라서 그들은 궁극적인 실재가 단 한 가지 사물로 이루어진 게 아니라 여러 사물로 이루어져 있다고 믿어야만 한다.

이 그룹의 첫 번째 철학자인 **엠페도클레스**Empedokles(기원전 ?~440?)는 시칠리아 섬의 그리스 식민지 아크라가스 출신이다. 그는 모든 사물이 물, 공기, 흙, 불이라는 4가지 요소의 가장 단순한 결합으로 이루어져 있다고 생각하고, 이 4요소를 '4개의 뿌리'라고 불렀다.

그러나 운동에 대한 제논의 비판을 반박하기 위래 엠페도클레스는 변화와 운동을 설명하는 두 개의 힘을 가정해야 한다고 여겼다. 이것들을 그는 '사랑'과 '다툼'이라고 불렀다. 사랑은 통일의 힘이며, 서로 무관한 것들을 뭉치게 해서 새로운 창조를 낳는다. 반면에 다툼은 파괴의 힘이며, 낡은 통일성을 부수어 조각들로 분해한다.(이 엠페도클레스의 이론은 훗날 20세기의 정신분석학자인 프로이트가 변형시켜 '에로스'와 '타나토스', 즉 삶의 본능과 죽음의 본능이라는 두 가지 힘으로 만들었다. 프로이트는 이 힘들이 모든 유기체의 근간을 형성한다고 생각하는 점에서 엠페도클레스와 견해를 같이 한다.)

엠페도클레스의 이론 체계에서 최초의 **진화론**이 발달했다. 사랑은 일종의 괴물들을 뭉치게 한다. "몸 없는 머리들이 자라나고, 어깨 없는 팔들이 배회하며, 이마 없는 눈들이 여기저기 떠돌아다녔다. 얼굴이 두 개에다, 가슴도 두 개인 생명체들이 있는가 하면, 소의 몸에 인간의 머리를 한 것도 있고, 소의 머리를 가진 인간의 아이도 있었다."[1]

I. Nahm, p. 136.

거기서 살아남을 수 있는 것들이 살아남았다.

(아리스토텔레스는 나중에 그 견해를 "우연의 여지를 너무 많이 남겨두었다"고 비판하였다.)

아낙사고라스

그 다음 다원론자인 아낙사고라스Anaxagoras(기원전 500?~428?)는 밀레토스 부근의 클라조메네 출신이다. 그는 엠페도클레스의 이론이 너무 단순화되어 있다고 생각했다. 그래서 그는 '4뿌리'를 '무한한 씨앗들'로 바꾼다. 각각의 '씨앗'은 오늘날 화학에서 말하는 '원소'와 비슷하다. 그런 점에서 그의 이론은 아주 현대적인 것처럼 보이기도 한다. 세계의 모든 사물은 모든 원소의 씨앗을 품고 있으며, 각 사물의 내부에는 한 가지 요소의 씨앗이 우위를 점하고 있다.

"각각의 사물들에는 모든 것의 일부분이 들어 있다.……머리털이 아닌 것에서 어찌 머리털이 생길 수 있겠는가? 실이 아닌 것에서 어찌 실이 나올 수 있겠는가?"[1]

운동과 변화도 설명하는 모종의 힘이 필요하다는 사실에 대해서는 아낙사고라스도 엠페도클레스에 동의하지만, 그는 엠페도클레스의 신학적인 느낌이 강한 사랑과 다툼의 구도를 버리고서, 그 대신에 '누스nous', 즉 '마음'이라는 하나의 정신적인 힘만을 상정한다. 이는 곧, 우주가 하나의 지적이고 이성적인 질서에 따라 조직되어 있다는 뜻이다. 아낙사고라스의 누스는 '씨앗' 혹은 원소를 가지고서 모든 사물을 창조하는 신과 같은 존재다.

I. 앞의 책, pp. 150, 152.

　나아가, 그는 생명계와 무생물계도 구분한다. 유기체의 세계는 자기 조직의 원리로서 누스를 안에 포함하는 데 반해서, 무기체의 세계는 누스와 관계없이 조직되어 있다. 누스 자체는 어디에서는 질적인 차이가 없지만, 누스가 발휘되는 것은 누스를 포함하는 실체의 성질에 의해서 결정된다. 이를테면, 인간은 당근보다 똑똑하지 않지만 말할 수 있는 혀, 다른 손가락들과 반대 방향으로 움직이는 엄지, 걸을 수 있는 다리가 있기 때문에 당근보다 많은 일을 할 수 있는 것이다(당근처럼 생긴 사람이라면 그다지 똑똑하게 처신하지 못하겠지만).

　중요한 것은 살아 있는 물질과 '죽은' 물질을 명확히 구분하려 한 것은 그의 이론이 최초라는 사실이다. 누스라는 인격화된 개념은 초기 철학자들에게 제법 희망을 주었으나, 결국 그들은 실망해야 했다. 소크라테스는 처음에 그것이 아주 흥미로운 생각인 줄 알았다가 나중에는 아무런 의미도 없다고 여겼으며, 아리스토텔레스는 아낙사고라스가 "아무렇게나 말하던 이전 철학자들과는 달리, 아주 침착한 철학자"[1]로 알았다가 나중에는 그 환상에서 깨어나 이렇게 말했다. "그는 정신을 마치 데우스 엑스 마키나처럼 이용하여 세계의 형성을 설명한다. 어떤 사

I. Wheelwright, p. 168.

물이 필연적으로 존재하는 이유를 설명하기 어려울 때만 즉각 그것을 끌여들여 설명하는 것이다. 그렇지만 다른 경우에는 정신이 아닌 다른 것을 원인으로 말한다."[11]

---

11. Aristotle, *Metaphysics*, in *The Basic Works of Aristotle*, ed. Richard McKeon(Random House, 1941), p. 697.

레우키포스와 데모크리토스

아낙사고라스의 견해는 의인화되었다는 바로 그 이유 때문에, 그의 후계자들은 그것을 지나치게 해석했다. 그들은 바로 레우키포스Leukippos(기원전 460?~?)와 데모크리토스Demokritos(기원전 460?~370?)가 이끄는 '원자론자'라 알려진 철학자들이다.

그들은 세계가 물질적 실체로 이루어져 있고, 그 실체는 '원자'들의 묶음으로 이루어져 있다고 생각했다. atomon이라는 그리스어는 '분할할 수 없다'는 뜻이므로, 쪼개질 수 없는 것을 가리킨다.

데모크리토스는 각각의 원자를 '파르메니데스적 존재'(이는 창조되거나 파괴될 수 없고, 영원하고, 분리될 수 없고, '구멍'이 없다는 뜻이다)라는 작은 조각이라고 생각하고, 그 원자들은 빈 공간 속에서 엄격한 자연 법칙에 의해 정해진 절대적으로 필연적인 길을 따라 이동한다고 여겼다.

따라서 파르메니데스의 견해와는 반대로, 빈 공간과 운동은 실재하는 것이 된다. 나아가, 원자와 마찬가지로 운동과 공간도 더 이상의 분석이 불가능한 '자연적'

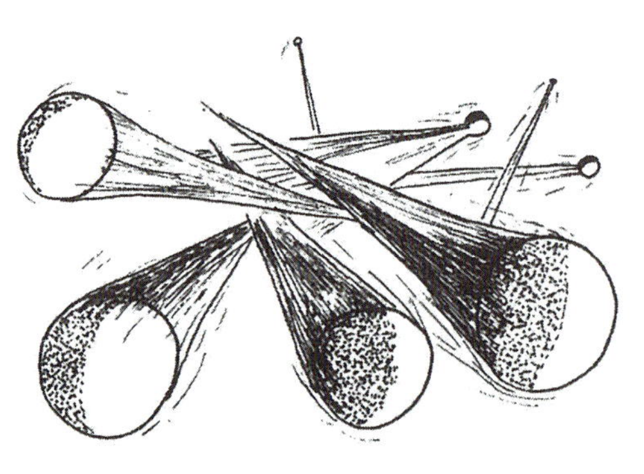

이고 근본적인 것이 된다. 그렇다면 이제 설명해야 할 것은 관성이지 운동이 아니다. 데모크리토스는 헤라클레이토스를 좇아 관성은 환상이라고 설명한다. 즉, 그것으로 설명이 끝나버린 것이다. 이렇듯 기원전 370년 무렵에 그리스 철학은 철저한 유물론과 엄격한 결정론이 되었다. 세계에는 운동하는 물질적 실체만이 존재하며, 자유는 없고 오직 필연만이 있다.

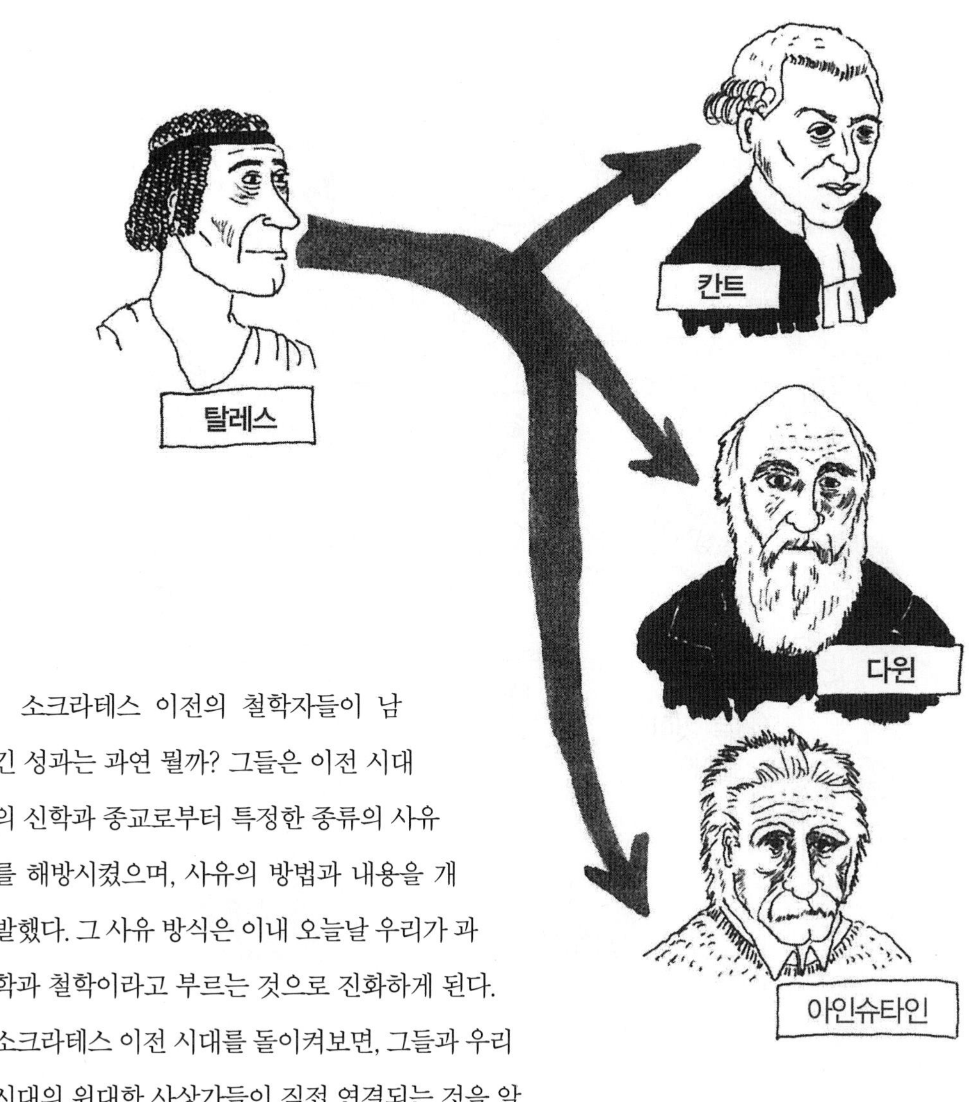

소크라테스 이전의 철학자들이 남긴 성과는 과연 뭘까? 그들은 이전 시대의 신학과 종교로부터 특정한 종류의 사유를 해방시켰으며, 사유의 방법과 내용을 개발했다. 그 사유 방식은 이내 오늘날 우리가 과학과 철학이라고 부르는 것으로 진화하게 된다. 소크라테스 이전 시대를 돌이켜보면, 그들과 우리 시대의 위대한 사상가들이 직접 연결되는 것을 알 수 있다. 이를테면, 18세기에 칸트가 해결하려 했던 이성과 감정의 이분법은 소크라테스 이전 철학자들이 이미 최초로 제기한 것이다. 진화론을 최초로 정립하려 한 것도 그들이었으며, 수학적 수가 실재의 흐름에 어떤 영향을 미치는가 하는 문제를 최초로 풀려고 애썼던 것도 그들이었다. 이 모든 것들에서 우리는 그들의 시대로부터 우리 시대에까지 이어지는 계보를 발견할 수 있다.

그러나 기원전 5세기의 그리스인들에게 소크라테스 이전 철학자들은 엄청난 혼란을 안겨 주었다. 그들은 전통적으로 내려오던 종교적 및 도덕적 가치들을 온통 뒤흔들어놓고서는 그것을 대신할 아무 것도 남겨놓지 않았다(아리스토파네스가 말했듯이, "제우스가 무너지면 혼돈이 뒤따르고 회오리가 지배한다").

더구나, 그 시대는 정신적으로만이 아니라 사회적으로도, 정치적으로도 격변기였다. 호메로스의 전설을 귀중히 여기고 신봉하던 전통적인 귀족들은 새로운 상인 계급을 맞아 비틀거렸다. 상인들은 이제 더 이상 명예, 용기, 충성 같은 덕목들을 중요하게 받들지 않고, 그 대신에 권력과 성공을 추구했던 것이다.

프로타코라스처럼 주관성을 강조하는 상대주의와 편의주의는 모든 소피스트 사상의 핵심이다. 전하는 바에 따르면, 프로타코라스는 신성 모독죄로 기소되었고 그가 신들에 관해 쓴 책은 아테네에서 공개적으로 불태워졌다고 한다. 하지만 그가 종교에 관해 이야기한 내용 중의 하나로 이런 말이 전해진다. "신들에 관해서라면 나로서는 그들이 존재하는지, 존재하지 않는지 알 도리가 없다."[1]

고르기아스

또 한 명의 유명한 소피스트 고르기아스Gorgias(기원전 483?~375)가 있다. 그는 철학의 지위를 끌어내리고, 수사학을 그 자리에 앉히려 했다. 여러 차례의 강의를 통해 그는 다음 명제들을 '입증'하려 했다.

1 아무 것도 존재하지 않는다.

2 뭔가가 존재한다 하더라도 아무도 그것을 알 수 없다.

3 누군가가 그것을 안다 해도 그것을 전달할 수 없다.

물론, 이 말의 핵심은 이 불합리한 주장들을 '입증'할 수 있다면 무엇이든 '입증'할 수

---

1. 앞의 책, p. 240.

있다는 것이다. 고르기아스는 실재에 관해 무엇인가 엄청난 진리를 가르치려 하지 않는다. 다만 아무리 터무니 없는 주장이라 해도 논쟁에서 승리하는 방법만 가르치려 할 뿐이다.

트라시마코스

그러나 트라시마코스Trasymachos라는 또 다른 소피스트는 "정이란 강한 자의 것"이라고 주장했다. 다시 말해서, 힘센 자가 옳다는 얘기다. 그에 따르면, 도덕 따위에 관한 일체의 논쟁은 무의미하고 단지 힘을 얻기 위한 투쟁의 견지에서 모든 것을 보아야 한다는 것이다.

칼리클레스와 크로티아스

지금까지 전해지는 기록에 의하면, 가장 냉소적인 두 명의 소피스트는 칼리클레스Callicles와 크리티아스Critias이다.

칼리클레스는 전통적인 도덕이란 약자가 강자를 구속하기 위한 약삭빠른 장치에 불과하다고 주장한다. 따라서 강자는 이 구속에서 벗어나야 한다. 그는 그것이 바로 '자연적으로 올바른 행동'이라고 말한다. 중요한 것은 정의가 아니라 힘이다. 그런데 힘을 추구해야 하는 이유는 뭘까? 힘은 생존에 도움이 되기 때문이다. 그럼 생존을 추구해야 하는 이유는 뭘까? 쾌락—먹고, 마시고, 섹스하는 쾌락—을 즐길 수 있기 때문이다. 이것이 바로 교양 있는 사람이 질적으로나 양적으로 추구해야 하는 목표다. 그리스의 전통적인 덕목인 절제란 단순하고 연약한 사람을 위한 것일 뿐이다.

크리티아스(그는 민주주의를 무너뜨리고 일시적으로 과두 독재 체제를 성립시킨 30명의 참주 중에서도 가장 잔인한 인물이었다)의 가르침도 이와 비슷하다. 그는 존재하지 않는 신들로써 백성의 두려움을 유발시켜 통치할 줄 아는 영리한 지배자였다.

이상으로 우리는 소피스트 사상의 핵심이 **주관론**, 회의론, **허무주의**로 구성되어 있다는 것을 알 수 있다. 소피스트들은 앞서 살펴본 소크라테스 이전 철학자들의 모든 주장을 평가 절하하고 있는 것이다. 객관적 실재란 없다. 설령 있다 해도 인간의 정신은 그것을 인식하지 못한다. 중요한 것은 진리가 아니라 조작과 편의주의다. 이랬으니 소크라테스가 소피스트 사상에 그토록 분노한 것은 당연하다 할 것이다.

하지만 부정적인 측면에도 불구하고, 소피스트 사상에 관해서는 몇 가지 덧붙여 말할 필요가 있다. 첫째, 소피스트들은 대부분 노련한 정치가였고 민주주의 역사에 크게 기여했다. 둘째, 그들에 대한 역사적 혹평은 주로 그들에게 적대적이었던 소크라테스와 플라톤의 학설에 기인

한 바가 크다. 셋째, 가장 중요한 것으로 소피스트 사상은 인간의 자의식을 발전시키는 긍정적인 측면도 있었다. 소크라테스 이전의 철학에서는 딱히 인간에 대한 고려라 할만한 게 없었다. 프로타고라스의 "인간은 만물의 척도"라는 주장 덕분에 갑자기 인간은 자기 자신에게 관심을 가지게 된 것이다.

소크라테스

직업적인 교사였던 소피스트들은 시대를 초월한 위대한 스승 소크라테스Sokrates(기원전 469~399)에게서 진정한 호적수를 발견했다. 소크라테스는 소피스트들과 거의 견해를 같이 하지 않았음에도 불구하고 그들을 좇아 우주에 관한 연구에서 인간에 대한 관심으로 옮아갔다. 그러나 소피스트들이 인간에 관해 말하는 것과는 달리, 소크라테스는 객관적으로 타당한 정의를 바탕으로 모든 논증을 전개하고자 했다. 이를테면, "인간은 만물의 척도"라는 말은 '인간'이 무엇인지를 알지 못한다면 실상 아무 쓸모도 없다.《테아이테토스》에서 소크라테스는 이렇게 말한다.

소크라테스의 가르침은 안과 밖의 두 가지 방향을 가진다. 즉 밖으로는 객관적 정의를, 안으로는 내부의 인격, 영혼을 발견하는 것이다. 소크라테스는 영혼이야말로 진리의 근원이라고 생각했다. 그런 탐구는 주말에 한 번 하는 강의로 가능한 게 아니라 평생의 연구를 필요로 하는 것이다.

소크라테스는 자신이 질문한 문제에 거의 답할 수 없었다. 그럼에도 불구하고 질문은 계속해야 했다. 왜냐하면 그의 유명한 격언에서 보듯이,

"꼼꼼히 따져보지 않은 삶은 살 가치가 없기 때문이다."[1]

I. Plato, *Apology*, in *Plato on the Trial and Death of Socrates*(Cornell Univ. Press, 1941), p. 73.

소크라테스는 대부분의 시간을 아테네의 길거리와 시장에서 만나는 모든 사람에게 당신이 아는 것이 뭐냐고 물으며 보냈다. 심지어, 그는 만약 사후 세계라는 게 있다면 저승에서도 똑같은 질문을 던지겠다고 말하기도 했다.

역설적이지만, 소크라테스 자신은 아무 것도 모른다고 고백했다. 그러나 델포이의 신탁에서는 그렇기 때문에 소크라테스가 가장 현명한 사람이라고 말했다. 소크라테스는 적어도 자신이 아무 것도 모른다는 것을 알았지만, 다른 사람들은 자신이 뭔가를 알고 있다고 착각했던 것이다.

소크라테스는 직접 쓴 책이 없다. 그러나 그의 대화들은 제자 플라톤이 기억해두었다가 나중에 대화편으로 출간하였다. 소크라테스의 대화는 대개 특수한 철학 문제들을 강조한다. 이를테면, "경건함이란 무엇인가?"《에우티프론》, "정의란 무엇인가?"《국가》, "덕이란 무엇인가?"《메논》, "의미란 무엇인가?"《소피스테스》, "사랑이란 무엇인가?"《향연》 등이 그런 문제들이다. 전형적인 소크라테스 식의 대화는 세 가지 부분으로 나뉜다.

(신념 상태의 인간은 동굴 안에서 벽 위로 오가는 물건을 보는 죄수에 해당한다).

견해와 그 견해가 인식하는 대상들은 모두 햇빛에 의해 유지된다. 햇빛이 없다면 말도, 말의 이미지도 있을 수 없으며, 우리가 그것을 인식하는 것도 불가능하다.

'견해'가 '지식'이 되려면 그 특정한 대상이 이론의 수준에까지 올라가야 한다(플라톤은 이

단계를 '이해'라고 표현했는데, 이는 풀려난 죄수가 동굴 밖 세계에 있는 나무의 그림자를 보는 상태에 해당한다).

그러나 플라톤에 따르면, 이론과 정의는 특정한 사례를 경험적으로 일반화해서 얻을 수 없으며, 경험으로부터 추상할 수 있는 것도 아니다. 그와는 반대로, 이론은 선의 '아래'에서 나오는게 아니라 더 위에 있는 어떤 것의 '이미지'다. 플라톤은 그것을 형상Form(플라톤 철학에서는 보통 형상 대신 이데아라 부르지만, 지은이는 다음에 나오는 아리스토텔레스의 개념과 연관지어 형상이라는 말을 썼다. 참고로 형상을 뜻하는 그리스어 eidos는 이데아와 같은 어원이다.—옮긴이)이라고 부른다(그림자와 형상이 단지 특정한 사물의 이미지인 것과 마찬가지로, 이론이나 개념도 형상의 '그림자'다). 인간은 '순수 이성'을 이용하여 형상을 바라볼 수 있다. 이 상태의 인간은 해방된 죄수가 바깥 세계의 햇빛 속에서 나무와 산들을 바라보는 것에 해당한다.

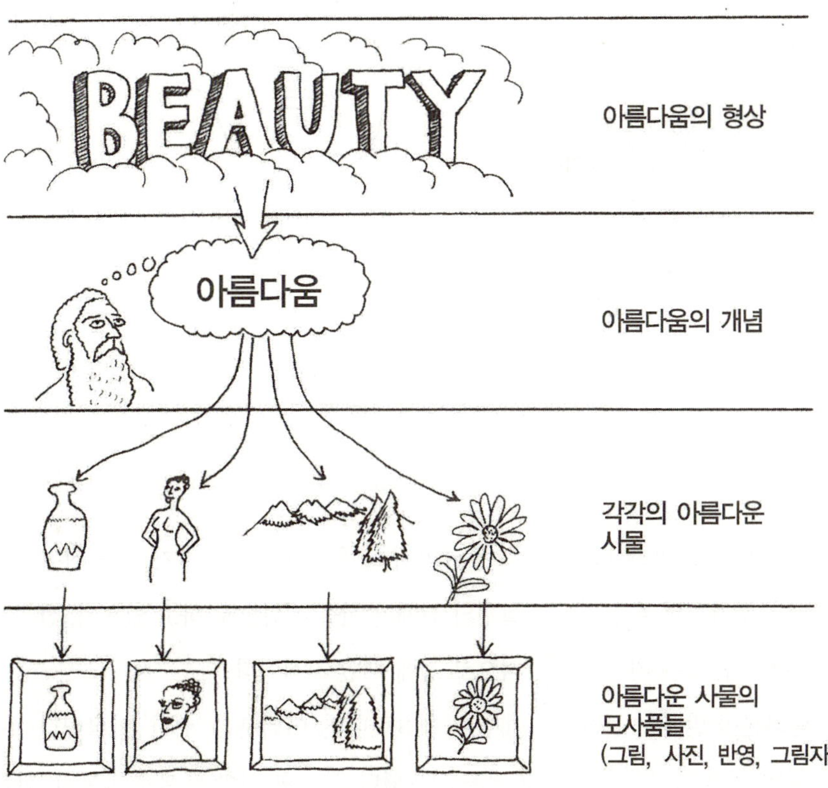

플라톤의 '형상' 개념은 대단히 복잡하지만, 간단히 말하면 모든 실재의 근원이 되는 영원한 진리라고 할 수 있다. 예를 들어, 아름다움이란 개념을 보자. 지각 가능한 세계의 사물들이 얼마나 아름다운가를 결정하는 기준은 그것이 '아름다움'이라는 형상을 어느 정도 모방하는가, 혹은 그 형상과 어느 정도까지 관계가 있는가이다. 아름다운 사물들은 모두 낡고 시들고 죽는다. 그러나 아름다움 자체, 즉 아름다움의 형상은 영원하다. '진리'나 '정의'에 대해서도 마찬가지로 말할 수 있다(심지어, 말의 형상이나 이쑤시개의 형상도 있을 수 있다).

여기서 더 나아가, 지각 가능한 세계와 그 세계에 대한 인식이 햇빛에 의존하는 것과 마찬가지로 형상과 그 형상에 대한 지식(인식)도 '선善', 즉 '초형상superform' 혹은 모든 형상들의 형

상에 의존한다. 신을 바라보는 상태는 동굴의 우화에서 해방된 죄수가 해를 직접 쳐다보는 것에 해당한다. 플라톤의 이론에서는 실재의 전재가 신을 기반으로 하고 있으며, 선은 실재가 존재하는 근원이다. 모든 지식은 궁극적으로 선에 대한 지식이다.

만약 플라톤이 말하는 선이라는 개념이 헷갈린다면, 여러분은 '선한' 사람이다. 철학자들은 수백 년 동안 선의 의미를 놓고서 논쟁을 거듭했다. 특정한 신학 체계에서 보면, 선은 신과 아주 비슷한 역할을 한다. 예를 들어, 선의 비유와 관련해서 플라톤은 태양을 '신'이라고 부르며

태양이 '신의 자식'이라고 주장한다.[I] 선은 존재, 지식, 진리의 원천이지만, 그것들보다도 '더 아름다운 것'이다.[II] 중세와 르네상스 시대—두 시대 모두 플라톤의 영향력이 강력했다—에 종교적 성향을 가진 철학자들은 선을 신비의 범주로 간주했다. 존재와 인식 너머에 있는 것은 오로지 합리성을 초월하는 정신 상태에 의해서만 이해할 수 있을 것이다. 더 정통적인 종교 사상가들은 선을 신과 같은 것으로 여겼다. 플라톤이 그리스도교, 유대교, 이슬람교의 발전에 큰 영향을 미친 것은 바로 이런 측면에서다. 말장난은 좋지 않은 것이지만(게다가, 플라톤 시대에는 영어가 없었으므로 시대 착오적인 것이기도 하지만), 시사하는 바가 큰 말장난을 한 가지 살펴보자. 초기 그리스도교에서는 선Good이라는 단어에서 'o' 하나를 빼서 신God을 만들고 'sun'에서 'u'를 'o'로 바꿔 아들son을 만들어서 신과 그리스도의 관계를 나타냈다고 한다.

플라톤이 '선'을 뭐라고 생각했든 간에 그는 누구나 선을 알게 되면 선해진다는 낙관적인 믿음을 가지고 있다. 오직 무지만이 문제가 될 뿐이다. 알면서 잘못을 저지르는 사람은 없다.

그럼 우리는 진리를 어떻게 알 수 있을까? 어디서 우리는 형상과 선을 찾을 수 있을까? 누가 우리에게 가르쳐줄 수 있을까? 플라톤은 이런 질문들에 대해 묘한 대답을 한다. 《메논》이라는 대화편에서 그는 교육을 받지 못한 노예 소년이 소크라테스가 제기한 단순한 질문들에 긍정 혹은 부정으로 대답함으로써 어려운 수학 문제를 풀어가는 과정을 보여준다. 이 이야기에서 플라톤은 노예 소년이 이전부터 그 답을 알고 있었지만 자신이 안다는 것을 알지 못했을 뿐이라는 결론을 내린다. 모든 진리는 내부에서, 즉 영혼으로부터 나오는 것이다. 인간이 지닌 불사의 영혼은 생겨나면서부터 진리를 가지고 있으며, 구현되기 이전의 순수한 상

I. Plato, *Republic*, in *The Dialogues of Plato*, ed. Erick H. Warmington & Philip G. Rouse(New American Library, 1956), pp. 305, 307.

II. 앞의 책, p. 308.

태에서 형상을 바라본 적이 있다. 영혼의 구현, 즉 인간의 출생은 대단히 고통스러운 과정이므로 그로 인해 인간은 자신이 아는 것을 잊어버린다. 그리고 나서 평생토록 영혼의 깊은 곳까지 파고들어가 이미 알고 있는 것을 다시 알아내는 것이다. 바로 여기서 모든 지식은 '회상', 즉 기억의 되살림이라는 플라톤의 기묘한 학설이 나온다. 앞서 소크라테스가 자기 제자의 기억을 되살리는 데 도움을 주는 역할을 한 것처럼, 오늘날의 정신분석가는 자기 환자의 기억을 되살려 주는 역할을 한다(프로이트의 무의식 이론은 플라톤의 기억 이론을 현대화한 것이다).

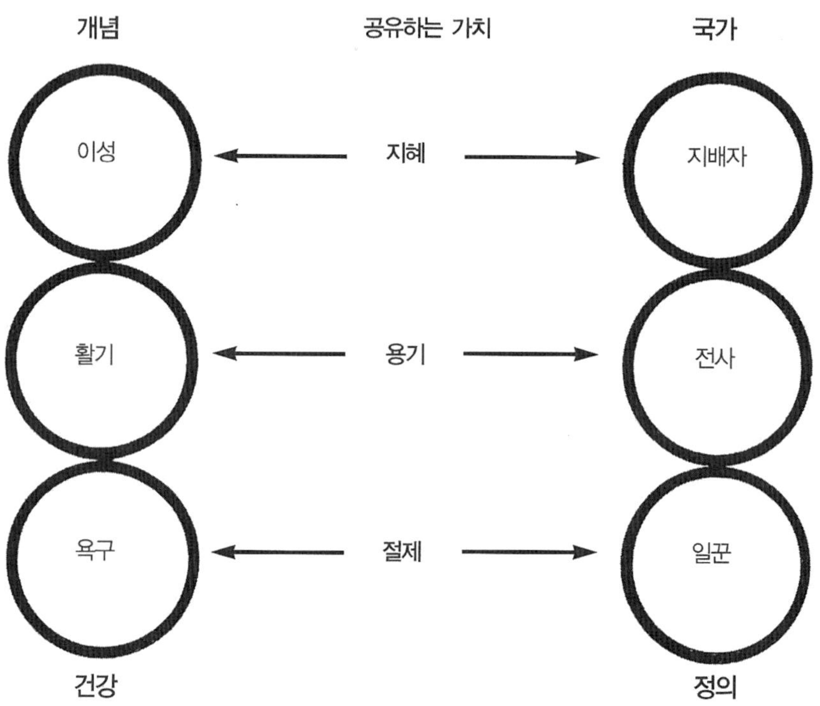

《국가》는 인식론만이 아니라 사회 철학적 내용으로도 잘 알려져 있다. 플라톤의 사회 철학은 심리학과 정치학의 결합이다. 그는 도시('국가')란 커다란 개인과 같다고 말했다. 개인의 심리에 세 가지 측면—(1)욕구와 같은 동물적인 측면, (2)행동을 향한 활력, (3)이성의 측면—이 있는 것과 마찬 가지로, 이상적인 도시도 세 가지 계급―(1)일꾼과 기술자, (2)전사, (3)지배자―을 가진다. 개인 심리에서는 이성의 부분이 활기의 부분을 조종하여 욕구를 통제하게 한다. 그렇지 않다면 영혼은 균형을 잃고, 노이로제에 걸리게 된다.

그와 마찬가지로 도시의 지배자들은 형상을 바라볼 줄 아는, 따라서 선이 무엇인지 아는 철학자여야 한다. 또한 그들은 전사들을 육성하여 그대로 놔두면 제멋대로 행동하는 농민들을 통제하게 해야 한다. 농민들은 돈을 쓰고 재산을 소유하고 적당한 장식도 할 수 있지만, 그들보다 높은 두 계급인 지배자와 전사들은 탐욕의 타락적인 결과를 이해하고 있으므로 엄격하고 절대적인 공산주의적 원칙 속에서 살아야 한다. 즉, 그들은 함께 잠자고 함께 먹으며, 재산을 소유하지 않고 봉급도 받지 않으며, 배우자도 공유한다. 또 성 관계는 미리 정해진 일정에 따라 행해야 한다. 이런 규칙들이 있어야만 도시는 광란이나 무정부 상태에 빠지지 않을 수 있다. 좀 이상하긴 하지만, 이것이 바로 정치학의 시작이다!(사실 오늘날까지도 정치학은 거기서 크게 벗어나지 못하고 있다.)

이상적인 도시의 성원들은 리라와 파이프를 연주하면 애국적이거나 사회적 분위기를 고조시키는 노래를 부를 수 있지만, 대부분의 예술가는 국가에서 추방될 것이다. 그 이유는 네 가지다. (1) 존재론적 이유―예술은 '선의 비유'에서 가장 낮은 단계인 이미지를 다루므로 모방의 모방인 셈이다(예술은 "왕위에서 물러나야 한다").[1] (2) 인식론적 이유―예술가는 추측

I. 앞의 책, p. 309.

의 단계에 속한다. 그는 아무 것도 모르면서도 뭔가를 안다고 주장한다. (3) 미학적 이유—예술은 감각적 이미지를 표현하므로, 순수하게 정신적인 아름다움 자체를 보지 못하게 방해한다. (4) 도덕적 이유—예술은 영혼의 욕구적인 측면에 의해 창조되며 그것에 호소한다(프로이트의 이드). 예술은 관능적이거나 폭력적이므로 무정부 상태를 선동하게 된다. 호메로스조차도 검열을 받아야 한다. 왜냐하면 그에게도 예술가의 범죄인 기만, 무지, 부도덕의 혐의를 둘 수 있기 때문이다(《국가》의 전체 구도는 그리스 문화에서 그때까지 예술이 해온 역할을 이제부터는 철학이 맡아야 한다는 주장을 담고 있다).

플라톤은 그의 이상 국가가 출현하는 것을 보지도 못했고, 선을 알고 있는 '철인哲人 왕'이 등장하는 것도 보지 못했다. 그러나 그가 남긴 유산은 좋든 나쁘든 지금까지도 우리에게 커다란 영향을 미치고 있다. 저명한 영국계 미국 철학자 화이트헤드Alfred North Whitehead는 이렇게 말한 적이 있다. 지금까지의 철학의 역사는 《국가》의 주석에 불과하다고.

플라톤의 선의 비유는 그의 시대에서 우리 시대에까지 서양 형이상학 사상의 커다란 뼈대를 이룬다. 앞으로 이 책에 등장할 많은 철학자는 플라톤의 영향을 크게 받았다(아리스토텔레스, 스토아 학파, 신플라톤주의, 성 아우구스티누스, 성 안셀무스, 성 토마스 아퀴나스, 데카르트, 스피노자, 칸트, 헤겔, 쇼펜하워, 키에르케골, 맑스, 러셀, 화이트헤드 등이 대표적이다). 설령 니체처럼 플라톤의 철학을 싫어하는 철학자라 해도, 그의 지적 능력에 대해서는 감탄을 보냈다. 실제로, 니체조차 플라톤의 능력을 넘어서지 못했다.

아리스토텔레스

플라톤의 영향은 그의 가장 뛰어난 제자 중의 한 명인 아리스토텔레스Aristoteles(기원전 384~322)의 사상 속에서 분명히 볼 수 있다. 아리스토텔레스는 스타게이로스에서 태어나 20년 동안 플라톤의 아카데메이아에서 공부했다. 스승이 죽은 뒤에 아리스토텔레스는 곧 학교 당국과 불화를 빗고서 아카데메이아를 떠나 '리케이온'이라는 학교를 세웠다. 아리스토텔레스의 학교에서는 플라톤 철학을 가르쳤으나, 그것을 비판하기도 했다.

아리스토텔레스가 스승의 철학을 비판하는 주요한 논점은 플라톤의 '이상 세계'에 관한 것

이다. 플라톤은 두 가지 세계가 있다고 믿었다. 하나는 말로 표현할 수 없는 형상의 세계, 그리고 다른 하나는 형상의 빈약한 모방에 불과한 '사물들'의 세계다. 아리스토텔레스는 이 견해를 반박하고서, 세계는 단지 우리가 살고 있는 세계 하나밖에 없다고 주장했다. 그는 플라톤을 비

판하면서 이렇게 물었다. 만약 형상이 사물의 본질이라면 형상은 어떻게 사물과 분리되어 존재할 수 있는가? 만약 형상이 사물의 근원이라면 어떻게 다른 세계에 존재할 수 있는가? 가장 명백한 비판은 초기 그리스인들이 풀고자 애썼던 변화와 운동의 문제에 관한 것이다.

　그들은 안정성이 환상이든지(헤라클레이토스의 견해), 아니면 운동이 환상이라고(파르메니데스의 견해) 생각했다. 플라톤은 헤라클레이토스와 파르메니데스를 둘 다 받아들임으로써 이 딜레마를 해결하려 했다. 헤라클레이토스의 세계는 가시적인 것(눈에 보이는 것)의 불안정하고 과도적인 영역이다. 그에 반해 파르메니데스의 세계는 지적인 것(지식으로 알 수 있는 것)의 불변적인 영역으로서, 영구 불변하는 형상들로 이루어져 있다. 여기서 플라톤은 헤라클레이토스의 세계가 파르메니데스의 세계를 빈약하게 반영하고 있다고 보았다. 그러나 이러한 플라톤의 절충은 진정 운동과 변화의 문제를 해결했을까? 그저 불변하는 사물을 신통찮게 모방했다고 말

하는 것으로 '변화하는 사물'을 제대로 설명했다고 할 수 있을
까? 아리스토텔레스는 그렇게 생각하지 않았다.

　그 문제에 나름대로 답하기 위해 아리스토텔레스는 플라톤
과 똑같은 용어를 일부 사용했다. 그에 따르면, 실재의 두
측면인 형상과 질료는 반드시 구분되어야 하지만, 그 구
분은 사실 속에서가 아니라 사유 속에서 이루어져야
한다. 형상은 독자적인 실체가 아니라 개별 사
물들 속에 내재해 있는 것이다. 즉, 형상은 세계
속에 있다. 그렇게 생각하지 않으면 지적인 혼동
만 빗게 된다. 모든 대상은 형상과 질료를 가지고
있다. 또한 플라톤이 말했듯이, 형상은 보편적이므로
많은 개별 사물이 같은 형상을 가지는 것도 얼마든지
가능하다. 아리스토텔레스는 이 대상의 형상을 대상
의 '본질'이라고 불렀다. 다시 말해서, 어떤 것이
무엇이다(나무다, 혹은 책이다)라고 말할 때 우리
는 곧 그것의 형상을 가리키는 것이다. 형상은
사물의 '본질'이며 '본성'으로서, 사물의 기능
과 연관이 있다(바퀴, 칼, 벽돌 등등).

　대상의 질료는 그 대상에만 고유한 것이
다. 아리스토텔레스는 그것을 대상의 '개체
성'이라고 불렀다. 예컨대, 모든 바퀴는 같
은 형상(혹은 기능)을 가지고 있지만, 질료에
서는 각각 다르다. 질료는 '개별화의 원리'다.
형상과 질료를 모두 가진 하나의 대상을 아
리스토텔레스는 실체라고 불렀다.

　모든 실체는 본질을 포함하고 있다. 플라톤
의 저작으로 말하자면, 그 본질은 대략 형상에

팔짱 낀
파르메니데스

헐레벌떡이는 헤라클레이토스

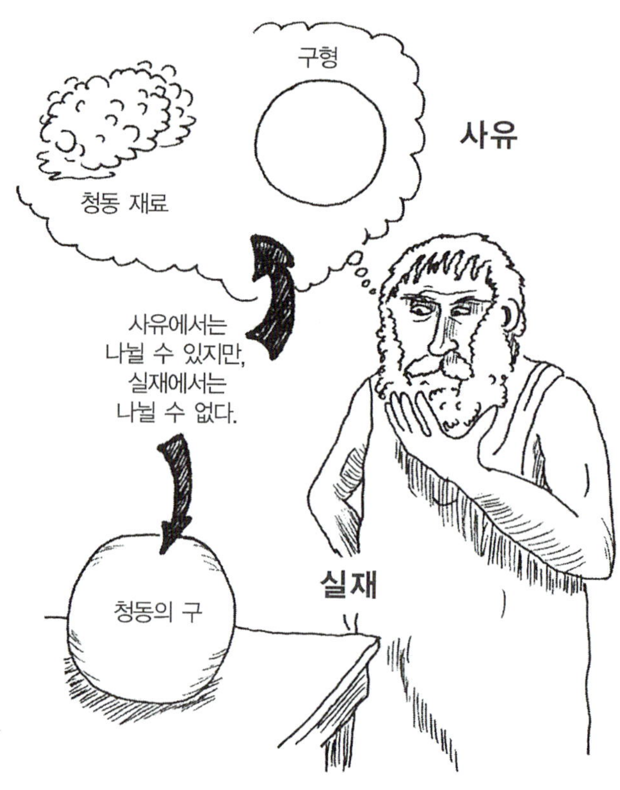

해당한다. 그러나 플라톤의 설명과는 달리, 아리스토텔레스의 이론에서는 그 본질을 실체로부터 분리해낼 수 없다. 그 대신에 실체로부터 본질을 추출하는 순수하게 지적인 행위는 가능하다. 실제로 철학자의 작업이란 다양한 실체를 그 본질과 성질에 따라, 다시 말해서 그 실체의 본질적인 속성과 우연적인 속성에 따라 발견하고 분류하는 일이다.(인간이 되려면 합리적이어야 하므로 합리성은 인간의 본질의 일부다. 그러나 모든 인간이 머리털을 가지고 있거나 대머리거나 둘 중의 하나인 것은 사실이지만, 머리털의 유무는 인간 본성의 본질적인 요소가 아니다.) 아리스토텔레스의 이런 분석은 현대에 들어와서까지도 적용되는 방식이다.

아리스토텔레스의 반反플라톤적인 형이상학에 따르면, 실재는 복수의 실체들로 구성된다. 즉, 실재란 윗층에 영구한 형상들이 있고 아래층에 그 형상들을 신통찮게 모방하고자 하는 질료가 있는 식으로 구성되어 있는 게 아니라는 것이다. 바로 이것이 플라톤의 이원론과 대비되

는 아리스토텔레스의 **다원론**이다(플라톤은
실재의 가장 '실체적인' 층을 비물질적이라
생각했기 때문에 그의 이원론은 **관념론**화
되는 경향이 있다).

그럼 아리스토텔레스의 다원론은
그의 선배 철학자들이 해결하지 못
했던 운동과 변화의 문제를 어떻
게 해결할까? 그 방법은 질료
와 형상을 가능태와 현실태로
재해석하고, 그 개념들로 변화
의 이론을 구성하는 것이다. 세
계 내의 모든 대상은 이 범주들
을 통해 분석할 수 있다. 여기서
아리스토텔레스는 도토리의 유명한 예

를 든다. 도토리의 질료는 장차 참나무라는 현실성으로 자라날 수 있는 잠재성을 지니고 있다.
즉 도토리는 참나무가 될 수 있는 가능태이고, 참나무는 도토리의 현실태다. 따라서 아리스토
텔레스는 형상을 운동의 원인으로 생각했다. 각각의 개별적 실체는 자체 내에 **목적론**적(곧, 목
적 지향적) 체계를 갖추고 있는 것이다. 실체의 본질은 변하지 않지만 그 성질은 변한다는 점
에 주목하라.

아리스토텔레스는 모든 실체를 다음 네 가지 인자로 분석한다. **질료인**質料因은 어떤 것을
만들어내는 '재료'이다(예컨대, 대리석 덩어리로 조각상을 만드는 경우). **형상인**形相因은 질료가 되
고자 하는 조각상이라는 형상 혹은 본질을 말한다(이것은 예술가의 정신 속에 존재하며 대리석 자
체 내에서는 잠재적으로 존재한다). **동력인**動力因은 그 변화를 이루어내는 현실적인 힘이다(조각
가가 대리석 덩어리를 깎는 행위). **목적인**目的因은 대상의 궁극적인 목적이다(파르테논 신전의 아
름다움).

그러므로 자연은 각 실체들이 자기 실현을 추구해가는 목적론적 체계이며, 각 실체의 특수
한 본질에 의해 주어지는 한도 내에서는 어떠한 완성태도 가능한 체계이다. 플라톤의 이론에

서처럼, 모든 것은 무의식적으로 '선'을 향한다. 아리스토텔레스는 그런 체계가 제대로 작동하려면 모든 사물이 추구하는 텔로스telos(목적)로서 모종의 구체적인 완성태가 현실적으로 존재해야 한다고 믿었다.

이것을 아리스토텔레스는 제일 동인이라고 불렀다. 이것은 아리스토텔레스의 형이상학에서 일종의 신과 같은 역할을 한다. 그러나 그리스의 전통적인 신들이나 서구 종교의 신과는 달리, 제일 동인은 전혀 인격화된 존재가 아니다. 그것은 우주의 원인으로서, 무에서 유를 창조하는 유대-그리스도교적 의미가 아니라 '목적인'이라는 의미를 지닌다. 모든 것은 마치 육상 선수가 결승선을 향해 달리듯이, 제일 동인을 향해 움직인다. 제일 동인은 우주 내에서 유일하게 가능태를 가지지 않은 존재다. 그것은 완벽하기 때문에 변할 수 없는 것이다. 그것은 순수한 현실태이며, 말하자면 순수한 운동이다. 어떤 운동일까?

그것은 바로 순수한 사유의 운동이다. 그럼 무엇에 관한 사유일까? 완성에 관한 사유, 다시 말해서 사유 자체에 관한 사유다! 제일 동인의 앎은 직접적이고 완전한 자기 의식이다.

여기서 우리는 절대적으로 신적인 나르시시즘을 보게 된다(그리스 신화에 나오는 나르키소스는 아주 용모가 아름다운 청년이었는데, 물에 비친 자신의 아름다움에 취해서 자기 얼굴만 하염없이 바라보다가 죽었다).

아리스토텔레스의 윤리학은 《니코마코스

윤리학》이라는 그의 원고를 통해 전해지는데, 여기에는 그의 **목적론적 형이상학**이 제시되어
있다. 그의 도덕 이론에서는 목적 개념이 가장
중요하다. 아리스토텔레스는 모든 행위
에는 모종의 목적이 있다고 생각하고,
그것을 그 행위의 '선'이라고 규정했다
(우리가 어떤 행위를 하는 이유는 그 행위의
목적이 그만한 가치가 있기 때문이다). 그럴 경
우에 행위를 설명하는 방식은 두 가지다. 첫
째, 우리 행위의 총체성은 무한히 순환하는 것일
수 있다(우리는 아침을 먹기 위해 일어나고, 일하러 가기
위해 아침을 먹고, 돈을 벌기 위해 일하고, 아침 식사거리를 사
기 위해 돈을 번다는 식이다). 둘째, 모든 행위의 목적이 지
향하는 궁극적인 선이라는 것은 존재한다. 그런 선이 존
재한다면 우리는 그것을 알아내려고 노력해야 할 것이
다. 그래야만 그것에 우리의 모든 행위를 맞출 수 있
고, 비극적인 일을 당한다든가 삶을 낭비하는 것
을 피할 수 있기 때문이다.

아리스토텔레스에 따르면, 모든 인간 행위가 추구하는 목적이 행복이라는 점은 보편적으로 합의되어 있다고 한다.[I] 그러므로 행복은 인간의 선이다. 즉, 우리는 어떤 다른 것을 위해 행복을 추구하는 게 아니라 행복 자체를 추구한다. 그러나 행복에 관해 철학적으로 사고하지 않고 행복이 정확히 무엇인지, 어떻게 하면 행복을 얻을 수 있는지 알지 못한 채 그냥 행복이 궁극적인 선이라고 말한다면 아무 소용도 없다. 아리스토텔레스는 행복의 본성을 정의하기 위해 자신의 형이상학적 구도를 전개하면서 이렇게 묻는다. "인간의 기능은 무엇인가?"(이는 마치 칼이나 도토리의 기능은 뭐냐고 묻는 것과 마찬가지다.) 그의 결론은 이렇다. 인간의 기능은 "덕에 부합하고 합리적 원칙에 따르는 영혼의 행동"[II]을 수행하는 것이다. 이 복잡한 정의를 이해하려면 '덕'이란 무엇이며 덕에는 어떤 종류가 있는지를 알아야 할 것이다. 그러나 그보다 먼저 말해둘 게 있다. 아리스토텔레스는 행복을 이루려면 일정한 물질적 조건들이 필요하다고 생각했다는 점이다.

이 조건들을 알면 아리스토텔레스가 지닌 엘리트주의을 읽어낼 수 있다. 그가 말하는 조건들은 이렇다. 우리는 좋은 친구들, 재산, 정치 권력을 필요로 한다. 우리는 신분이 좋아야 하고 성장 과정과 외모도 좋아야 한다("외모가 아주 추한 사람은 행복하기 어렵다").[III] 또 키가 너무 작으면 안 된다. 나아가, 우리는 육체 노동의 의무에서 벗어나야 한다("기술자나 노동자로 살아가는 사람은 덕을 실현할 수 없다.")[IV] 여기서 보듯이, 엘리트주의적 편견을 고려하지 않는다면 아리스토

I. 그리스 원어는 eudaimonia다. 어떤 번역자들은 '행복'보다 '복지'를 선호하기도 한다.

II. Aristotle, *Nicomachean Ethics*, in *A Guided Tour of Selections from Aristotle's Nicomachean Ethics*, ed. Christoper Biffle(Mayfield Publishing, 1991), p. 26.

III. 앞의 책, p. 30.

IV. Aristotle, *Politics*, in *The Basic Works of Aristotle*, ed. Richard McKeon(Random House, 1941), p. 1183.

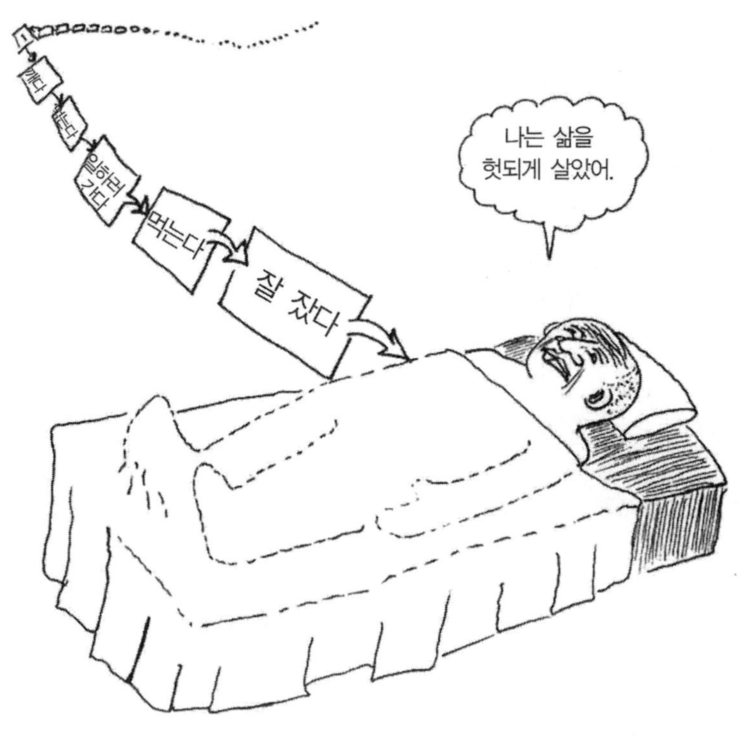

텔레스의 윤리학을 결코 이해할 수 없다.

이제 그가 말하는 덕이라는 개념을 살펴보자. 덕을 뜻하는 그리스어는 아레테areté인데, 이 말은 '우월성'으로도 번역할 수 있다. 아레테는 어떤 행위나 노력, 대상을 성공적인 행위나 노력, 대상으로 만드는 성질을 가리킨다. 그러므로 아레테는 실용적인 우월성이다. 아리스토텔레스는 덕을 지적인 덕과 도덕적인 덕이라는 두 가지 종류로 나눈다. 지적인 덕은 상속 재산과 교육의 결합으로 얻어지며, 도덕적인 덕은 모방, 실천, 습관을 통해 얻어진다. 우리가 지니게 된 습관은 성격의 상태, 즉 어떤 식으로 행동하는가를 결정한다. 아리스토텔레스는 그 행동이 '중용'에 일치할 경우에 그 성격의 상태를 '덕'이라고 말한다. 예를 들어, 위험에 처했을 때 과도한 행위를 하게 되는 경우가 있다. 다시 말해서, 지나친 공포를 드러낸다든가 하는 경우이다(비겁한 행위). 반면에 지나치게 두려움을 모르는 경우도 있을 수 있다(무모한 행위). 또한 적당한 정도의 두려움을 보이면서 온건하게, 즉 덕스럽게 행위할 수도 있다(용기 있는 행위). 아리스토텔레스에 따르면 도덕을 배우기 위해서는 이런 식의 선택을 해야 하는데, 그것은 수학

적으로 계산할 수 있는 게 아니라고 한다. 오히려 그 선택은 항상 상황에 따라 달라지며, 여러 가지 시행 착오를 거칠 수밖에 없는 것이다.

지적인 덕에는 현실적인 지혜와 철학적인 지혜가 있다. 현실적인 지혜는 각각 자신이 선하다고 여기는 것에 부합하는 삶을 살아가는 지혜다. 그러므로 그것은 도덕적인 덕과 관계가 있다(도표 참조). 철학적인 지혜는 학문적이고 성찰적이며, 현실의 이해 관계와 무관하다. 그것은 순수 이성과 연관이 있다. 아리스토텔레스는 이성의 능력이란 주로 인간의 것이므로 철학적 지혜야말로 가장 높은 덕이라고 말한다. 따라서 아리스토텔레스가 행복을 "덕에 부합하는 영혼의 행동"이라고 정의할 때 그 행동이란 철학적 행동을 가리킨다. 인간은 성찰적 삶을 영위

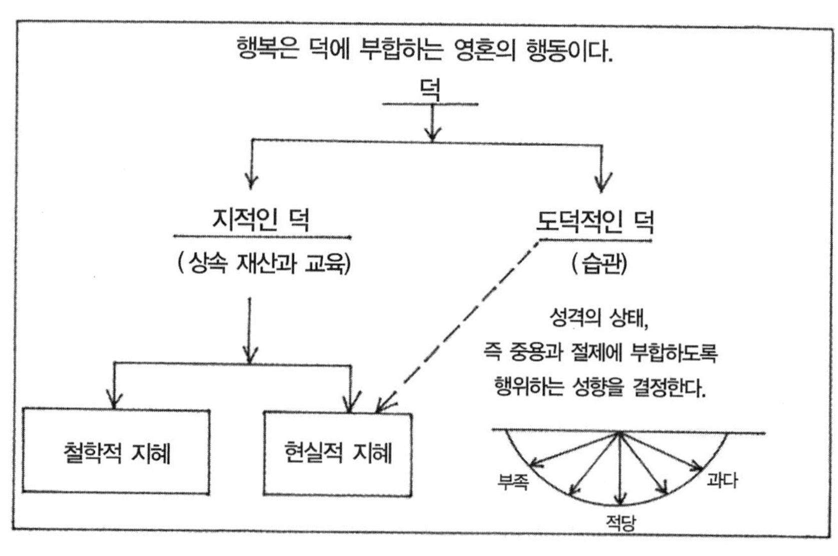

할 때에만 행복할 수 있지만, 그렇다고 해서 수도자의 삶이 가장 행복하다는 뜻은 아니다. 우리는 철학적인 동물일 뿐만 아니라 사회적인 동물이기도 하기 때문이다. 우리는 끊임없이 현실적인 결정을 내려야 하는 세계에서 살아가고 있다. 행복과 선한 삶은 두 영역에서 모두 뛰어나야만 얻을 수 있는 것이다.

아리스토텔레스의 정치적 견해는 도덕적 견해에 따르고 있다. 행복eudaimonia이 인간 개인의 기능이나 목적인 것과 마찬가지로, 국가도 그런 기능이다. 아리스토텔레스는 인간에게 사회적 본능이 있다고 생각하는 점에서 플라톤과 의견을 같이 한다. 국가polis는 시민들의 행복을 극대화하는 목적을 지닌 자연스러운 인간 조직이다. 사실, 국가는 가정보다도 더 자연스럽다. 공동체가 만들어내는 사회적 환경 속에서만 인간 본성이 완전히 발현될 수 있기 때문이다.

이렇듯 아리스토텔레스의 철학에서만이 아니라 그의 정치 이론에서도 목적론이 지배하는 것을 확인할 수 있다.

아리스토텔레스에 따르면, 소피스트들이 특기로 삼는 본능과 관습의 구분은 다소 자의적인 것이다. 법은 인간에게 본능이다. 인간은 본능적으로 사회적이므로, 정치에 참여하려는 욕구도 본래 타고난 성질이다. 그러나 아리스토텔레스는 사회 구조의 기반에 따라 국가의 종류도 달라진다고 말한다. 시민들의 공동 복지eudaimonia를 도모하는 구조여야만 정당한 국가라고 할 수 있다. 적법한 국가 형태는 세 가지가 있다. 즉, 한 사람에 의한 정치(군주제), 엘리트 집단에 의한 정치(귀족제), 시민들이 직접 담당하는 정치(공화제, 즉 제한적 민주제)가 그것이다. 아리스토텔레스는 특정한 상황의 경우에 군주제도 좋다고 말한다. 뛰어난 정치적 기술을 갖춘 강력

한 개인이 모든 시민의 복지에 이바지하는 조건을 만들어낼 수도 있기 때문이다. 그러나 현실적으로 아리스토텔레스는 시민들 개개인이 모두 뛰어날 수는 없다는 점을 감안하면서도 공화제를 선호했다. "개개인으로 보면 보통 사람에 불과하다 하더라도, 집단 전체로 보면 소수의 선한 사람들보다 한데 뭉친 다수가 얼마든지 더 나을 수 있다."[1]

세 가지의 건전한 정부 형태와 관련해서 왜곡된 정부도 있을 수 있다. 시민의 전체적 이익을 중심으로 고려하지 않고 지배자의 이익을 위해 시민들을 희생시키는 정부가 그런 왜곡의 경우다. 군주제의 왜곡은 전제 정치이고, 귀족제의 왜곡은 과두 정치이며, 공화제의 왜곡은 민주 정

---

1. 앞의 책, p. 1190.

치다. 아리스토텔레스는 민주 정치를 시민 대다수가 가난한 폴리스에서 나타나는 다수의 지배라고 이해했다. 가난하기 때문에 시민들은 부자들의 재산을 가로채서 자신들의 이익을 꾀하려고만 하게 된다는 것이다. "단지 수가 많다고 해서 가난한 자들이 부자들의 재산을 빼앗아 가진다면, 그것 또한 부정이 아니겠는가?……그것이 부정이 아니면 대체 무엇이 부정이겠는가?"[11] 아리스토텔레스가 볼 때 이러한 군중 지배는 그 반대, 즉 부자들이 가난한 자들의 재산을 빼앗는 것에 못지 않게 부정한 것이다.

아리스토텔레스의 주장은 오늘날로 치면 수정된 민주주의에 해당하지만, 그가 말하는 국가 내의 분업은 플라톤의 주장만큼이나 가혹하다. 국가 거주민의 대다수는 노예다. 아리스토텔레스에 따르면, 어떤 개인들은 노예의 본성을 가지고 있으므로 재산이자 움직이는 도구로 대우해야 마땅하다. 게다가, 기술자나 노동자인 시민들도 시민들의 이익에 전적으로 동참하는 것은 금지되어야 한다. 폴리스의 모든 구성원에게 자유는 엄격히 제한된다. 하지만 이 제한은 지

소수의 선한 자들

II. 앞의 책, p. 1189.

배 계급의 사유 재산과 통혼을 금지하는 것에 반대한다. 부를 축적하려는 욕구는 자연스러운 본능이므로 허용되어야 한다. 다만, 국가가 그 본능에 제약을 가함으로써 지나치게 과열되는 것은 통제해야 한다.

이렇듯 수정된 형태의 민주주의를 지지함으로써 아리스토텔레스의 정치적 입장은 플라톤의 전체주의적 성향과는 달리, 오늘날 우리의 현대적 사고 방식에 한층 더 가까워졌다. 그러나 국가의 부가 노예 노동에서 나와야 한다든가, 여성의 권리를 박탈하고 블루 칼라(블루 토가라고 해야 할까?) 노동자의 지위를 낮게 여긴 것을 보면, 반드시 그렇지만은 않다.

아리스토텔레스의 정치 철학이 플라톤을 염두에 둔 것이듯이, 그의 예술 철학도 마찬가지다. 예술 전반에 대해 반대했던 플라톤의 입장을 먼저 살펴보자.

1 존재론적 반대—예술은 이미지의 영역에 있으므로 선의 비유에서 가장 낮은 존재론적 지위를 가진다. 말하자면, 예술적 이미지는 사본의 사본의 사본에 불과하다.

2 인식론적 반대—예술가는 실상 무지한데도 진리를 아는 것처럼 처신하며 가르치려 한다. 따라서 예술가는 위험한 무식꾼이다.

3 미학적 반대—미(형상)는 물질적 세계를 초월해 존재하는 것임에도 예술은 언제나 미를 이미지라는 가장 저열한 공통 분모로 환원시키려 한다.

4 도덕적 반대—예술은 철학처럼 지성에 호소하지 않고 열정에 호소한다. 예술은 그렇잖아도 혼돈에 빠진(즉, 비철학적인) 대중을 뒤흔들고 정당화하며 흩뜨려놓는다. 따라서 예술가는 위험한 존재다.

아리스토텔레스는 예술의 기능이 미메시스mimesis, 즉 모방(오늘날 식으로 말한다면 '표현')이라는 점에서는 플라톤과 견해를 같이 한다. 그러나 예술 속에 표현된 대상의 지위에 대해서는 견해가 다르다. 예술은 사물이나 개체를 단순히 모방하는 게 아니라 더 높은 진리를 표현한다. 따라서 예술은 좋은 것일 경우에 철학의 한 형태가 될 수 있다.

시인의 기능은 단지 일어난 일을 서술하는 게 아니라 일어날 수 있는 일, 즉 개연성이나 필연성이 있는 일을 서술하는 데 있다.⋯⋯그러므로 시는 역사보다 더 철학적이고 진지하며 중요한 것이다. 역사의 진술은 단일자에 속하지만 시적 진술은 보편자의 성격을 지니고 있기 때문이다.[1]

이런 그의 철학은 플라톤이 밝힌 표현 예술에 대한 반대 중에서 앞의 세 가지 반대를 불식시킨다. 네 번째 반대에 관해서 아리스토텔레스는 이렇게 논증한다. 위대한 예술은 열정을 불러일으키기는커녕 감상자의 마음속에 솟아오르는 열정을 '정화'할 수 있다. 비극 예술의 경우에 그 효과를 충분히 알 수 있다(비극 중 가장 뛰어난 작품들은 주로 그리스 황금기에 씌어졌

호메로스

다는 사실을 상기하라). "연극에서 나오는 연민과 공포를 불러일으키는 사건을 통해서 그러한 감정들이 카타르시스를 얻게 되는 것이다."[2]

아리스토텔레스는 형이상학과 윤리학에만 기여한 게 아니라 미학과 정치학에 관해서도 중요한 글들을 남겼다. 나아가, 그는 혼자 힘으로 논리학, 즉 타당한 추론의 학문을 창시했다. 상징 논리학은 아리스토텔레스시대보다 훨씬 나중에 발달한 것이지만, 여전히 논리학의 창시자인 아리스토텔레스에게 의존하는 바가 클 뿐더러 그의 연구를 수정한다기보다는 추가하는 단계에서 크게 벗어나지 못하고 있다.

세계에 관해 아리스토텔레스가 말한 경험적 주장 중에는 일부 잘못된 것들도 있다(예컨대, 그는 아래로 떨어지는 돌멩이의 속도가 점점 빨라지는 이유는 돌멩이도 빨리 집에 돌아가야 행복을 느

I. 앞의 책, pp. 1463~1464.

II. 앞의 책, p. 1460.

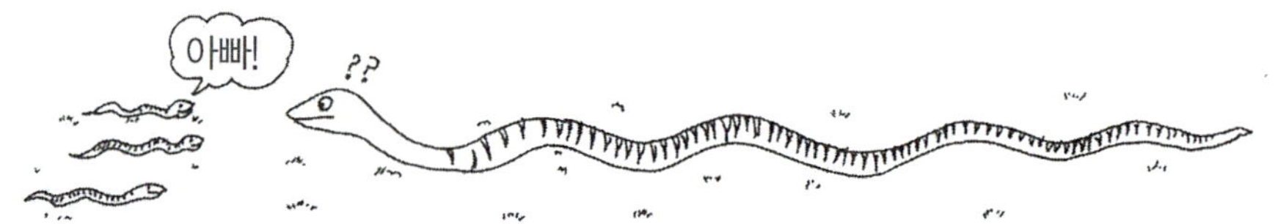

끼기 때문이라고 말했는가 하면, 뱀에게 고환이 없는 이유는 다리가 없기 때문이라고 말하기도 했다).
그럼에도 불구하고 아리스토텔레스의 형이상학, 윤리학, 논리학, 미학은 영원히 인간 사유의
위대함을 빛내주는 기념비로 남을 것이다.

생각해볼 문제

1. 이 장에서는 소피스트들에게 주관주의, 회의론, 상대주의, 허무주의가 있다고 주장했다. 그 개념들을 소크라테스 이전 철학과 플라톤 철학에서 나온 개념들과 비교해보라.

2. 여기서 읽은 소크라테스에 관한 내용을 참조해서 "꼼꼼히 따져보지 않은 삶은 살 가치가 없다고 한 소크라테스의 말이 무슨 뜻인지 추론하는 내용의 글을 써 보아라.

3. 플라톤의 선의 비유와 동굴의 우화를 나란히 놓고서 선의 각 범주와 개념에 상당하는 범주와 개념을 우화 속에서 찾아보아라.

4. 선의 비유에서 플라톤은 태양—궁극적인 빛의 원천—을 "가시적 세계의 주인"이라고 표현했다. 이는 곧, 물질적 세계 내의 모든 것은 태양에 의존하며 물질적 세계에 대한 모든 가시적 인식은 빛의 존재 덕분에 가능하다는 이야기다. 그런데 태양은 또한 지적 세계의 주인인 선의 사본이다. 이러한 태양과 선 사이의 유추는 지적 세계의 대상과 관계에 관해, 그리고 이 세계에 대한 우리의 인식에 관해 무엇을 말해주는가?

5. 윌리엄 워즈워스의 작품 〈송시—유년기의 회상에서 나온 암시와 불명성〉과 존 키츠의 〈그리스의 단지에 관한 송시〉는 플라톤적 시 작품이라고들 말한다. 그 작품들을 찾아보고, 플라톤 형이상학의 관전에서 그것들을 해석하는 글을 써보라. 또한 '플라톤적 시'라는 개념에 포함된 역설에 관해 논평하라.

6. 플라톤의 《국가》에서는 건강한 도시를 건강한 개인과 같은 견지에서 설명한다. 양자 사이의 일치점을 설명하라.

7. 예술의 지위를 둘러싼 플라톤과 아리스토텔레스의 논쟁에서 여러분이 동의할 수 있는 철학자는 누구인가? 여러분의 입장을 옹호해보라.

8. 헤라클레이토스와 파르메니데스의 차이를 놓고 플라톤은 두 입장을 모두 지지하면서도, 결과적으로는 파르메니데스 편을 들어주었다고 한다. 이 말은 무슨 뜻일까?

9. 아리스토텔레스의 철학 전반에 걸쳐 목적론이 어떤 역할을 했는지 검토해라.

10. 본문에 나오는 도토리와 조각상의 사례는 아리스토텔레스의 네 가지 인자론을 설명하려는 것이다. 자연에서 나온 것과 인간이 만든 것으로 하나의 예를 만들어서 그것을 아리스토텔레스의 네 인자 범주에 맞춰보라.

11. 먼저 중용의 관점에서 도덕적 행위를 서술하여 아리스토텔레스의 주장을 설명한 다음에, 도덕적 행위를 하는 것이 왜 행복 또는 '선한 삶'을 이루는 충분 조건이 아니라 필요 조건인지 증명하라.

헬레니즘 시대와 로마 시대

아리스토텔레스가 죽은 뒤부터 그리스 문명은 역사가들이 헬레니즘 시대라고 부르는 단계로 들어가게 된다. 이 시대는 문화적 쇠퇴기였다. 그리스 도시 국가들은 정치적 통일을 이루지 못한데다 페르시아 전쟁으로 힘이 약화되고 페스트의 습격까지 받았다. 그리스는 처음에는 마케도니아의 지배를 받았다가 알렉산드로스 대왕이 죽은 뒤부터는 새로 흥기한 로마 제국 속으로 서서히 흡수되기 시작했다. 이 쇠퇴기의 철학자들은 그리스에서 활동했으나 로마에서 더 큰 각광을 받았다. 이 시대의 두 가지 주요한 철학 학파였던 에피쿠로스 학파와 스토아 학파가 바로 그랬다.

에피쿠로스 학파

에피쿠로스Epicuros(기원전 341~270)의 철학은 (당연하겠지만) 에피쿠로스주의라고 불린다. 오늘날 이 말은 흔히 쾌락주의, 미식주의, 식도락, 향락주의 등의 뜻으로 사용되는데, 이렇게 의미가 왜곡된 이유는 에피쿠로스의 탓이 아니라 일부 로마인이 그의 사상을 잘못 해석했기 때문이다. 에피쿠로스 자신은 오히려 절제되고 소박한 삶을 살았다. 그는 빵과 치즈, 올리브를 먹고, 포도주를 조금 마시고, 해먹에서 잠자고, 정원을 산책하면서 친구들과 대화를 즐기는 생

활을 했다. 만년에, 그는 기나긴 투병 생활을 해야 했으나 죽을 때까지 위엄과 용기를 잃지 않았다.

에피쿠로스 철학은 데모크리토스의 원자론을 기반으로 하고 있지만, 포스트 알렉산드리아 철학자들이 모두 그렇듯이, 과학에는 별로 흥미를 느끼지 않고 선한 삶이란 무엇인가를 주로 탐구했다. 그러나 아리스토텔레스의 시대 이후에 '선한 삶'이라는 개념은 오히려 크게 퇴보했다. 사람들은 이제 더 이상 적극적으로 활동하면서 자신의 영향력을 키우고 정치에 관심과 책임을 가지는 것을 자기 개발의 일환으로 여기지

로마 제국에 사는 개인

않게 되었다. 개인적인 창의성으로는 현실을 바꾸지 못하는 것처럼 보였고, 로마 제국의 거대하고 비인간적인 관료제 속으로 흡수되면서 각각의 개인들은 무기력감을 느꼈다. 아리스토텔레스처럼 에피쿠로스도 삶의 목표는 행복이라고 믿었으나, 그는 행복을 단지 쾌락과 같은 것으로 여겼다. 쾌락을 낳지 않는 것이라면 어떤 행동도 할 필요가 없고, 고통을 낳지 않는 것이라면 어떤 행동도 반대할 필요가 없다. 그렇다면 쾌락의 여러 종류를 분석할 필요가 있을 것이다. 에피쿠로스에 따르면 욕구에는 두 가지가 있으므로, 그 욕구를 충족함으로써 얻어지는 쾌락에도 두 가지가 있다. 그것은 곧 자연스러운 욕구(이것은 다시 둘로 나뉜다)와 헛된 욕구이다.

  1 자연스러운 욕구

    (1)필요한 욕구(예컨대, 식욕이나 자고 싶은 욕구)

    (2)불필요한 욕구(예컨대, 성욕)

  2 헛된 욕구(예컨대, 화려한 옷을 입고 싶든지 색다른 음식을 먹고 싶은 욕구)

자연스럽고 필요한 욕구는 반드시 충족되어야 하며, 또 쉽게 충족될 수 있다. 그런 욕구는

헛된 욕구의 추구

선하고 이성적인 쾌락을 낳으며, 고통스런 결과를 낳는 경우는 거의 없다. 헛된 요구는 충족될 필요도 없고, 충족되기도 쉽지 않다. 그런 욕구에는 자연스러운 제한이라는 게 없기 때문에, 자칫하면 도를 지나치고 고통스러운 결과를 초래하는 경우가 아주 많다.

성욕은 자연스러운 것이지만 대개는 극복할 수 있다. 또한 극복할 수 있다면 성욕은 극복해야 한다. 왜냐하면 성욕의 충족은 지나치게 격렬한 쾌락을 낳기 때문이다. 따라서 성욕이 주는 쾌락은 대개 궁극적으로는 쾌락이라기보다는 고통에 가까우며 때로는 극단적인 고통까지 수반하는 경우가 있다.

자연스럽고 필요한 욕구들 중에서 에피쿠로스가 특히 중시하는 것은 휴식의 욕구다. 여기서 휴식이란 몸과 마음 모두의 휴식을 가리킨다. 진정으로 선한 사람(즉, 가장 큰 쾌락을 경험하는 사람)은 모든 불필요한 욕구를 극복하고, 자신이 필요한 욕구들을 가장 적당한 방식으로 충족시키며, 많은 시간을 몸과 마음의 휴식으로 보내고, 걱정거리가 없는 사람이다.

에피쿠로스의 쾌락에 대한 정의가 소극적이라는 사실에 주목하라. 다시 말해서, 그에게 쾌락이란 고통이 없는 상태를 뜻한다. 에피쿠로스가 조잡한 관능주의에 빠지지 않을 수 있

였던 것은 이러한 소극적 정의 때문이
다. 이런 정의의 문제점은, 그것을 논리
적 극단으로 밀고갈 경우에 차라리 삶
의 부재가 삶 자체보다 낫다는 결론에
이른다는 점이다(그래서 프로이트는 《쾌
감 원칙을 넘어서》라는 책에서 '쾌감 원칙'
의 배후에는 타나토스, 죽음의 본능이 있다
고 말했다).

이러한 추론은 사실 역설적인 면이
있다. 에피쿠로스 자신은 그의 철학에
서 죽음의 공포를 없앴다고 밝혔기 때
문이다. 데모크리토스의 원자론에서 영
향을 받아 에피쿠로스는 죽음이란 단지
감각과 의식이 없는 것이라고 생각했다.

따라서 죽음을 두려워하는 감각이나 의식 같
은 것은 있을 수 없다. "죽음이 있는 곳에
는 우리가 없고, 우리가 있는 곳에는 죽음
이 없다."[1]

에피쿠로스를 추종하던 일부 로마 학자
들은 '쾌락'을 전혀 다르게 해석하여 적극
적인 쾌감이라는 뜻으로 받아들였다. 이
극단론자들 덕분에, 오늘날 에피쿠로스
주의 하면 대개 관능적인 쾌락주의를 가
리키는 뜻으로 생각하게 된 것이다. 그런
해석에 대해 병약했던 에피쿠로스는 아마

쾌감 원칙을 넘어서

I. Epicuros, "Letter to Menoeceus", in *The Stoic and Epicurean Philosophers: Epicuros, Epictetus, Lucre-tius, Marcus Aurelius*, ed. Whitney J. Oats(Modern Library, 1940), p. 31.

해먹을 흔들어서라도 반대의 몸짓을 드러내지 않았을까?(그것도 강력한 반대는 아니었을 것이다. 논쟁은 흥분을 부르고, 흥분은 고통을 수반하니까.) 에피쿠로스의 이론은 주요한 철학적 운동으로까지 연결되지 못했지만, 그의 제자들은 그리스와 로마에서 몇 세기 동안이나 계속 이어졌다. 그의 가장 유명한 추종자는 로마의 루크레티우스Lucretius이다. 그는 기원전 1세기에 〈만물의 본성에 대하여〉라는 길다란 철학 시를 통하여 스승의 철학을 설명했다. 오늘날 에피쿠로스의 사상이 전해질 수 있었던 것은 루크레티우스의 시 덕분이다.

스토아 학파

로마에 전해진 헬레니즘 철학의 또 다른 중요한 갈래는 스토아주의다. 이 철학은 그리스 철학자인 키프로스의 제논Zenon(기원전 334~262)이 처음 주장했다. 그는 '스토아'라고 부르는 주랑柱廊으로 된 현관에서 학생들을 가르쳤는데, 여기서 스토아 철학이라는 이름이 나왔다(그러니까 스토아 철학은 '현관 철학'인 셈이다). 데모크리토스에 기반한 에피쿠로스 철학과 마찬가지

스토아에서 강의하는 제논

로, 스토아 철학도 소크라테스 이전 시대의 유물론에 그 뿌리를 두고 있다. 또한 에피쿠로스 철학처럼, 스토아 철학도 물리학에는 별로 관심이 없었고 인간 행동의 문제에 주로 관심을 기울였다.

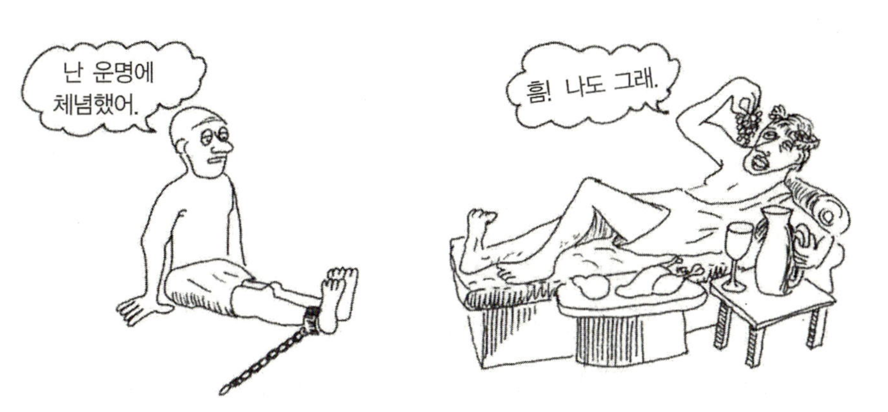

로마의 스토아 철학자들 중에서 가장 흥미로운 사람을 꼽는다면, 극작가이자 고위 정치가였던 세네카Seneca(기원후 4~65), 자유를 획득한 노예 출신 에픽테토스Epiktetos(1세기 후반), 그리고 로마 황제 마르쿠스 아우렐리우스Marcus Aurelius(121~180)를 들 수 있다.(노예와 황제가 똑같은 체념의 철학을 가지고 있었다는 것은 아주 흥미로운 사실이다. 물론, 노예보다는 황제가 철학을 하기에는 더 쉬웠겠지만!) 스토아 철학자들은 '덕=지식'이라는 소크라테스의 방정식을 받아들였다. 일단 앎의 상태에 오른 다음에는 완전한 행복이 보장될 수 있다는 것이다. 따라서 사람은 자신이 평생 동안 이 지혜를 얻기 위해 노력해야 한다. 이러한 깨달음을 얻는 것과 동시에 인간적 우수성이 달성된다.

그러한 완벽한 삶이 지속되면 곧, 초연한 삶이 된다(그렇기 때문에 스토아 철학에서는 특정한 상황에서 자살을 옹호하기도 한다). 그와 같은 행복의 상태에 도달하려면 모든 세속적 욕망, 특히 감정과 쾌락 추구의 욕망으로부터 자유로워야 한다. 스토아 철학의 현인은 고행자(금욕주의자)이다. 그는 영혼의 무질서한 상태를 빚는 열정을 초월한다. 스토아 철학자는 비탄, 환희, 희망, 공포 등등 평범한 인간의 삶에 존재하는 모든 열정으로부터 초연한 삶을 살아간다.

스토아적 지혜의 내용은 뭘까? 그것은 자신의 본성에 부합하는 행위 속에 선이 존재한다고 했던 아리스토텔레스적 관념과 비슷하다. 스토아 철학은 그런 관념에 덧붙여, 그렇게 행동하려면 본성 자체, 즉 실제의 총체성(스토아 철학에서는 이것을 신적인 것으로 생각한다)과 부합하도록 행동해야 한다고 가르친다.

전체적으로 고찰할 때 실재는 완벽하다. 인간은 실재의 신적인 계획에 부합하여 살아가는 법을 배워야 완벽해질 수 있다. 그러기 위해서는 자신의 욕망을 우주의 전체적인 섭리가 일치시키려 한다. 사실, 인간은 그 거대한 계획에 따르는 것 이외에 달리 아무 것도 할 수 없다. 스토아적 지혜란 바로 그 진리를 인식하는 것이다. 바보들은 자기의 이기적인 욕망을 현실에 강제로 끼워 맞추려 애쓴다. 그래서 불행과 부자유를 초래하는 것이다. 자유가 의지와 능력이 통일이라면(즉, 자신이 원하는 것을 할 수 있는 게 자유라면),

자유를 얻는 유일한 길은 우주가 원하는 것을 자신도 원하는 데 있다. 우리는 우리가 욕망하는 것을 얻고자 바라서는 안 되고, 우리가 얻는 것을 욕망해야 한다. 원하는 것과 실제로 얻는 것을 등치시킬 수 있게 될 때 우리는 언제나 원하는 것을 얻을 수 있으므로 자유롭고 행복해질 수 있다. 이것이 바로 스토아적 지혜다.

스토아 철학자들은, 설령 이 지고한 상태에 도달한다 해도 현실의 가혹함 때문에 내적 평형이 깨지면서 고통과 고뇌 속으로 되돌아가게 될 수 있다는 것을 깨달았다. 바로 그런 이유 때문에, 또 깨어난 상태에서 지내는 것을 초연한 삶이라고 여겼기 때문에 그들은 특정한 상황에서 자살을 옹호했다. 에픽테토스는 자살을 이야기하며 "세상이 적당히 혼탁하다면 그냥 살겠지만 지나치게 탁하기 때문에 나는 간다"고 말했다. 마르쿠스 아우렐리우스도 마찬가지로, "집안이 너무 어지러워 떠난다"[II]고 말했다. 또한 세네카는 "현인이 평정을 깨뜨리는 많은 번뇌를 접한다면 죽음을 택할 것이다.……좋은 죽음은 나쁜 삶의 위협에서 벗어나는 것이다"[III]고 했다. 실제로, 네로 황제의 자문 역할을 했던 세네카는 목욕탕에 들어가 정맥을 끊고 자살했다.

스토아 철학이 전성기에 달해 있을 무렵에 새로운 사회·종교적 사유 형식이 생겨났다. 그것은 바로 그리스도교다. 비록 그리스도교도들은 로마 제국 안에서 아직 소수였지만, 그들의 종교는 사회 각층의 사람들의 욕구에 공명하고 있었으므로 점점 교도의 수가 늘어가고 있었다. 그리스도교는 가장 보잘것없는 사람들에게까지 의미를 부여했다. 목수의 아들인 예수라는 인물을 통해 신과 인간의 연결을 맺어주었는가 하면, 사람들에게 로마 제국에 단순히 거주한

I. Epictetus, "Discourses of Epictetus", in *The Stoic and Epicurean Philosophers*, p. 267.

II. Marcus Aurelius, "Meditations", trans. G. Long, in *The Stoic and Epicurean Philosophers*, p. 523.

III. Seneca, *The Stoic Philosophy of Seneca*, ed. Moses Hadas(Doubleday Anchor, 1958), pp. 202~203.

다는 것보다 훨씬 더 구체적인 정체성을 주었고, 구원과 영원한 삶을 베풀었다. 비록 그리스도 교도들은 중세의 교도들처럼 체계적인 철학으로 자신들의 새로운 종교를 방어하는 방법을 알지는 못했지만, 그래도 그들의 교의는 당대의 철학들과 경쟁하면서 사람들의 가슴속에 깊이 파고들었다. 그 시대의 사유 체계들은 모두 같은 문제를 다루고 있었으므로, 그리스도교와 스토아 철학은 아무래도 닮은 점이 많다. 예를 들면, 두 철학 모두 체념의 학설을 주장하고 세속적인 것에 대한 집착을 경멸하며, 신의 섭리에 따르고자 한다. 하지만 양자 사이의 차이도 간과하면 안 된다. 예컨대, 자살에 대해서는 스토아 철학과 그리스도교의 가르침이 서로 다르다. 또한 스토아 철학은 정치적 권위에 대해 무저항으로 묵인하는 경향이 있는 반면에, 그리스도교는 처음부터 정치적 지배에 대해 적극적으로 저항했다.

에픽테토스는 "가급적이면 일체의 서약을 하지 말라. 그게 안 된다면 해야 할 만큼만 해라"[1]고 말했다. 이런 자세는 황제의 신적인 권위에 대해 충성 서약을 거부했다가 그 때문에 순교한 많은 그리스도교의 생각과는 크게 다른 것이다.

I. Epictetus, "The Encheriridion", in *The Discourses of Epictetus*, ed. George Land(Peter Pauper Press, nd), p. 22.

신플라톤주의

스토아 철학자 마르쿠스 아우렐리우스(5현제의 마지막 황제)가 죽은 뒤, 로마 제국에는 오랫동안 격변과 무질서의 시기가 뒤따랐다. 강성했던 제국이 무너지는 쇠퇴기에 사람들이 느끼는 무력감을 치유하기 위해 종교가 부활했다. 3세기에 그리스도교와 더불어 유명했던 철학적 종교 운동은 **플로티노스**Plotinos(204~270)가 주창한 플라톤 철학의 신비적 형태였는데, 오늘날에는 그것을 신플라톤주의라고 부른다. 우리는 앞서 플라톤을 이야기하는 곳에서 플라톤 사상이 피안의 이상 세계를 향하는 뿌리 깊은 경향이 있음을 본 바 있으며, 아리스토텔레스도 바로 그런 점을 비판한 적이 있다. 이상 세계를 숭배하는 플라톤의 주장은 3세기의 염세적인 분위기에 딱 맞아들었다.

플라톤처럼 플로티노스도 절대적인 진리와 확실성은 이 세계에서 찾을 수 없다고 여겼다. 플라톤은 세계의 변화를 초월하고 진리의 확실성에 도달하기 위해서 순수하게 이성적인 방법을 가르쳤지만, 플로티노스는 그 꿈을 실현하려면 이성을 초월해야만 한다고 주장했다. 즉 **일자**一者와의 무아지경 같은 통일을 통해서만 가능하다는 것이다.

플로티노스가 말하는 일자란 '절대자' 또는 '신'을 가리킨다. 이성적인 견지에서는 일자에 관해 결코 알 수 없으며, 일자는 엄밀히 규정할 수 있는 대상도 아니다. 플로티노스적인 입

양의 주요 종교 세 가지—유대교, 그리스도교, 이슬람교—는 모두 고대 지중해 사막 문화권, 오늘날로 말하자면 이집트, 이스라엘, 팔레스타인, 요르단, 사우디아라비아에서 탄생했다. 후대에 중세라고 이름지어진 시대가 시작될 무렵에 이슬람교는 아직 생겨나지도 않았으며(이슬람교에 대해서는 조금 뒤에 상세히 살펴보자), 그리스도교는 탄생한 지 겨우 400년밖에 안 되는 신흥 종교였다. 그러나 유대교의 모태인 히브리 성서는 이미 1200년 전에 생겨났다. 유대교 이전에는 부족 신앙의 여러 다신교가 있었는데, 유대교는 유일 신앙을 주장하고

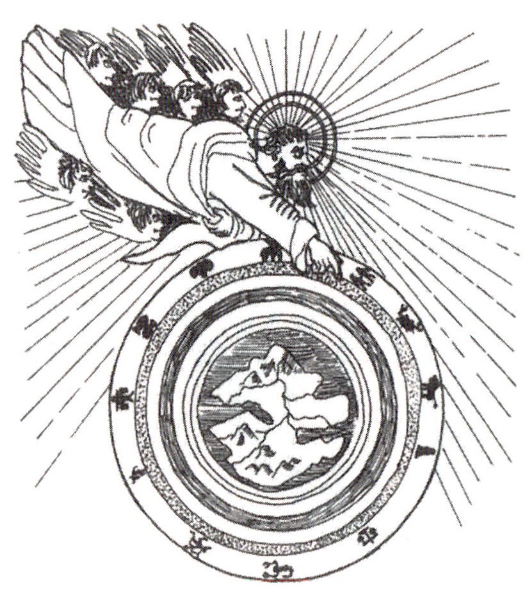

천지 창조
(익명의 중세 화가 작품에서 본땀)

나서면서 다른 종교들과의 차별을 꾀했다. 그것에 따르면, 유일신 여호아가 고대 유대 민족을 선택해서 신과 인간의 특수한 계약을 맺었다는 것이다. 이 계약을 토대로 해서 생겨난 법은 도덕적 구속(10계명)을 낳았을 뿐만 아니라 식생활, 결혼, 장례, 기도, 제사, 자선 등 일상 생활의 여러 관습을 지배하는 의식을 만들어냈다. 유대교의 성서인 토라Torah(나중에 그리스도교도들은 이것을 '구약'이라 불렀다)는 신의 세계 창조를 기록하고, 세계 속에서 인간이 취하는 위치를 할당하며, 신의 명령과 의지를 표현하고, 유대인의 역사를 이야기한다. 그 성서는 불행히도 세계의 주요 군사적 긴장 지대 가운데 하나를 고향땅으로 삼고 있는 유대인의 숱한 영광과 고통을 말해준다. 그만큼 유대인은 숱한 침략과 야만적 정복에 시달려왔다. 성서에는 또한 위대한 예언자들의 말이 수두룩하게 수록되어 있는데, 이는 그들이 신성한 영감을 통해 신의 의지와 미래에 대한 전망을 기록한 것이라고 한다. 그밖에 장차 메시아('신의 기름을 바른 자')가 와서 억압자들로부터 유대인들을 해방시키고 영광의 왕국을 건설하리라는 예언도 있다.

그리스도교는 바로 이 유대교의 예언 전통에서부터 갈라져 나왔다. 처음에는 유대인의 작은 무리—나중에는 비유대인의 수도 꾸준히 늘었지만—가 나사렛의 예수Jesus of Nazareth(기원후 4?~39)라는 한 개인이 '그리스도'('메시아'라는 히브리어의 그리스 번역어)라고 주장했다. 예수의 이야기는 마태, 마가, 누가, 요한의 네 복음서를 통해 전해진다. 이 책들에는 천사들이 성모 마리아에게 수태 고지를 하고, 그녀가 임신하고, 초라한 마구간에서 예수가 태어나고, 예수 가족이 헤로데왕의 탄압을 피해 이집트로 도피하고, 예수가 기적과 치료를 행하는 이야기들이 기록되어 있다. 또한 복음서에 전해지는 예수의 가르침은 유대의 법을 재해석해서 종교 의식과 식생활의 관습과 관련된 측면의 비중을 떨어뜨리고, 법의 내면화를 강조한다. 이러한 재해석 덕분에 다른 동료 인간들, 특히 억압과 좌절, 탄압에 신음하는 사람들에게 연민과 도움을 주어야 한다는 교의가 생겨난다. 예수의 가르침은 또한 강력한 종말론적 예언을 통해 사람들로 하여금 신의 왕국을 준비하게 한다. 나아가, 네 복음서에는 예수가 한 제자에게 배신을 당해고, 로마 당국에 체포되어—로마는 배신한 유다를 강제로 제국에 끌어들였다—유대 법정에서 재판을 받고서 로마 병사들에 의해 십자가에 못박혀 죽고, 매장되었다가 기적적으로 부활해서 천국으로 승천하는 이야기가 기록되어 있다. 예수의 추종자들과 그리스도교의 성서는 이 모든 사건을 구약 성서의 예언이 실현된 것으로 간주했다. 따라서 예수가 곧 그리스도이며, 고대 예언자들이 예언했던 메시아임이 증명되었다는 것이다.

수태 고지
(프라 안젤리코의 작품에서 본땀)

예수가 처형된 직후에 주로 유대인으로 이루어진 팔레스타인의 그리스도교 사회들은 예수의 가르침을 유대인에게만 국한되는 것으로 여겼지만, 그 교의는 곧 더 넓은 그리스어와 라틴어 문명권으로 퍼져 나갔다. 실제로 초기의 네 복음서를 제외한 신약 성서의 나머지 부분은 그리스도교 지도자들이 지중해 세계 그리스어권의 교도들에게 보낸 편지들로 이루어져 있다. 그 중에서 가장 유명한 것은 가장 뛰어난 전도사이자 조직가였던 성 바울의 편지들이다. 편지에서 바울은 사랑과 봉사의 교의와 더불어, 히브리 법을 정식화하고 내면화하라고 가르쳤다. 그는 예수의 시련과 죽음을 전 인류가 저지른 죄악에 대한 속죄라는 점을 강조했으며, 그 속죄는 예수를 그리스도로 믿고 예수의 가르침에 따라 살아가는 사람들에게 영원한 삶을 보장한다고 말했다.

신약 성서에는 세계의 종말에 대한 묵시론적 예견이 있다. 이것은 성 요한이라 불리는 그리스도교 예언자가 지은 글인데, 그는 네 번째 복음서의 저자인 성 요한과는 동명 이인이다.(두 요한이 같은 사람이라는 설도 있다.—옮긴이) 실제로 성 요한은 중세 후반에 활동했던 성 요한과 자주 혼동하지만, 오히려 그 덕분에 그가 쓴 요한 묵시록이 더 큰 권위를 얻을 수 있었다. 이

악마에게 지옥으로 끌려가는 저주받은 자
(루카 시뇨렐리의 작품에서 본땀)

글에서 요한은 신과 악마 사탄이 싸움을 벌이고, 그 결과로 그리스도가 재림하여 산 자와 죽은 자를 최종 심판하며, 축복받은 자에게는 개 예루살렘(천국)으로 들어갈 수 있도록 허가하고, 저주받은 자는 지옥에 가둔다고 말한다.

예수가 죽은 뒤 300년 동안 그리스도교는 로마 제국 전역에 퍼졌으나, 그 과정은 결코 순탄하지 않았다. 때로는 로마 정부의 유혈 탄압을 받기도 했고, 그리스도교의 도그마가 취해야 할 올바른 형태와 관련해서 지도자들 사이의 내부 다툼이 일어나기도 했다. 카논이 모습을 갖추게 된 것은 예수 탄생 이후 400년이나 지난 뒤였다.

성 아우구스티누스

313년에는 중요한 사건이 있었다. 로마 황제 콘스탄티누스가 그리스도교로 개종한 것이다. 당시 제국 시민 중 그리스도교는 1/10에 불과했지만, 그것으로 그리스도교는 제국의 공식 종교가 되었다. 그 뒤 2세기 동안 초기 그리스도교의 지도자들은 아직 상대적으로 신흥 종교였던 그리스도교의 지적인 토대를 마련하기 위해 당시 성행하던 신플라톤주의 철학에 관심을 기울였다. 이러한 그리스도교적 플라톤주의의 전통에서 가장 중요한 철학자는 히포의 아우구스티누스Augustinus(354~430)이다. 그는 한 다리는 고전 세계에 딛고, 다른 한 다리는 중세 세계에 딛은 상태로 두 세계를 분리하고 있는 심연 위에 양다리를 걸친 인물이었다.

로마에서 수사학을 공부하던 젊은 학생 시절에 자신의 호색적인 본성을 잘 알고 있었던 아우구스티누스는 선과 악의 문제에 큰 관심을 쏟았다. 당시 그의 시선을 잡아끈 것은 마니교(3

가지 예를 제시했다. 이상에서 보듯이, 아우구스티누스의 철학은 신과 인간의 관계를 깊이 고찰하고 있다. 그 목적은 불안하고 수명을 다해가는 이 세상을 설명하려는 데 있다. 당시는 낡은 질서가 무너지고 있던 시대였다. 실제로 아우구스티누스가 히포 성당에서 병들고 늙은 몸으로 숨졌을 때 야만스런 반달족은 히포를 침략하여 불태우고 있었다. 설령 그들이 아우구스티누스에 대한 경의의 표시로 히포 성당을 그대로 놔두었다 하더라도, 사태는 전혀 달라질 게 없었다. 히포만이 아니라, 로마 제국 전체가 불에 타고 있었으니까. 이렇게 고전 시대는 끝나고, 역사에서 암흑기라고 부르는 어두운 밤이 시작된 것이다.

아우구스티누스의 죽음으로 서구 철학은 이후 400년 동안이나 침잠과 퇴보를 거듭하게 된다. 이때부터 중세가 도래하기 전까지의 기간은 서구 사상의 기나긴 암흑기였다. 로마 군단은 더 이상 제국의 변방을 통제하지 못했으며, 동쪽 삼림 지대의 튜튼족은 무너져가는 제국을 벌떼처럼 휩쓸었다.

로마는 몇 차례나 유린과 약탈을 당했다. 새로 제위를 차지한 '야만족' 황제들은 라틴 식 이름 대신에 게르만 식 이름을 사용했다. 그들은 고전 시대의 황제들처럼 문화에 관심을 기울이지 않았다. 그리스인들과 로마인들이 발전시킨 철학은 이제 사멸할 위기에 직면했다.

백과 사전파

이 기나긴 암흑기 동안, 철학은 죽은 제국의 외진 구석구석에서 촛불처럼 연명했다. 이탈리아, 스페인, 브리튼, 그리고 아일랜드해의 바위섬에 있는 조그만 수도원들에서 백과 사전파라고 불리는 수도사들이 서양 철학의 가냘픈 촛불을 꺼지지 않게 이어갔다. 그들은 남아 있는 고전 사상을 손에 잡히는 대로 베끼고 체계적으로 보존했다. 그중에서도 특히 두드러진 인물은 이탈리아의 보이티우스Boethius,(480~525), 스페인의 이시도루스

Isidorus(570~636), 잉글랜드의 베다Beda(674~735)였다.(성 이시도루스의 백과 사전은 특히 흥미롭다. A 항목에서는 '원자론atomic theory'이라는 표제어뿐만 아니라 '대척지Antipodes 주민'이라는 표제어도 있다. 이시도루스는 이들이 남부 아프리카의 암석 평원에 살고 있다고 하면서, 그들은 발 바깥쪽에 커다란 발가락이 달려 있어 자기들이 살고 있는 바위투성이의 땅을 능숙하게 달려갈 수가 있다고 썼다!) 이시도루스가 이처럼 잡탕 백과 사전을 쓴 것은 암흑기에 철학이 어떠했는지를 상징적으로 보여준다.

요하네스 스코투스 에리우게나

4세기 동안 상대적으로 침묵하던 철학은 중세 최초의 위대한 형이상학적 체계를 만들어

요하네스 스코투스가 자연을 분류하고 있다

낸 어느 철학자에 의해 갑자기 화려하게 부활했다. 그는 요하네스 스코투스 에리우게나John Scotus Eriugena('아일랜드 태생의 스코틀랜드 사람인 요하네스'라는 뜻, 810?~877?)라는 거창한 이름을 가진 철학자였다. 요하네스는 아일랜드에 있다가 대머리 왕 샤를(프랑스의 샤를 2세이자 독일의 칼 2세—옮긴이)의 팔라틴 학파로 불려가서 오늘날 〈디오니소스의 위서僞書〉라고 알려진 그리스 문서를 번역했다(이 문서는 오랫동안 사도 바울이 개종시킨 그의 제자 디오니소스가 쓴 것으로 잘못 알려져왔으나, 오늘날에는 그리스도교에 공감하지 않는 신플라톤주의 철학자가 쓴 것으로 믿어지고 있다). 에리우게나는 그 〈디오니소스 위서〉를 읽고 거기서 영향을 받아《자연의 구분에 관하여》라는 책을 썼는데, 이것은 그리스도교의 교리와 신플라톤주의적 범신론을 결합한 난해한 내용의 책이다. 어쨌든, 이 책과 그의 '위서' 번역에 힘입어 그리스도교에서 플라톤주의의 입지는 확고해졌다.

요하네스의 목표는 총체적 실재(그는 이걸 자연이라 불렀다)를 범주화하고 이해하려는 데 있었다. 그가 내린 첫 번째 범주적 구분은 이렇다.

이런 식의 구분에는 존재의 위계를 상정하는, 즉 어떤 것들은 다른 것들보다 더 실제적이라는 플라톤 식의 가설이 숨어 있다. '존재하지 않는 것'이란 신플라톤주의적 견지에서 실재성의 정도가 덜한 실체들을 가리킨다. 예를 들어, 특정한 나무나 말은 '나무'라는 형상이나 '말'이라는 형상보다 실재성이 덜하므로 부정적 범주 속에 포함되는 것이다. 죄스런 행동이나 망각의 행동 같은 '결핍'이나 '상실'과 관련된 모든 것들도 마찬가지다. 놀랍게도, 이 범주에는 요하네

긍정적인 길	부정적인 길
우리는 신을 이렇게 긍정한다. "신은 지혜롭다" ↑ 이 긍정은 은유로 쓸 때만 타당하다. '지혜'란 인간적 화법에서만 의미를 지니는 말이기 때문이다. 그러므로 이 말은 신의 본성을 유추하기 위한 편법으로 사용할 경우에만 신에게 적용할 수 있다.	우리는 신을 이렇게 부정한다. "신은 지혜롭지 않다" ↑ 이 부정은 말 그대로의 의미이다. '지혜'란 인간적 화법에서만 의미를 지니므로 신에게는 문자 그대로 적용할 수 없다.

스가 '초실재'라고 부른 것도 속한다. 이것은 인간의 지성으로 이해할 수 없으며, 신플라톤주의적인 견지에서는 '존재를 넘어선 것'에 해당한다. 물론, 요하네스는 신을 말하고 있는 것이다.

그럼 남는 건 뭘까? 어떤 것을 '실재하는 것'이라고 말할 수 있을까? 그것은 순수한 인간 지성으로 이해할 수 없는 실체, 즉 플라톤의 형상밖에 없다! 그밖의 모든 것은 존재하지 않는다.

이렇게 해서 이 그리스도교 학자는 아주 곤란한 지경에 빠졌다. 그에 따르면, 신은 비존재로 분류할 수 있는 것들 속에 포함된다. 이를테면, 신은 황금 산이라든가 켄타우로스, 그리핀(독수리 머리와 사자의 몸을 가진 상상의 새—옮긴이), 둥근 사각형 등처럼 존재할 수 없는 존재가 될 것이다. 그렇다면 신에 대한 일체의 논의는 이것으로 완전히 끝났다고 해야 하지 않을까? 요하네스처럼 '긍정적 길'과 부정적 길'(《디오니소스 위서》에서 차용한 기준)의 구분 방식을 적용한다면, 존재를 넘어선 존재는 존재할 수 없다는 게 분명해지기 때문이다.

이런 식의 긍정과 부정은 자기 모순을 빚지 않는다. 오히려 그것은 명제와 반명제의 역할을 하여 (헤겔 식의) 변증법적 종합을 이루면서 우리에게 신의 지혜를 초월한 존재라는 것을 깨닫게 해준다. 똑같은 방법을 사용하면, 요하네스가 신이 존재하지 않으면서 [초월적으로] 존재한다고 말하는 이유를 알 수 있다.

다음은 요하네스 스코투스 에리우게나가 자연을 구분하는 또 다른 방식이다.

   1 창조하면서 창조되지 않는 자연(즉, 신)

   2 창조하면서 창조되기도 하는 자연(플라톤의 형상)

   3 창조되면서 창조하지는 않는 자연(즉, 물질적 세계)

   4 창조되지도 않고 창조하지도 않는 자연(즉, 신)

(여기서 명심할 게 있다. 이와 같은 신플라톤주의적인 도식에서는, 'X'라는 존재가 창조한다는 말은 실재의 위계 속에 X 아래에 위치하면서 X에 의존하는 존재가 있다는 뜻이다. 거꾸로, 'Y' 라는 존재가 창조된다 함은 Y가 존재하기 위해서는 그 위의 어떤 존재에 의존한다는 뜻이다.)

이런 체계에서라면 신은 알파이자 오메가이며, 처음

알파이자 오메가

이자 끝이며, 창조자이자 창조의 목표다. 신은 세계 속으로 유출되고 스스로에게 돌아온다. 이런 식의 설명은 플로티노스의 범신론적 유출 체계와 마찬가지로 의심스러워 보인다. 그래서 《자연의 구분에 관하여》는 많은 사람이 이단이 아니라고 열심히 변호했음에도 불구하고, 결국 1225년에 교황 호노리우스 3세에 의해 이단 학설로 단죄되고 말았다.

성 안셀무스

요하네스 스코투스 에리우게나 이후 350년 동안은 그와 같은 거창한 체계적 사상가는 등장하지 않았다. 9세기부터 13세기까지의 철학은 아우구스티누스나 요하네스 스코투스보다도, 13세기의 토마스 아퀴나스보다도 스케일이 작았다. 그 시기의 철학은 신학적 내용을 다루는 일종의 철학적 문법화에만 국한되었다. 하지만 그렇다고 해서 이 시기의 철학이 모두 보잘것없었다는 뜻은 아니다. 중세에 나온 철학적 논리학의 가장 두드러진 봉우리는 신의 존재를 입증한 캔터베리의 안셀무스Anselmus(1033~1109)로서, 그는 나중에 성인의 반열에까지 오른다. 오늘날 그 증명은 존재론적 증명이라고 불리는데, 그 이유는 관찰에서 나온 게 아니라 존재의 개념 자체에서 나온 것이기 때문이다.

안셀무스의 논증은 "어리석은 자는 그 마음에 이르기를 하느님이 없다 하도다(《구약 성서》, 시편 53장 1절)에 나오는 '어리석은 자'에 관한 이야기로 시작한다. 그런데 안셀무스의 견해는 그것과 다르다.

아무리 바보라 하더라도 상상할 수 있는 어느 것보다도 위대한 존재가 최소한 관념 속에서라도 존재할 수 있다는 사실을 납득할 수 있다. 그 존재에 관한 이야기를 듣는다면 누구나 알 수 있기 때문이다.……그런데 어느 것보다도 위대한 존재는 분명히 존재할 뿐더러, 그 존재는 관념 속에서만이 아니라 실재 속에서도 존재함을 알 수 있다.……그 존재는 바로 그분, 우리의 하느님이시다.[1]

I. Anselmof Canterbury, *Proslogium*, in *The Age of Belief*, ed. Anne Fremantle(New American Library, 1954). pp. 88~89.

안셀무스의 논증을 시험해보자. 내 마음속
에 생각할 수 있는 가장 완벽한 존재를 상상
해보자.(안셀무스는 그 존재가 전통적인 그리스도
교의 신과 아주 흡사하다고 믿었다. 지고의 선에다
전지 전능하고 영원 불변한 신 말이다.) 이제 스
스로에게 물어보자. 내가 상상하는 그 존재
는 오로지 내 마음속에서만이 아니라 내 마
음 바깥에도 존재해야 하기 때문이다. 그러
므로 가장 완벽한 존재를 상상하는 게 가능하
다면, 그런 존재는 반드시 실제로 존재해야 한다.

시편 53장 1절

　이것은 워낙 모호한 논증이므로 누군가 트집을 잡는
사람이 있을 게 뻔하다. 그 누군가는 안셀무스의 같은 시
대 사람인 가우닐론Gaunilon이라는 수도사였다. 그는 '어리석은 자'의 입장에 서서 안셀무스
의 주장을 이렇게 반박했다.

1 '상상할 수 있는 어느 것보다도 위대한 존재'를 상상하는 것은 실상 불가능한 일이다. 그
　런 상상은 상상도 할 수 없다.
2. 만약 안셀무스의 논증이 옳다면, 단순히 완벽한 열대의 섬을 상상하는 능력만 가지고도
　논리적으로 그런 신이 존재한다는 결론을 이끌어낼 수 있어야 할 것이다.

가우닐론의 트집에 안셀무스는 간단히 대응한다.

1 당신이 '가장 완벽한 존재'라는 문구를 이해한다는 것 자체가 이미 당신은 그런 존재를
　상상했음을 말해주는 것이다.
2 완벽한 열대의 섬이라는 것에 대한 정확한 정의는 없지만, 신에 대해서는 완벽한 존재
　라는 정의가 있다. 신을 완벽성이 결여된 존재라고 상상할 수는 없기 때문이다. 또한 존

재하지 않은 것보다는 존재한다는 것이 분명히 더 완벽하므로 신에 대한 상상만으로도 신의 존재를 알 수 있다.

이러한 논증은 보기보다는 더 난해하면서도 독창적이다. 실상, 이것은 아주 훌륭한 논증이

가우닐론의 반박

다(물론, 전혀 오류가 없다는 뜻은 아니다). 이 논증의 독창성은 "신이 존재하지 않는다"는 문장이 자기 모순을 내포한 문장이라는 점을 증명한 데 있다. 그렇기 때문에 어리석은 자만이 그런 말을 할 수 있는 것이다.

참고로, 안셀무스의 논증이 얼마나 플라톤적인 것인지 간단히 짚고 넘어가자. 첫째, 그것은 순전히 아프리오리한 논증이다. 다시 말해서, 감각을 통한 관찰 같은 것에는 전혀 의지 않고, 오로지 순수한 이성에만 의지한다. 둘째, '가장 완벽한 존재'란, 곧 '가장 실재적인 존재'에 해당한다는 점에서 그의 논증에서는 분명히 플라톤적 견해를 읽을 수 있다('선의 비유'를 되새겨볼 것).

이렇게 신의 존재를 증명하고자 하는 존재론적 증명은 다양하고 오랜 역사를 가지고 있다. 앞으로 이 책이 끝날 때까지도 우리는 그것을 몇 차례 더 보게 될 것이다. 임마누엘 칸트가 18세기에 그 문제를 완전히 매듭지은 것으로 아는 사람이 많지만(그는 그 논증의 오류가 논리적인 데 있는 게 아니라 문법에 있다는 것을 보여주었다), 안셀무스가 제기한 지 900년이 지난 오늘날까지도 그 논증을 옹호하는 사람이 많이 있다.

이슬람교와 유대교의 철학

11세기와 12세기에 아라비아어와 히브리어 문서들이 라틴어로 번역되어 대거 유럽으로 전해지면서 철학에서도 큰 변화가 일어나게 되었다. 이 저작들은 대부분의 그리스도교 수도원으로 흘러들어왔다. 9세기부터 12세기까지 스페인의 이슬람 칼리프 궁정은 유럽에서 가장 문화가 발달한 곳이었다. '무어인'(아랍, 베르베르, 기타 이슬람 민족에 대한 유럽인들의 호칭)은 711년에 이슬람권을 군사적으로 확장하기 위해 그리스도교권의 스페인을 침략한 바 있었고, 오늘날 이슬람교는 중동의 거의 같은 지역에서 생겨난 세계 3대 주요 종교 가운데 세 번째다.

이슬람교의 가장 중요한 인물인 마호메트는 570년에 지금의 사우디아라비아에 해당하는 메카에서 태어나서 632년에 메디나에서 죽었다. 전하는 바에 따르면, 그는 40세 되던 해에 사막의 동굴에서 명상하던 중 천사 가브리엘에게서 직접적인 계시를 받았다고 한다. 이후 20년 동안, 마호메트는 그때까지 등장한 신의 많은 예언자 중에서 자신이 마지막 예언자라는 계시를 지속적으로 받았다. 이 예언자들의 명단에는 유대 성서에 나오는 모든 위대한 예언자가 망라되어 있으며, 나사렛의 예수도 예외가 아니다. 마호메트는 자신이 계시받은 말씀을 기록해서 이슬람의 성서《코란》으로 만들었다. 이 종교의 핵심은 유대교와 그리스도교처럼 유일 신앙이라는 점이다(유대교와 이슬람교도들은 그리스도교의 삼위 일체설이 다신교로 회귀하는 것이라고 간주하기도 한다).

그런데 이슬람교는 유대교나 그리스도교보다도 더 강력하게 세계와 일상 생활에 대한 신(알라)의 권능을 강조한다. '이슬람'과 '무슬림'(이슬람

사자 궁전
(그라나다의 알함브라)

교도)이라는 말은 모두 '복종'을 뜻하는 아라비아어에서 나왔다. 다른 두 종교와 마찬가지로, 그러나 마호메트의 고향인 아라비아의 부족 종교들과는 달리 이슬람교에서도 우상의 사용을 금지한다. 또한 두 종교에서처럼 이슬람교도에서도 성서 속의 인물인 아브라함을 조상으로 간주한다. 이슬람은 모든 교도가 형제라고 주장하며, 가난한 자에게 자선을 베풀어야 한다고 말한다. 그밖에 기도(매일 다섯 차례씩), 정좌, 신성한 기간(라마단) 동안의 단식을 중시하며, 교도들에게 순례를 하도록 명한다.

이슬람교가 엄청난 지지를 받은 이유는 신학적으로 단순 명료하고, 혼돈의 시대를 살아가는 수많은 사람의 정신적·물질적 욕구를 달래줄 수 있으며, 경쟁 상대인 부족 종교들보다 수준이 높고, 공동체와 개인적 구원을 제공한다는 데 있다. 더욱이 이슬람교는 초기에 많은 어려움과 가혹한 탄압 속에서 살아남은 탓으로, 호전적인 성격을 지니게 되었다. 이슬람 지도자들은 성전jihad을 중시했으며, 정복과 개종을 통해 이슬람교는 삽시간에 사방으로 퍼져 나갔다.

서유럽의 경우에 마호메트가 처음 계시를 받은 지 불과 100여 년밖에 지나지 않은 732년에

이슬람군이 프랑스 깊숙한 곳까지 쳐들어왔다가 투르 전투에서 샤를 마뉴의 할아버지인 샤를 마르텔에게 패배했다. 아랍인들이 주축인 이슬람군은 피레네 산맥 너머 스페인으로 후퇴했으며, 그곳에서 무어인들은 웅장한 이슬람 문화를 꽃피웠다. 아름다운 도시, 온갖 꽃들이 만발한 화려한 정원, 멋진 건축 기념물, 광대한 학습 장소 등이 이 무렵에 건설되었다. 그 지역에서 이슬람교, 그리스도교, 유대교 학자들은 그리스 철학자들의 저작을 공동으로 연구했으며, 그때까지 전해지고 있던 책들이 세비아, 그라나다, 코르도바, 톨레도 등의 도시로 하나둘씩 모여들었다. 이런 도서관은 그리스도교권에서는 찾아볼 수 없는 규모였다. 이슬람 번역 학교에서 생산한 책들은 조금씩 카톨릭이 지배하는 유럽으로 흘러들어 거대한 움직임을 만들어냈는데, 그중에서도 특히 오랫동안 그리스도교권에서 실전되었던 아리스토텔레스의 저작과 그에 관한 주석들이 유럽 세계에 큰 영향을 미쳤다.

아베로에스

이슬람 철학자 중에서 이슬람 세계와 카톨릭 세계 양쪽에 모두 영향을 미친 사람은 스페인 코르도바 출신의 아부 알 왈리드 무하마드 이븐 아흐마드 이븐 무하마드 이븐 루슈드인데, 그는 서구에서 아베로에스Averoës(1126~1198)라는 이름으로 더 잘 알려져 있다. 그의 주요 저작은 아리스토텔레스 철학을 상세하게 설명하고 분석한 책이다. 아리스토텔레스의 재발견은 이슬람 지성계에 커다란 충격을 주었다. 아베로에스의 저작들은 아리스토텔레스의 철학이 이슬람 교의와 양립할 수 있는가를 놓고 아랍어권 신학자들이 논쟁을 벌이는 상황에서 씌어졌다. 아랍 신학자 알 가잘리Al-Ghazalli(1058~1111)는 아리스토텔레스에 반대했고, 페르시아의 아비세나Avicenna(980~1037)는 아리스토텔레스를 옹호했다. 그러나 아베로에스는 두 사람을 모두 아리스토텔레스를 잘못 이해했다고 비판했다.

아베로에스를 어떻게 이해할 것인가에 관해서는 오늘날까지도 학자들 사이에서 논쟁이 분분하다. 아베로에스가 두 가지 종류의 아리스토텔레스 주석본을 썼다고 주장하는 학자들도 있다. 그에 따르면, 하나는 일반 대중을 위한 책으로써 아리스토텔레스 철학이 모든 부분이 이슬람교와 모순되지 않으며, 이슬람 신앙을 연구하고 명료화하는 데 그의 사상을 이용할 수 있다고 되어 있는 반면, 다른 하나는 더 고급스런 독자들을 위한 책으로 거기서 아베로에스는 이슬람교를 거슬러가면서 플라톤을 옹호하고 있다는 것이다. 또한 어떤 학자들은 아베로에스의 견해가 전체적으로 일관되며, 양 극단 사이에 위치한다고 주장한다.[1] 그리스도교권에 소개된 아베로에스의 저작은 이렇게 해석되었다. 진리에는 철학적(즉, 아리스토텔레스적) 진리와 종교적 진리라는 두 가지 대립적인 진리가 있는데, 두 진리는 서로 명확히 다른 것이므로 동시에 받아들일 수 있다는 것이다. 아베로에스의 견해는 수도원 철학자들에게 커다란 충격을 주어 카톨릭 세계에 대학을 탄생시키는 데 기여하였다. 한편으로 아리스토텔레스를 이해하기 위해서는 아베로에스의 연구가 필수적이었으나, 다른 한편으로 종교와 철학이 분리될 수 있다고 본 그의 사상은 그리스도교 교의의 이름으로 공박되어야 했다. 토마스 아퀴나스는 《아베로에스 학파에 반대하는 지성의 통일에 관하여》라는 책을 썼지만, 실은 아베로에스를 '주석자'라 부르면서 그의 아리스토텔레스 해석을 무척 존중했다. 반면에 브라반트의 시제Siger de Brabant(1240?~1284?)가 이끄는 서유럽의 신학자들은 아퀴나스에 반발하고(그 때문에 곤혹을 치렀지만) 아베로에스의 이중 진리 학설을 적극적으로 받아들였다. 그래서 그들은 라틴 아베로에스파라고 불렸다.

마이모니데스

이슬람 철학에 아베로에스가 있고 카톨릭 철학에 토마스 아퀴나스가 있다면, 유대 철학에는 모이세스 마이모니데스Moises Maimonides(1135~1204)가 있다. 같은 시대 사람인 아베로에스와 마찬가지로, 마이모니데스는 코르도바 출신이며, 아리스토텔레스 철학에 대한 식견으로 카톨릭 세계에 큰 영향을 미쳤다. 토마스 아퀴나스는 마이모니데스를 존경했으며, 그가 신의 존재를 입증한 방식에서도 마이모니데스의 영향을 분명히 확인할 수 있다. 실제로 마이모

마이모니데스

I. 이 논쟁은 Oliver Leaman, *Averroes and His Philosophy*(Curzon Press, 1998)에서 논의되었다. Leaman은 두 가지 견해 중 둘째 것을 지지한다.

니데스의 첫 번째 저서인《논리에 관한 논고》는 아리스토텔레스의 논리 범주를 요약·분석하고 있다. 이 책은 마이모니데스가 겨우 16세 때 아라비아어로 썼다.

마이모니데스의 가장 유명한 저작은《곤경에 처한 사람들을 위한 안내서》다. 이 책은 교육을 받았으나 지적 혼란에 빠진 유대인들이 철학과 유대 신학의 미궁에서 헤쳐나와 학문과 종교의 갈등을 해소할 수 있도록 도우려는 취지에서 씌어졌다. 문제는 이 안내서를 이해하려면 또 다른 안내서가 필요하다는 점이다. 이 책은 매우 어려운데다, 아베로에스의 저작처럼 저자의 의도가 담겨 있기 때문이다. 이 책을 이해하는 가장 일반적인 방식은 아리스토텔레스 철학과 유대 신학을 화해시키려는 시도로 간주하는 것이다. 즉 이 책은 아이스토텔레스의 이론이 유대교를 연구하고 확장하는 도구를 제공한다는 것을 보여준다. 마이모니데스는 아리스토텔레스를 '철학자들의 대장', 모세를 '지식인들의 수장'이라고 부른다.[1]

그러나 명망 있는 학자 중에는 그의 저작이 종교적 가치관을 파괴한다고 보는 사람도 있었다. 겉으로는 마치 종교적 가치관을 지지하는 듯이 보이지만, 실은 미묘하고 세련된 방식으로 그것을 침해한다는 것이다. 예를 들어, 마이모니데스는 신을 알기 위해 유대교의 주요 계명이 중요하다고 주장한다. 하지만 그의 신학은 부정적 신학이다. 그에 따르면, 신은 우리를 알 수 없으며(아다시피 이것은 아리스토텔레스의 견해다), 우리는 신이 존재하지 않는다는 것만을 알 수 있다(이것은 앞서 요하네스 스코루스 에리우게나의 저작에서 살펴본 신플라톤적인 견해다). 마이모네니데스 학파의 어느 학자는 이 문제를 이렇게 진술한다. "마이모니데스는 신을 아는 의무를 첫번째 계명으로 상정한다.……하지만 그 자신이 전개한 분석의 전체 맥락 속에서 검토해보면, 우리는 그 이념이 불가능할 뿐만 아니라 내용과 의미가 결핍되어 있다고 결론지을 수밖에 없게 된다."[2]

그러나 마이모니데스가 아리스토텔레스의 논리로 유대교의 교의를 파괴하는 이단을 저질렀다고 보는 학자들이 있는 반면에, 그는 아리스토텔레스에 반대한 랍비이며, 그의 의도는 이른바 철학적 지혜의 모순성을 입증하려는 데 있었다고 보는 학자들도 있다. 또한 그가 자신이 잘 알고 존경했던 아베로에스처럼 자기 나름의 이중 진리 학설을 주장했다고 보는 학자들도

I. Moses Maimonides, *The Guide of the Perplexed*(Chicago Univ. Press, 1966), pp. 29, 123.

II. Marvin Fox, *Interpreting Maimonides: Studies in Methodology, Metaphysics, and Moral Philosophy*
   (Chicago Univ. Press, 1990), p. 21.

있다. 또한 그가 자신이 잘 알고 존경했던 아베로에스처럼 자기 나름의 이중 진리 학설을 주장했다고 보는 학자들도 있다. 마이모니데스의 진의가 무엇이든 간에, 그가 아리스토텔레스의 범주와 논증 방식을 구분한 것은 라틴어권 학자들에게 큰 영향을 주었다. 따라서 그는 아리스토텔레스 때문에 곤경에 처한 학자들을 잘 안내한 셈이다.

마이모니데스를 이단으로 몰아붙인 분노한 비판자들이 일부 있는 것은 사실이지만, 유대 문화권은 그의 시대에서부터 우리의 시대에 이르기까지 그에 대해 무척 자랑스러워해야 한다. 페르나도와 이사벨(페르난도는 아라곤 왕자이고 이사벨은 카스티야 공주인데, 1469년에 두 사람이 정략 결혼을 하고 나중에 각자의 상속받은 왕국을 통합하면서 에스파냐 왕국이 건설되었고 에스파냐에서 아랍인들을 최종적으로 몰아낼 수 있었다. —옮긴이)이 이끄는 그리스도교의 군대가 1492년 무어인들을 정복하고 스페인에서 유대인들을 추방했을 때 다음과 같은 라디노어Ladino(추방된 유대인들이 말하는 에스파냐어)로 된 속담이 생겨났다. "De Moisés a Moisés no ha habido nadie como Moisés"(모세에서부터 모세에 이르기까지 모세 같은 사람은 결코 없다.)

신앙과 이성의 문제

마이모니데스와 아베로에스가 몰두했던 문제는 바로 신앙 대 이성의 문제였다. 이것은 사실 중세 철학 전체에 관련된 문제다. 그리스도교권에서 이에 대한 최선의 중세적 해답을 내린 사람은 13세기의 토마스 아퀴나스인데, 이에 관해서는 조금 뒤에 살펴보기로 하자. 이 문제는 신의 계시라는 측면을 강조할 것인가, 아니면 실재를 이해하는 철학적 측면을 강조할 것인가에 관한 것이다. 여기에는 두 극단론이 있다. 앞에서 보았듯이, 에리우게나 같은 철학자들은 종교적 신앙이 끼여들 여지가 별로 없는 순수하게 개념적인 구도를 가지고 있었다. 안셀무스의 신도 역시 순수하게 철학적이었고, 《구약 성서》에 나오는 엄격한 신부와 복수심에 찬 재판관과는 거리가 멀었다 이 스펙트럼의 다른 극단에는 반反철학자인 테르툴리아누스 Teryullianus(169~220)가 있는데, 그는 "불합리하기 때문에 나는 믿는다*Credo quia absurdum*"는 유명한 말로써, 신앙의 문제에 철학적으로 접근하려는 태도에 대해 반대를 표시했다.

두 그룹 사이의 논쟁이 절저에 이르면서 충격적인 주장도 많이 나왔다. 이를테면, 이중 진리

불합리하기 때문에 나는 믿는다

학설을 만들어낸 아베로에스를 추종하는 라틴 아베로에스파도 있었다. 이 견해에 따르면, 신앙에서 나온 진리와 이성에서 나온 진리는 여러 가지 문제에서 서로 상충하며 모순을 빚는데, 각각의 관점에서 보면 둘 다 옳다는 것이다. 예를 들어, 해부학적 관점에서 보면 인간은 기관들의 복합체로서 기 기관들이 기능을 멈추면 개인적인 삶도 끝나게 되지만, 신학적 관점에서 보면 인간은 영혼을 가진 존재로서 신의 은총을 받아 영원히 죽지 않는다.

비록 논리적으로는 불만스럽지만, 이 이론은 과학이 신학적 문제에 고민하지 않고서 발전할 수 있는 계기를 마련함으로써 일정 기간 동안 역사적으로 긍정적인 역할을 했다.

보편자의 문제

당시의 또 다른 복잡한 쟁점이었던 '보편자의 문제'는 언어의 지시 대상에 관한 문제다. 아우구스티누스가 처음 제기한 언어에 대한 관심은 이후 중세 전체에 걸쳐 철학 사상을 지배했다. 앞에서 보았듯이, 아우구스티누스에 따르면 신은 자신의 피조물을 영원한 현재로 간주한다. 다시 말해서 과거, 현재, 미래가 모두 하나로 집약되어 있는 것이다. 만약 언어가 실재를 표현한다면, 그리고 만약 인간이 실재를 신과 아주 다르게 경험한다면 참된 '신의 말씀'은 인간의 언어와 전혀 다를 것이다. 인간은 유한한 우주 속에서 일시적인 순서에 따라 세계를 자각하기 때문이다. 그렇다면 인간의 언어는 신의 언어가 타락한 결과일 것이다.(중세 사상에서 플라톤이 말한 신의 비유를 두려워한 이유는 이 때문이기도 하다. 거기서는 존재의 위기 속의 각 단계가 상위 단계의 초라한 사본이기 때문이다.) 하지만 인간의 언어는 진리, 즉 신이 내린 존재를 동경할 수 있으므로, 신학적 관심은 필연적으로 언어적 관심과 중첩될 수밖에 없다. 그리스도교, 유대교, 이슬람교 철학자들은 바로 그러한 특수한 문제로 인해 몇백 년 동안 고민했다. 중세에 이 문제를 처음 제기한 사람은 보이티우스인데, 아우구스티누스에게서 큰 영향을 받은 그는 신플라톤주의 학자 **포르피리오스**Phorphyrios(232~304)가 그리스어로 쓴 아리스토텔레스에 관한 글을 라

틴어로 번역했다. 포르피리오스는 속屬과 종種의 존재론적 지위에 관해 의문을 품었다. 우리는 '고래'라고 부르는 개별적인 생물들이 존재한다는 것은 잘 알고 있다. 그러나 '발라에노프테라 Balaenoptera'라는 속이나 '발라에노프테라 피살리스Balaenoptera Physalis'(수염 고래)라는 종은 자연에 존재하지 않는다. 그렇다면 그런 속이나 종은 우리 마음속에만 존재하는 인위적인 범주에 지나지 않는 걸까?("이 개는 갈색이다"와 같은 문장에서도 똑같은 문제가 나타난다. 개라는 말과 갈색이라는 말은 단지 개과의 생물과 갈색 사물의 개체 또는 종류를 가리키는 이름일 뿐이다. 그런데 그 종류라는 것은 실재하는 걸까, 아니면 인의적인 걸까?)

그로 인한 논쟁은 일찍이 플라톤과 아리스토텔레스가 형상의 지위를 두고 벌인 논쟁과 비슷한 데가 있다. 그러나 중세 초기 철학자들은 그리스 철학자들의 원저작을 보지 못했기 때문에, 아리스토텔레스가 불과 한 세대만에 도달할 수 있는 지점에 다시 이르기까지는 무려 900년이라는 세월이 필요했던 셈이다. 이 문제가 워낙 혼란스러웠던 탓으로 솔즈베리의 요하네스 Johannes(1115~1180?)는 사람마다 그 주제에 관한 생각들이 하나씩 있다는 말까지 할 정도였다. 이 논쟁에서 한 측면의 극단론을 대표하는 사람은 엄격한 플라톤주의자들이다(오늘날에는 그들을 '과장된 실재론자'라고 부른다). 그들은 '종류'라는 것이 실재한다고 보았을 뿐만 아니라 오히려 개체보다도 더 실재적이라고 하였다. 로스켈리누스Rosecelinus(1050?~1120)와 오캄의 윌리엄William of Ockham(1280~1349?)으로 대표되는 다른 극단들은 '이름'을 뜻하는 라틴어 nom에서 비롯된 유명론唯名論이라는 학설이다. 이 견해는 결국 교회에 의해 공식적으로 거부되는데, 간단히 말하면 실재하는 것은 개별자뿐이며 종류란 다만 이름에 불과할 뿐이라는 주장이다. 유명론자에 따르면, 이름들의 체계가 빚어내는 차이와 유사성은 오직 말하는 사람의 마음속에, 혹은 해당 언어 체계 안에만 존재한다.

인류학자들에 따르면, 아마존의 어느 부족은 두꺼비, 야자수 잎, 겨드랑이를 같은 종류에 속하는 것으로 본다고 한다(즉, 그들은 따뜻하고 건조한 윗부분과 촉촉하고 어두운 아랫부분을 가지고 있는 것들은 모두 한 묶음으로 분류하는 것이다). 이 말을 들으면 누구나 웃어넘기겠지만, 유명론자는 이렇게 물을 것이다. 그 분류가 자의적인 것이라면, 고래와 두더지를 포유류라는 같은 종류로 구분하는 분류도 역시 마찬가지 아닐까?

성 토마스 아퀴나스

앞에서 말했듯이, 신앙 대 이성의 문제와 보편자의 문제에 대해 최선의 중세적인 해법을 제시한 것으로 널리 인정되는 사람은 토마스 아퀴나스 Thomas Aquinas(1225~1274)이다.

이탈리아 귀족 출신이었던 토마스는 집에서 가출하여 도미니크 수도회에 들어갔다(그래도 수도회에서 그는 워낙 잘 먹었던 탓에 나중에는 그의 뚱뚱한 몸집에 맞는 식단을 놓기 위해 새로 벽감까지 만들어야 했다). 그의 철학에 관해 이야기하기 전에 먼저 그가 살던 시대, 그러니까 13세기 유럽에 관해 알아보아야 할 듯싶다.

안셀무스가 죽은 시기와 토마스가 태

어난 시기는 100년 이상의 간격이 있다. 앞에서 보았듯이, 그 기간 동안에 유럽의 학자들은 점차 '잃어버린' 고전 시대의 저자들, 특히 아리스토텔레스의 저작에 관해 알게 되었다. 당시 아리스토텔레스의 이론은 일부 사람들에게 대단히 충격적인 것이었지만, 그의 철학은 이상 세계를 주장하는 고루한 플라톤 사상보다 13세기의 새롭고 세속적인 분위기에 더 잘 어울렸다. 이제 인간은 첫 밀레니엄을 살았다. 많은 사람이 예견했던 것처럼, 1000년이라는 세월 동안 세계는 종말을 맞지 않은 것이다.

그에 따라 옛날의 묵시론적 예언들은 미래 속으로 스며들어갔으며, 유럽이 암흑 시대의 가장 어두운 순간들로부터 헤어나오면서 지금 여기의 세계에 대한 관심이 되살아났다. 플라톤은 바로 그러한 새로운 관심의 정점으로 떠올랐다. 이를테면, 당시의 최신 유행이자 첨단의 사상이었던 셈이다. 아리스토텔레스의 사상은 토마스 아퀴나스를 '그리스도교화'시키기도 했다. 플라톤이 다음과 같이 비그리스도교적 견해를 가지고 있었다는 점을 감안하면 그것은 쉽지 않은 일이었다.

(1) 세계는 영원하다(세계 창조 같은 것은 없었다).

(2) 신은 인간사와 무관하다(신은 심지어 우리가 존재하는 것도 알지 못한다).

(3) 영혼은 불사의 것이 아니다.

(4) 삶의 목표는 행복이다.

(5) 자긍심은 미덕이며, 겸손은 악덕이다.

이랬으니 1210년에 파리대학에서 아리스토텔레스의 저작들이 금서가 된 것은 놀랄 일도 아니었다(사실, 토마스의 저작들도 그가 죽은 직후에 파리대학과 옥스퍼드대학에서 금서가 되었다).

토마스 아퀴나스는 40권이 넘는 책을 썼다. 대표적인 저작은 백과 사전적인 성격을 지니는 《신학 대전》과 《대對 이교도 대전》이다. 이 두 권의 방대한 저작은 흔히 당시의 새로운 건축 양식이었던 고딕 성당에 비견되는 구성으로 이루어져 있다. 고딕 성당처럼, 토마스의 저작도 후기 중세 사회를 단순히 반영하는 거울을 넘어 그것을 밝게 비추는 횃불과도 같은 역할을 한다.

토마스의 주요 작업은 화해다, 그는 아리스토텔레스와 그리스도교를 화해시키는 것은 물

론, 이성과 신앙의 문제, 나아가 보편자의 지위에 관한 논쟁의 양측을 서로 화해시키려고 노력한다. 보편자 논쟁을 해결하는 데에서 토마스는 아리스토텔레스적 해법의 장점을 최대한 이용했다. 보편자는 자율적인 형상도 아니며, 그렇다고 정신적 상태인 것도 아니다. 보편자는 개별 대상들 속에 본질적인 속성으로 '각인'되어 있는 것이다. 인간의 정신은 자연 속에서 존재하는 실재의 유사성을 인식하는 능력을 가지고 있으며, 이것을 바탕으로 대상을 추상할 수 있다. 이러한 추상이 곧 관념을 이루는 것이다. 이런 식의 해법은 중용 실재론이라고 부르게 되었다. 그런 방식의 선구자는 120년 전의 인물인 피에르 아벨라르Pierre Abèlard(1079~1142)인데, 그의 견해는 개념론이라고 부른다. 두 사람의 견해는 단지 강조점의 차이밖에 없다. 둘 다 본질은 개별 실체와 분리되어 존재하지 않지만, 지적 행위를 통해 실제로부터 본질적인 유사성을 지니는 본질을 추출해낼 수 있다는 아리스토텔레스의 주장에 뿌리를 두고 있다. 예를 들어, 나는 모든 개가 공통적으로 가지고 있는 '개의 성질'을 정신적·언어적으로 분리해낼 수 있지만, 그 개의 성질은 실재하는 개에게만 존재하는 것이다. 아벨라르는 토마스보다 더 인간 정신 속에 있는 개념들의 인습성을 강조하는 듯하다. 따라서 그는 정신 속의 개념과 그 개념이 나타내고자 하는 본질(이를테면, 모든 개에게 존재하는 실제적 유사성) 사이에 약간의 불일치가 있다고 생각한다. 이런 견해를 가지고 있기 때문에, 아벨라르는 토마스보다 더 유명론에 가까워진다. 내가 여기서 지적하는 차이는 상당히 미세한 것이지만, 바로 그런 미세한 차이가 중세의 격렬한 지적 다툼을 빚어냈다.

이성 대 신앙의 문제를 해결하기 위해 토마스는 우선 철학과 신학을 구분하는 것에서부터 시작했다. 즉 철학자는 인간 이성만 이용하며, 신학자는 계시를 자신의 전문으로 삼는다는 것이다.

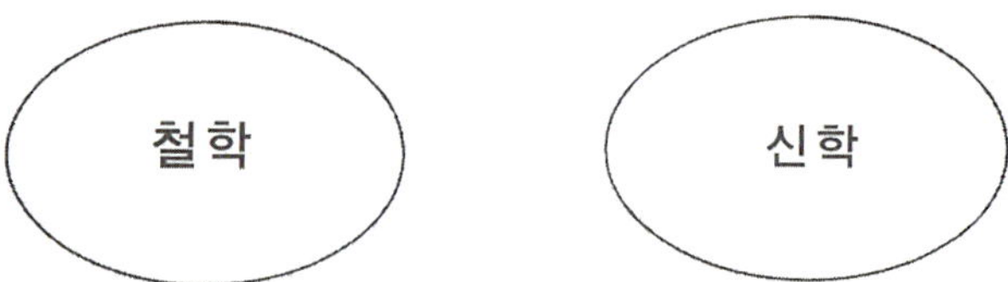

그런 다음에 토마스는 **계시 신학**(신앙에만 의지한다)과 **자연 신학**(이성의 증명을 용인한다)을 구분했다. 다시 말해서, 그는 철학과 신학이 중첩되는 지점을 보여준 것이다.

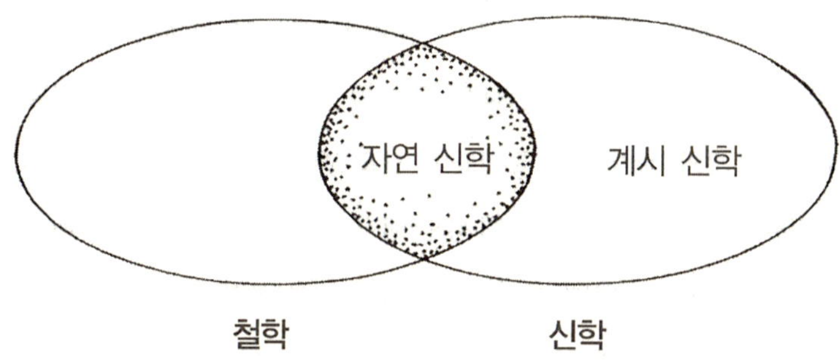

이성으로서는 신앙의 주장을 입증할 수 없으므로 토마스는 그 점을 인정하는 신앙의 주장을 신학자나 개인적 신념에 맡겼다(예컨대, 우주에 시작이 있었다는 주장).

토마스의 사상 체계는 대부분 자연 신학에 관한 것이다. 하지만 신학의 형태를 확립하기 위해 그는 먼저 아리스토텔레스의 철학에 기초해서 전체적인 형이상학적 체계를 발전시켰다. 토마스는 아리스토텔레스와 마찬가지로, 인간 정신에는 관찰과 경험에서 비롯되지 않는 게 없다고 여겼다. 토마스에 따르면, 플라톤 철학에서처럼 인식이 어떻게 가능한지를 설명해주는 선천적인 관념 같은 게 없다 하더라도 인간의 영혼은 추상, 숙고, 추론의 능력을 가지고 있다. 이 능력 덕분에 인간은 관찰 가능한 세계를 설명해주는 원리와 원인을 얻을 수 있다(비록 그 원리와 원인 자체는 관찰 불가능하지만). 이 원리—이것은 그가 말하는 자연 신학의 원리이기도 하다—에 도달하기 위해 토마스는 먼저 복수의 실체라는 아리스토텔레스의 세계관을 차용한다. 앞에서 보았듯이, 아리스토텔레스의 세계는 형상과 질료, 혹은 현실태와 가능태라는 관점에서 분석할 수 있었다. 토마스는 현실태의 관념을 아리스토텔레스보다 더 강조하여 '현실'(라틴어로 악투스 actus)이라고 부르면서 '존재(라틴어로 에세esse)와 밀접히 연관시켰다. 에세는 악투스이므로 본

신적이고 재능 있는 예술가들도 많이 등장했는데 화가로는 프라 안젤리코, 라파엘로, 미켈란젤로, 레오나르도 다 빈치, 조각가로는 도나텔로와 베로키오, 건축가로는 조토와 브루넬레스키 등이 있다. 정치 분야에서는 교황권이 쇠락하면서 야심을 품은 군주들(스페인의 카를로스 1세, 프랑스의 프랑수아 1세, 영국의 헨리 4세)이 활약하기 시작했으며, 영향력 있는 종교 개혁가들(마르틴 루터, 장 칼뱅, 존 녹스, 조나단 위클리프)도 등장했다. 더욱이 활자가 발명되고 인쇄술이 발전함에 따라 역사상 처음 일반 대중이 예술가와 작가의 작품은 물론, 각국어로 번역된 성서까지 직접 읽을 수 있게 되었다.

이 책의 특수한 관점에 맞추기 위해 여기서는 르네상스 시대의 끝 무렵에 주목하는 게 좋겠다. 바로 이 시기에 근대적 학문이라 부를 수 있는 분야들이 철학과 신학의 영역 바깥으로 분리되어 나오기 시작했다. 그에 따라 위대한 과학자들도 연속 등장했다. 폴란드의 천문학자로 태양 중심의 행성계를 정초한 니콜라우스 코페르니쿠스Nicolaus Copernicus(1473~1543), 천문학적 자료를 축적해서 훗날 독일의 요하네스 케플러Johannes Kepler(1571~1630)가 행성의 운동 법칙을 정식화하는 데 큰 도움을 준 덴마크의 티코 브라헤Ticho Brahe(1546~1601), 이탈리아의 물리학자, 수학자, 천문학자로 현대 과학의 기초를 놓은 갈릴레오 갈릴레이Galileo Galilei(1564~1642), 혈액의 순환을 발견한 영국의 의사 윌리엄 하비William Harvey(1578~1657) 등이 그들이다.

당시의 예술가, 과학자, 정치가, 탐험가들에 비해 르네상스 철학자 중에는 오늘날까지 기억되는 사람이 많지 않다. 그러나 이 시대에 있었던 두 가지 일관된 철학적 발전에 대해서는 주목할 필요가 있다. 하나는 인문주의가 탄생했다는 사실이고, 다른 하나는 새로 등장한 신플라톤주의와 수정된 아리스토텔레스주의 사이의 다툼이다.

르네상스 시대에 '인문주의자'란 *studia humanitatis*, 즉 인문학에 관심을 가진 학자들을 가리키는 용어였다. 이 철학자들은 정치, 제도, 예술, 관습은 물론이고 인간의 자유와 존엄성 등 인간과 관련된 문제에 관심이 컸다. 따라서 전반적으로 그들은 형이상학보다는 도덕 철학에 집중했다. 그들은 소수의 성직자에게서 철학을 빼앗아 세속인들에게 어울리는 학문으로 탈바꿈시켰다. 이러기 위해 그들은 그리스-로마의 주요 저작들을 현대 유럽의 각국어로 번역하는 데 애썼으며 자국어, 즉 민중의 언어로 자신들의 저작을 집필하는 실험을 시도하기도 했다. 중요한 인문주의자들 중에는 성직자들도 있었으나, 그들 역시 철학을 교회의 제도적 통제로부터 해방시키는 일에 동참했다. 그런 노력의 결과로 인문주의자가 교황으로 즉위하는 경우도 많아졌는데, 그 중 가장 유명한 사람이 니콜라우스 5세(제위 1447~55)다.

흔히 이탈리아 인문주의의 창시자로 간주되는 사람은 시인 프란체스코 페트라르카Francesco Petrarca(1304~74)다. 키케로와 세네카 같은 로마의 시인들과 웅변가들의 수사학적 기교와 미학적 안목에서 큰 자극을 받은 그는 스콜라 철학의 내용만이 아니라 양식까지도 거부했다. 그가 보기에, 스콜라 철학은 "야만적이고, 지겨우리만큼 현학적이며, 무미건조하고, 쓸데없이 난해한" 학문이었으므로 "수다스럽고 논쟁 자체만을 위한 논쟁을 일삼는 풍조에 대해서는 경멸밖에 품을 게 없었다.[1] 그는 아리스토텔레스에 집착하는 스콜라 철학을 비난하고 아리스토텔레스보다 플라톤을 더 우월한 철학자로 치켜세웠다. 물론, 그렇다고 해서 페트라르카가 아리스토텔레스를 전혀 존경하지 않았던 것은 아니다. 그는 그리스어를 전혀 몰랐음에도 불구하고 스콜라 철학자들이 아리스토텔레스의 저작을 잘못 번역했다고 비난했으며, 아베로에스의 저작을 읽지 않았음에도 불구하고 아리스토텔레스에 대한 아랍 철학자의 주석에 맹종하는 스콜라 철학자들을 공격했다. 그에게 중요한 것은 그 아랍 철학자가 아니라 라틴과 그리스 철학자였다! 오직 그들만이 그리스도교와 양립할 수 있다고 여겼기 때문이다. 모든 면에서 페트라르카의 연구는 그의 종교적 신심을 더욱 깊게 해주었다. 그가 자신의 연구에서 내세운 모토는 플라톤의 지혜와 그리스도교의 교의와 키케로의 웅변술을 한데 합치는 것이었다.

그밖에 중요한 르네상스 인문주의자는 네덜란드의 데시데리우스 에라스무스Desiderius Erasmus(1466~1536)다. 그의 저작인《바보신 예찬》은 스콜라 철학의 현학성을 풍자하고 더 단순하면서도 더 행복한 그리스도교로 되돌아갈 것을 요구했다. 또한 영국의 토마스 모어 Thomas More(1478~1535)는《유토피아》에서 플라톤, 에피쿠로스, 그리스도교의 이론들을 결합시켜 이상적인 삶을 묘사했으며, 이탈리아의 조반니 피코 델라 미란돌라Giovanni pico della Mirandola(1463~1494)는《인간의 존엄성에 대하여》에서 인간의 자유와 자기 창조의 힘을 찬미했고, 프랑스의 미셸 드 몽테뉴Michel de Montagne(1533~1552)는《수상록》에서 자신의 회의록 철학을 재치 있게 개진했다. 심지어, '바보 신을 예찬하는 것'보다 정치 권력의 조작을 예

I. Jill Fraye, "The Philosophy of the Italian Renaissance", in *The Routledge History of Philosophy*, vol. 4, *The Renaissance and Seventeenth-Century Rationalism,* ed. G. H. R. Parkinson(Routledge, 1993), p. 17.

대륙 합리론과 영국 경험론

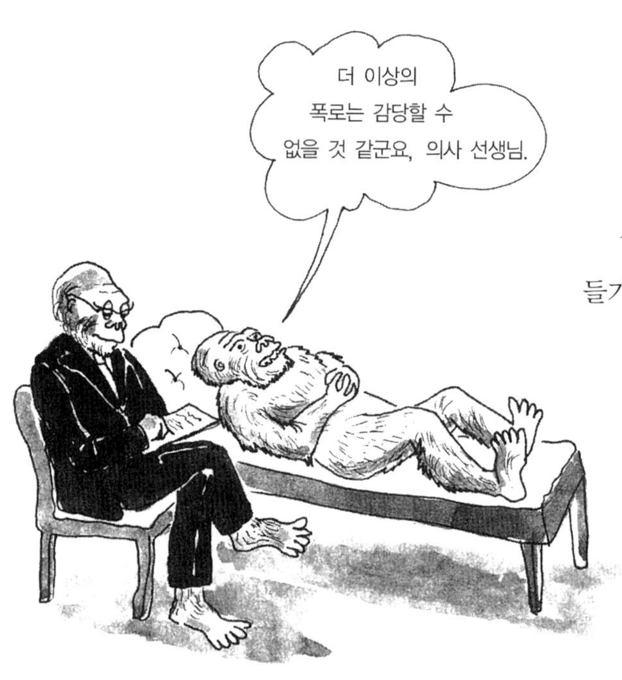

그래서 그는 물리학에 관한 자신의 생각을 완화시키고 가다듬어 의심받지 않는 종교적 문헌인 것처럼 만들기로 결심했다. 그 결과로 나온 게 바로 《성찰》이다. 그래 놓고도 그는 어떻게든 자신을 내세우지 않겠다는 비굴한 태도로 그 책을 "파리 신학 교수단의 가장 현명하고 저명하신 박사님들께" 헌정한다고 밝혔다.

그러나 친구에게 보낸 편지에서는 이렇게 쓰고 있다. "이 여섯 가지 성찰에는 물리학에 관한 나의 모든 근본적인 견해가 들어 있다네. 하지만 남에게는 발설하

물길을 가로막다

지 말게나."[1] 데카르트는 그의 책을 읽은 신학자들이 자신들의 견해가 논박되었다는 사실을 깨닫기 전에, 먼저 그의 논증에 설득되기만을 간절히 바랐던 것이다.

이렇게 해서 출간한 《제일 철학에 관한 성찰》에서 데카르트는 거대한 지적 프로젝트를 발표했다. 그는 지적 체계를 모조리 허물어버린 다음에 토대부터 다시 쌓으려는 의도를 가지고 있었다.

데카르트는 자신의 객관적인 지식 체계를 쌓기 위해서는 절대적인 확실성을 가진 튼튼한 토대가 필요하다고 생각했다. 그 토대를 찾기 위한 방법으로 그는 '근본적 회의'를 선택하고, 모든 것은 회의해야 한다는 모토를 설정했다. 그에 따라, 데카르트는 회의할 수 있는 모든 것

I. René Descartes, *Essential Works of Descartes*(Bentam Books, 1966). p. x.

을 회의하기 시작했다. 회의의 근거가 아무리 취약한 것이라 해도 조금이라도 회의의 여지가 있는 것은 회의 대상이 되었다. 그는 이 근본적인 회의를 통해 논리적으로 반박의 여지가 없는 명제를 발견하려는 것이었다. 그런 명제가 존재한다면 그것을 모든 지식의 절대적으로 확실한 토대가 되어줄 터였다.

데카르트는 그 회의의 철학적 여정을 난롯가에 있는 책상에 앉아서 출발했다. 그는 "지금까

지 내가 받아들였던 모든 것은 감각으로부터 배운 것"이라고 썼다. 그러나 감각이란 원래 믿기 어려운 것이므로, 감각을 믿는 것은 잘 알려진 거짓말쟁이를 믿는 것처럼 경솔한 짓이다.

데카르트의 논점은 분명하다. 우리는 모두 광학적 착시에 관해서 잘 알고 있다(연못 속에서 '구부러져 보이는 노', 도로 위에 '물'이 고인 것처럼 보이는 현상, '지평선에서 만나는 것'처럼 보이는 철도). 그뿐 아니라 시각 이외의 다른 감각에 의한 착각도 많이 있다. 그래서 데카르트는 인체의 감각적 정보를 무시해버리기로 결심했다.

I. Descartes, *Meditations of First Philosophy*, in, *A Guided Tour of Descarets's "Meditations of First Philosophy"*, 2nd ed. ed. Christopher Biffle(Mayfield Publishing, 1996), p. 22.

그러나 곧이어 데카르트는 그 생각이 너무 지나친 게 아닐까 하는 생각이 들었다. 자기 손을 들여다보면서 이것이 진짜 내 손인가 하고 회의하는 사람은 미친 사람밖에 없을 것이다. 그렇다면 근본적 회의는 철학이 아니라 광기로 향하게 될지도 모른다.

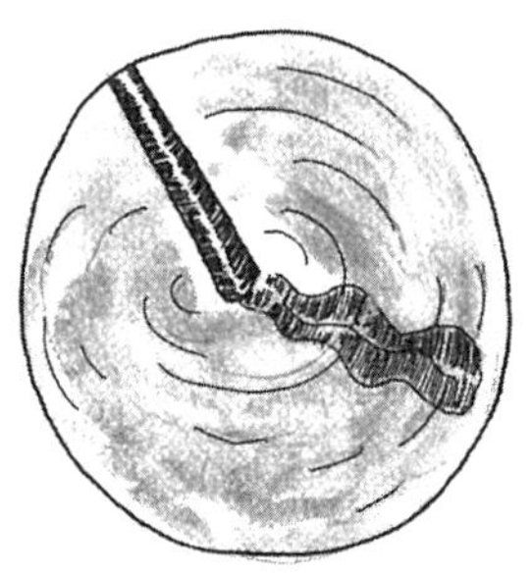
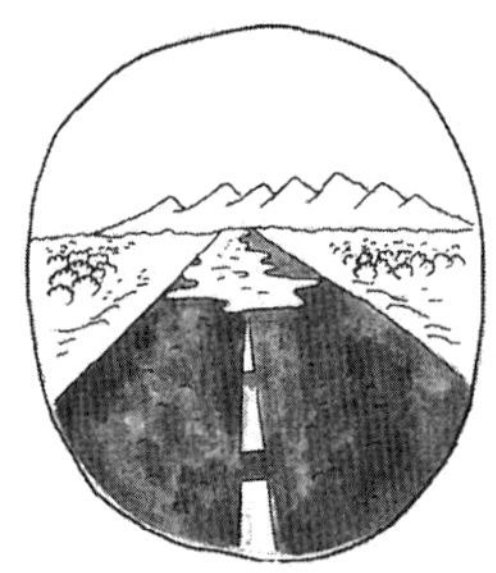

그런데 그때 데카르트의 머리에 어떤 깨달음이 스치고 지나갔다. 전에는 자신이 난롯가에 앉아 손을 들여다보고 있다는 것을 틀림없는 사실로 믿었으나, 나중에 깨어보니 그것은 꿈이었다는 사실을 알게 된 것이다. 그 순간, 그는 특정한 순간에 자신이 꿈을 꾸고 있지 않다는 것

을 절대적으로 확실하게 증명해줄 수 있는 테스트 같은 것은 없다는 것을 깨달았다(생각할 수 있고 꿈꿀 수 있는 테스트는 이미 테스트가 아니다).

그러므로 근본적 회의를 일관되게 지속하려면, 데카르트는 언제든 자신이 꿈꾸고 있는 상황일 가능성이 있다는 것을 가정해야만 했다. 이렇게 가정하면 감각이 확실한 앎을 준다는 생각을 완전히 배제할 수 있었다.

그럼 수학은 어떨까? 수학은 혹시 절대적으로 확실한 앎을 줄 수 있지 않을까? 데카르트는 이렇게 말한다. "내가 잠들어 있든 깨어 있든, 2+3은 5이며, 사각형은 4개의 변밖에 없다.["1] 그러나 근본적 회의에 따르자면, 데카르트는 그런 지극히 단순한 명제조차도 의심할 수 있는 근거가 조금이라도 있을 경우에는 의심해야만 했다. 그렇다면 이건 어떨까? 우주의 창조자가 카톨릭의 자비로운 신이 아니라 사악한 천재요 심술궂은 악마라고 가정한다면? 그 악마는 오로지 우리를 속이려는 의도만 가지고 있으며, 그래서 가장 단순한 수학적 판단조차도 언제나 틀리게 만드는 것은 아닐까?

데카르트는 과연 그런 악마가 존재하지 않는다고 확신할 수 있을까?

그런 확신은 불가능하다! 모종의 심술궂은 힘이 데카르트의 마음을 영원히 조종하고 있을 논리적 가능성은 틀림없이 존재한다. 그래서 데카르트는 이 세상 모든 게 그 악마의 꿈에 불과하다고 가정한다.

<hr>

1. 앞의 책, p. 23.

그렇다면 이런 상황에서 어떤 것이 확실할 수 있을까? 이게 바로 데카르트가 던진 의문이다.

데카르트는 절대적으로 확실한 것은 오로지 하나뿐이라고 결론지었다. 그것은 곧, 자신이 존재한다는 것이다! "나는 생각한다, 고로 나는 존재한다"[1]는 그의 주장은 그가 꿈을 꾸고 있다 해도, 감각에 속고 있다 해도, 사악한 천재가 존재한다 해도 무조건 사실이다. 아니, 그것은 반드시 사실이어야만 한다. 그것을 부인하거나 의심한다면 필연적으로 자기 모순에 빠질 수밖에 없게 되기 때문이다.(여러분도 해보라! "나는 나의 존재를 의심한다"고 말한다면, 그 말은 곧 내가 존재한다는 것을 입증하는 셈이 되지 않을까?)

이렇게 해서 데카르트는 자아에게서 확실성을 발견하고 자신의 자아가 곧 자신의 의식임을 확증했다.(내가 신체를 가지고 있다는 사실을 의심하는 것은 가능하겠지만, 정신을 가지고 있다는 사실을 의심하는 건 불가능하다. 그러므로 자아와 정신은 동일한 것이어야만 한다.) 그러니 이제부터 그는 자신만의 주관성이라는 굴레에서 벗어나 외부 세계의 존재를 확증하기 위한 방법을 찾아야만 한다. 그러기 위해 그는 자기 정신의 내용을 분석한 다음에 그 안에 일종의 본유 관념(플라톤의 그림자)이 들어 있다는 것을 알았다. 그 관념들은 자아, 동일성, 실체, 신 따위의 것들이다.

물론, 신이라는 본유 관념이 만약 사실이라면 데카르트가 자기 자시의 주관성을 넘어 나아가는 첫걸음이 될 수 있을 것이다. 하지만 자신이 지닌 신의 본유 관념조차 실은 자기 마음속

I.《성찰》에 나온 데카르트의 표현은 간단하게 "나는 있다. 나는 존재한다"이다. "나는 생각한다. 고로 존재한다"라는 표현은《방법 서설》에 나온 것인데, 이게 더 낫다고 생각하여 이 책에서는 그것을 실었다. 사실, 이 말은 서양 철학사에서 가장 유명한 구절일 것이다. *Descartes, Discourse on Method*, in *Essential Works of Descarets*, ed. Magaret D. Wilson(New American Library, 1969), p. 127 참조.

에서 사악한 천재가 만들어낸 것이 아니라고 어떻게 확신할 수 있을까? 데카르트는 신의 존재를 증명해야만 했고, 그것도 자신에게 부여된 단 하나의 확실성, 자기 의식의 직접적인 상태로부터 논리적으로 연역해낸 자료만 이용하여 증명해야 했다.(비판자들은 그 논리적 연역 과정이 악마가 왜곡시킬 수 있는 추론이라는 사실을 데카르트가 간과하고 있다고 지적한다. 수학도 왜곡시킬 정도라면 논리를 왜곡시키지 못할 이유가 없다. 수학과 논리는 대체로 같다.) 그럼에도 불구하고 데카르트는 설령 자기 만족적이라고 하더라도 신의 존재를 증명했다. 그는 이 결과를 얻기 위래 두 가지 논증을 제시한다. 다음은 그 첫 번째다.

신의 존재를 신의 본질과 분리할 수 없는 것은 삼각형의 본질에서 두 개의 직각을 가진 삼각형을 생각할 수 없는 것과 마찬가지다. 신(최상의 완전한 존재)이 존재(완전성)를 결여하고 있

다고 생각하는 것은 산에 계곡이 없
다고 생각하는 것만큼이나 불
가능하다.[1]

이 논증은 명백
히 안셀무스의 존
재론적 논증과 유
사하다. 하지만 데
카르트는 그 점을
인정하지 않았다(데
카르트를 위해 변명하
지만, 그는 권위보다는
이성에 호소하려 했다
는 점에서 근대 사상가에
속한다고 할 수 있다).

다음은 두 번째 논증을 네 단계로 나누어
살펴보자.(그의 증명을 이렇게 압축하는 건 데카르트에
게 불공평할지도 모른다. 자세히 소개한다면 그의 논증
은 더 설득력을 얻을 수 있을 것이다. 그러나 데카르트는
무려 4쪽에 걸쳐 자신의 논증을 제시하고 있다! 철학은 길고
인생은 짧다.)

(1) 내가 의심한다는 사실은 내가 불완전한 존재임을 입증한다(완전한 존재는 모든 것을 알
고 있으므로 의심할 필요가 없다).

(2) 나는 완전성의 관념을 이미 이해하고 있기 때문에 내가 불완전한 것을 알 수 있다.

I. Descartes, *Meditations*, p. 87.

(3) 내가 완전성이라는 관념을 가질 수 있는 이유는 완전한 무언가가 근거로 작용하기 때문이다(어떠한 것도 그것의 근거 이상으로 완전할 수는 없다. 내 실제의 경험 중의 어떤 것도 내 마음속의 완전성에 대한 관념의 근거만큼 완전할 수는 없다.)

(4) 그러므로 완전한 존재(신)는 존재한다.

데카르트는 이 논증을 다음과 같은 이야기로 끝맺는다. "나는 이러한 결론에 도달했다. 내가 존재하고 내 안에 완전한 존재—다시 말해서, 신—를 가지고 있다는 사실은 신이 실제로 존재한다는 것을 확실하게 만든다."[11]

---

11. 앞의 책, p. 63.

의심이란 사유의 한 형식이라는 점에 유의하라. 실제로 데카르트의 방식에 따르면, 의심은 지금까지 그의 주요한 사유 형식이었다. 그러므로 지금까지 밝힌 데카르트 식 철학적 논증은 다음 두 가지로 나눌 수 있다.

1 나는 의심한다, 고로 존재한다.
　그리고
2 나는 의심한다, 고로 신은 존재한다.

또한 두 가지 증명이 모두 '가장 실재적인 것'이 '가장 완전한 것'이라는(그 역도 마찬가지다) 플라톤적 존재의 위계를 전제하고 있다는 점에 유의하라.

만약 그게 타당하다면 신의 존재에 대한 데카르트의 '증명'은 사악한 천재의 문제를 해결할 수 있다(완벽하고 전능하며 지극히 신비로운 신은 그런 사기꾼의 존재를 용납하지 않을 테니까).

그러므로 데카르트는 수학을 자신의 세계 안에 다시 도입했다(그때까지 이를 유일하게 반대한 것은 사악한 천재라는 가설이었다). 수학을 물질적 실체의 본유 관념에 적용함으로써 그는 실재에 대한 정확한 설명이 가능하다고 생각했다. 즉, 세계는 수학적 물리학으로 파악할 수 있다는 것이다. 이제 데카르트는 바로 신의 존재를 증명함으로써 갈릴레오가 출범시킨 '새로운 과학'을 정당화한다. 그는 신과 갈릴레오를 모두 수용할 수 있다는 점을 보여준 것이다.

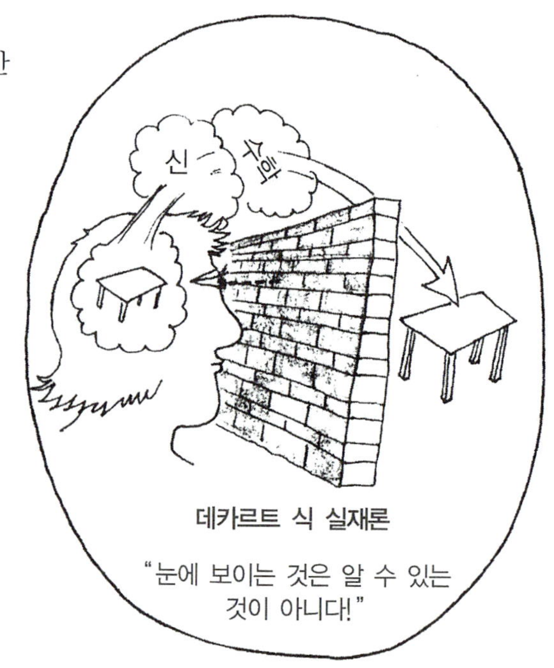

하지만 데카르트는 그로 인해 몇 가지 문제를 떠안게 되었다. 첫째, 그는 자아와 세계의 관계에 관한 상식적 견해(철학자들이 소박 실재론이라 부르는 견해)를 거부하고, 그 대신에 아주 먼 길로 우외해야 했다. 둘째, 그는 모든 지각 가능한 질적인 것들(이를테면 '빨강', '파랑', '달콤함', '따뜻함', 음악의 아름다움' 등)을 정신적인 것으로 돌려버리고, 외부 세계에는 수학적으로 측정가능한 양적인 것들만 남겨놓았다. 그 결과, 외부 세계는 차갑고 무색무취하며, 조용하고 무미건조하게 운동하는 물질의 세계가 되어버렸다.

게다가, 데카르트의 세계상은 상호 배타적인 것으로 정의되는 본체들로 완전히 나뉘어 있는 세계다. 그렇다면 이렇듯 근본적으로 이원적인 사물들의 구도 속에서 이렇게 정신 세계(비공간적이며 순수하게 영적인 영역)가 투박하고 거친 물질 세계에 영향을 줄 수 있을까?

이 문제에 대해 데카르트는 정신과 신체가 두뇌의 한가운데, 구체적으로 말하자면 송과선松科腺(간뇌 위쪽에 있는 내분비선)에서 서로 만난다고 주장함으로써 해결하고자 했다.

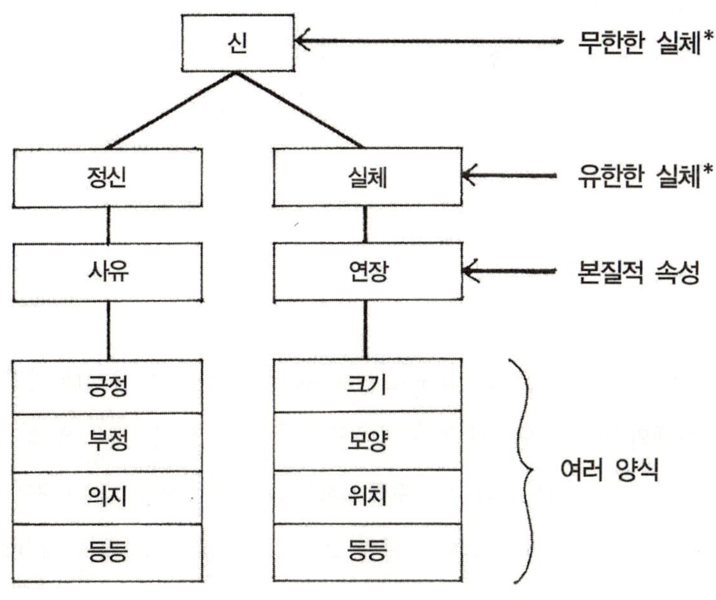

실체란 "다른 것에 의존하지 않고 그 자체만으로 존재하는 것"[1]을 가리킨다.

I. Descartes, *Objections and Replies*, in *Essential Works of Descarets*, p. 274.

이 문제에 대해 데카르트는 정신과 신체가 두뇌의 한가운데, 구체적으로 말하자면 송과선松科腺(간뇌 위쪽에 있는 내분비선)에서 서로 만난다고 주장함으로써 해결하고자 했다.

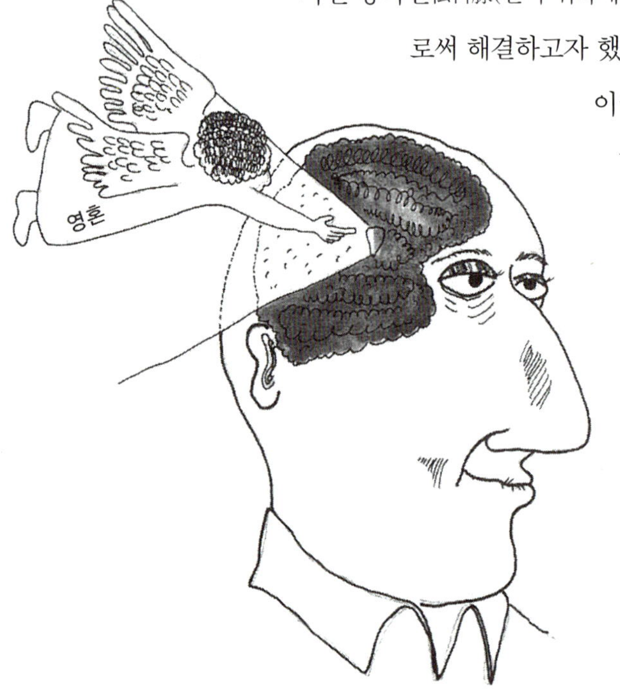

이러한 해결책이 통하지 않으리라는 것은 명백하다. 정신과 신체가 어디에서 만나든 간에 바로 송과선에서 정신은 신체가 되며, 그때부터 물질적 실체의 양식인 위치를 가지게 된다. 편리하게도, 이 시점에서 데카르트는 평범한 감기를 앓다가 죽었다. 당시에 그는 후원자였던 스웨덴의 크리스티나 여왕에게서 초청을 받아 송과선의 기능에 관해 설명하기 위해 스웨덴을 방문하고 있었다. 따라서 이제 그가 남긴 근본적 이원론의 유산은 그의 추종자들이 떠안게 되었다.

홉스

한편 바다 건너편에서는 토마스 홉스Thomas Hobbes(1588~1679)가 동시대 사람인 르네 데카르트가 제시한 문제와 비슷한 문제를 놓고 씨름하고 있었다. 홉스는 모든 일에 사사건건 참견하면서 트집잡기 좋아하는 괴짜였다(그는 수학 실험을 해본 결과, 원의 면적과 구체의 부피를 구할 수 있다고 주장하기도 했다). 그러던 중 어느 땐가 그는 영국 내의 모든 정치 세력들과 알력을 빚고서 프랑스로 도피하기에 이르렀다.

홉스는 데카르트의 이원론적 딜레마를 아주 간단히 해결한다. 바로 그것을 해체해버린 것이다. 그리고 그는 데모크리토스의 원자론을 연상시키는 일종의 기계적 유물론을 소리 높여 주창한다. 이것으로 데카르트의 도식 가운데 한쪽 면은 쉽게 제거되었다. 나아가, 그는 살짝 은폐

된 무신론으로 데카르트의 '무한한 실체'도 제거했다. 홉스가 볼 때 현실 속에 존재하는 유일한 것은 운동하는 물체(여기서 물체란 인간으로 말할 때는 신체를 포함하는 개념이다)뿐이다. 그러나 "오직 물체들만이 도처에 존재한다"는 그의 주장에도 불구하고, 홉스는 사유의 존재를 실제로 부인하지는 않았다. 단지, 그는 사유를 '환상', 두뇌 활동의 그림자, 물리적 체계에 실제적 영향을 미치지 못하는 부수 현상에 불과하다고 간주할 뿐이었다. 그와 마찬가지로, 그는 비록 결정론자였지만 스토아 철학자 성 아우구스티누스처럼 '약한 결정론자'였다(약한 결정론자는 자유와 결정론이 양립할 수 있다고 믿는다). 따라서 자유의 의미를 '방해받지 않는 운동'이라는 것으로 제한할 수 있다면, 자유에 관해서도 얼마든지 이야기할 수 있었다(물이 수로를 따라 흘러 내려가는 것은 필연이기도 하고 자유이기도 하다).

홉스가 원의 면적을 재고 있다

홉스의 심리학은 대단히 비관적이다. 살아 있는 모든 유기체는 개별적 생존의 법칙에 따른다. 그러므로 모든 인간 행동의 동기는 자기 이익과 힘을 추구하는 데 있다. 그런 점에서 이타론은 좋지 않은 생각일 뿐만 아니라 불가능한 것이기도 하다. 이기론은 결코 부도덕한 게 아니라 지극히 당연한 것이다. "모든 사람의 자발적 행동을 살펴볼 때 행위의 목적은 자신의 이익이다."[1]

홉스의 이론이 비관적인 이유는, 만약 그의 이론이 사실이라면 모든 개인은 자신의 이익을 추구하는 것 이외의 행위를 하는 게 불가능해지기 때문이다. 그 반대를 주장하는 사

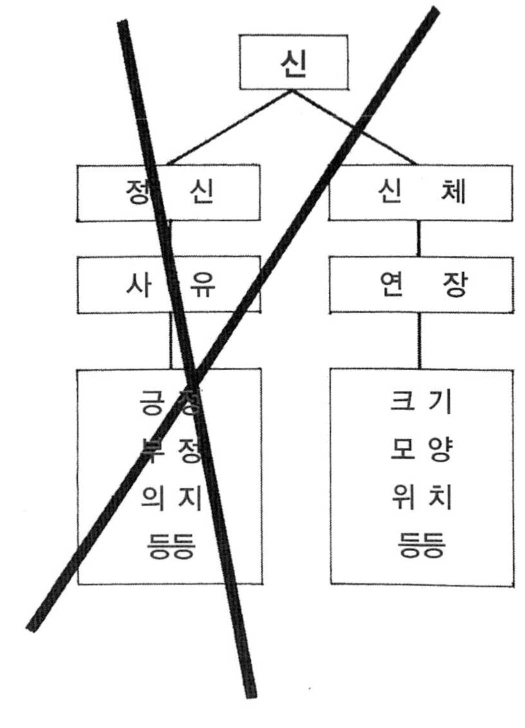

람은 누구든 거짓말을 하는 것이거나 아니면 위선, 무지, 어리석음에 빠져 있는 사람이 된다.

홉스는 이기론적 동기 부여 이론에 입각하여 독특한 정치 철학을 전개한 것으로 잘 알려져 있다. 그는 국가를, 그렇잖아도 아주 적게 주어진 자유를 더욱 제한하고 개인에게 멋대로 권력을 휘두르는 인위적인 괴물('리바이어던')로 간주했다. 그러나 그는 이러한 정치적 국가의 존재를 정당하게 여겼으며, 결핍과 공포가 지배하고, "만인의 만인을 적으로 여기며" "고독하고, 가난하고, 더럽고, 야만적이고, 단순한 삶을 살아가던"[1] '자연 상태'와는 대비되는 것으로 보았다. 자연 상태에서는 법도, 도덕도, 재산도 없고 오직 '자연권'밖에 없다. 그것은 폭력과 살육을 포함하여 어떠한 수단을 사용해서든지 자기 자신을 보호할 수 있는 권리를 말한다.

I. Thomas Hobbes, *Leviathan: On the Matter, Forme and Power of Commonwealth Ecclesiastical and Civil*(Collier Books, 1962), p. 105.

II. 앞의 책, p. 100.

두 사람이 무인도에 있는데, 먹고 살 코코넛이 충분하지 않다고 하자. 그렇다면 두 사람 모두 상대방에게 등을 보이거나 잠을 잘 수 없을 것이다. 언제 상대방이 자기를 돌멩이로 때려죽이고서 코코넛을 독차지하려 들지 모르기 때문이다. 하지만 두 사람이 모두 합리적이라면, 생존할 가능성이 가장 높은 방법은 서로 폭력을 쓰지 않고 코코넛을 공유하기로 합의하는 것뿐임을

깨닫게 될 것이다. 문제는 만약 홉스가 말하는 것처럼 우리 모두가 이기적인 본성을 가지고 있다면, 양측이 굳이 그 약속을 지킬 리가 전혀 없다는 점이다. 서로 속으로는 별 탈 없이 그 약속을 깨어버릴 방법을 생각해낼 게 뻔하기 때문이다. 요컨대, 두 사람은 서로를 불신할 충분한 이유가 있다. 그렇다면 그런 '약속'을 했다 해도 두 사람은 모두 잠깐이라도 눈을 붙일 엄두를 내지 못할 것이다. 그러므로 진정한 해결책을 찾으려면 제3자가 있어야 한다. 우선 처음 두 사람은 그 제3자에게 모든 돌멩이(군대라고 해도 되겠다)를 넘겨주고, 폭력을 사용할 권리

를 포기한다. 그 대가로 제3자는 자신의 절대 권력을 이용하여 처음 두 사람이 서로 약속을 지키도록 보장한다(그 '제3자'는 이를테면 군주나 의회라고 할 수 있는데, 어느 것이든 모든 권위의 원천인 것은 마찬가지다).

이것이 홉스가 말한 유명한 '사회 계약'이다. 그는 군주가 자신의 권력을 남용하지 못하도록 예방할 수 있는 방법이 없다는 걸 깨달았다(사실, 군주의 이기적인 본성과 본래적인 권력에의 욕망을 감안한다면 군주가 그렇게 행동하지 않기란 거의 불가능하다). 하지만 그는 다른 대안, 즉 무정부적인 '자연 상태'의 공포에 비하면, 설령 권력 남용이 필연적이라 하더라도 국가가 존재하는 게 더 낫다고 믿었다.

(한 가지 덧붙일 것은 대체로 홉스의 정치 이론이 영국의 어느 누구도 만족시키지는 못했다는 사실이다. 의회주의자들은 그 절대주의적 성격을 싫어했고, 국왕은 군주의 신성한 권리가 부정된다는 점 때문에 그의 이론을 마음에 들어하지 않았다.)

군주

스피노자

이쯤에서 다시 대륙으로 돌아가보자. 네덜란드 태생의 유대인 철학자 **바룩 스피노자**Baruch Spinoza(1634~1677)는 데카르트가 보여준 합리론적 전통을 벗어나지 않으면서 그가 남긴 딜레마를 해결하기 위해 애쓰고 있었다(합리론자는, 지식의 근원을 감각이 아니라 이성이라고 생각하며, 엄밀한 철학적 모델은 경험적 일반화에 뿌리를 둔 게 아니라 아프리오리한 데 있다고 믿는다). 버트란드 러셀은 스피노자를 가리켜 "위대한 철학자들 가운데 가장 고귀하고 가장 존경할만한 인물"[I] 이라고 말한 바 있다. 그 이유는, 여느 철학자들과는 달리 스피노자는 유대교와 그리스도교 양쪽에서 모두 배척을 받게 될 걸 뻔히 알면서도 자신의 철학에 충실한 삶을 살았기 때문이다. 스피노자는 유대 교회, 그리스도 교회, 그리고 사회로부터 모두 파문을 당했으면서도 아무런 원한도 품지 않았으며, 부와 명성은 물론, 교수직에도 매달리지 않고 평생 안경 렌즈를 가는 일로 생계를 이으면서 철학을 연구했다. 그가 바란 것은 오로지 자신이 철학이 밝혀주는 조용한 삶뿐이었으니, 다음과 같은 짧은 경구를 삶의 모토로 삼은 것은 지극히 당연하다 할 것이다. "뛰어난 것들은 이해하기 어려울 뿐더러 숫적으로 드물다."[II]

스피노자는 기하학적 방법을 통해 데카르트적 형이상학을 데카르트 자신보다도 더 엄밀하게 추구하려고 했다. 데카르트처럼 스피노자의 철학도 실체의 정의에 집중되어 있지만, 스피노자는 데카르트의 설명에서 모순을 찾아냈다. 데카르트는 "실체란 그 자체 이외에 어는 것에도 의존하지 않는 독립적인 방식으로 존재하는 것을 가리킨다"고 말했다. 그런데 그 다음에 데카르트는 또 이렇게 말했다. "진리를 말할 때 생각할 수 있는 것은 단 하나, 절대적으로 독립적인 하나의 실체, 즉 신뿐이다."[III] 이 신을, 그는 '무한한 실체'라고 불렀다. 정의상으로 볼 때 독립적인 존재는 오로지 하나만 존재할 수

스피노자

I. Bertland Russell, *A History of Western Philosophy*(Simon & Schuster, 1972), p. 569.

II. Baruch Spinoza, *Ethics and On the Correction of the Understanding,* trans. Andrew Boyle(Dutton/ Everyman' Library, 1977), p. 224.

III. Descartes, *The Principles of Philosophy*, in *The Essential Descarets*, p. 323.

있다고 주장했음에도 불구하고, 데카르트는 '무한한 실체'와 '유한한 실체들'을 구분하면서(스피노자는 이것을 모순이라고 지적하고 있다), 그것을 각각 물질적 실체(신체)와 정신적 실체(정신)로 부르고 있다. 이러한 근본적 이원론 때문에 데카르트는 그 악명 높은 정신-신체 문제로 나아갔고, 전반적으로 비난을 받은 송과선 해법을 주창하기에 이른 것이다.

　스피노자는 데카르트가 말한 (절대적으로 독립적이라는) 실체의 정의를 인정하고 그러한 실체가 단 하나만 존재할 수 있다는 추론을 철저하고도 진지하게 밀고 나감으로써 그런 혼란을 피했다(만약 그런 실체가 둘이라면 그것들은 서로의 독립성을 저해하게 될 것이다).

　나아가, 유한성은 신의 절대적 독립성에 위배되는 것이므로 스피노자는 신의 무한한 속성을 가지고 있다고 정의한다. 여기서 다시 실체는 하나밖에 있을 수 없다는 결론에 도달하게 된다. 왜냐하면 신 이외의 어떤 실체가 존재하려면 그 실체는 이미 신의 것으로 정의된 속성들을 가져야만 하기 때문이다.

여기서 잠깐 데카르트와 스피노자의 철학 체계를 도식적으로 비교해보자.

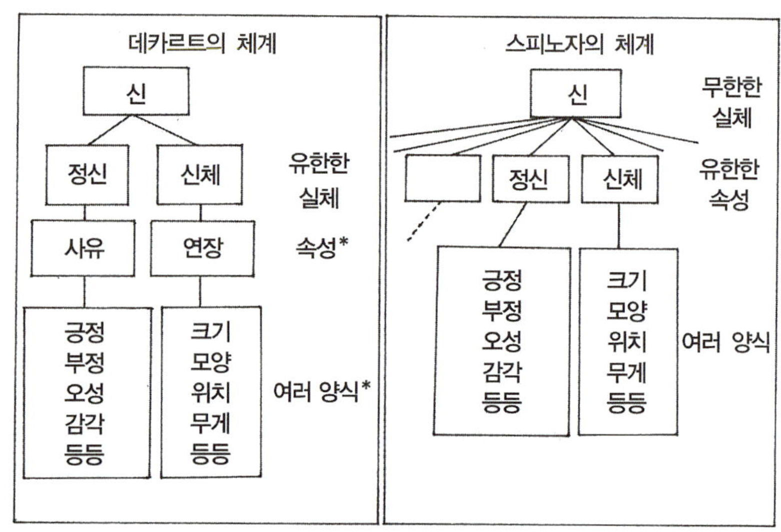

*데카르트가 말하는 속성이란 실체의 본질과 관련된 특성(즉, 실체에게 필수적인 속성)을 뜻한다. 스피노자가 말하는 속성이란 인간 지성의 눈으로 볼 때 본질인 것처럼 보이는 특성을 뜻한다. 양식이란 속성의 특수한 변형(즉, 특성의 특성)을 뜻한다.

데카르트와 마찬가지로 스피노자도 '무한한 실체'를 신과 등치시키지만, 그는 또한 그것을 '자연'과도 등치시킨다. 바로 '자연-신'이라는 등식으로 인해 그는 범신론자로 불리게 된다(유대교와 그리스도교 양쪽의 신학자들이 그를 비난한 것도 그 때문이다). 실재(즉, 신)를 보는 데에는 두 개의 인간적인 관점이 있다. 하나는 정신의 속성을 통해서 보는 것이고(이것은 정신만이 존재한다는 관념론으로 귀결된다), 다른 하나는 신체의 속성을 통해서 보는 것이다(이것은 물질만이 존재한다는 유물론으로 귀결된다). 이론상으로 볼 때 실재를 보는 관점은 그밖에도 많이 있지만, 인간 지성이 취할 수 있는 관점은 오직 그 두 가지밖에 없다. 실재에 관해서는 철저하게 일관적인 관념론적 혹은 유물론적 설명이 가능하지만, 일관적인 이원론이란 있을 수 없다. 이원론은 측면들을 혼동한 결과로 생겨난다(특히 데카르트의 송과선이 그렇다).

진정한 철학자는 순전히 인간적인 관점을 초월해 실제를 수브 스페키에 에테르니타티스*sub specie aeternitatis*, 즉 실재 자체의 관점에서 보고자 노력한다. 이러한 관점을 취하면, 인간은 우

주에서 특권적 지위를 가지고 있지 않으며, 자연
속의 그 어느 것보다 더하지도 덜하지도 않은
존엄성을 가지고 있음을 깨닫게 된다. 그리하
여 인간은 모든 것을 사랑할 수밖에 없으며,
따라서 신을 사랑할 수밖에 없다(왜냐하면 인
간은 모든 것을 사랑하거나, 아니면 아무 것도 사
랑하지 않아야 하기 때문이다). 신을 사랑하는
것은 곧 신을 아는 것이며, 실재에 대한 철학적 앎을 얻
는 것이나 다름없다.

　이렇듯 쉽지 않은 신에 대한 지적인 사랑은 플라톤의
사상에서처럼 신비주의가 가미된 합리론의 한 형태이
다. 또한 거기에는, 실재에 대한 앎을 통해 인간은
세상의 모든 일
이 필연적으
로 일어나

자연에 대한 무조건적인 사랑

는 것임을 깨닫게 된다는 점에서 스토아 철학적인
요소도 들어 있다. 우연성이라든가 의지의 자유
같은 것은 없다. 그러나 신에게도, 인간에게도 자
유 의지 같은 것은 없다는 깨달음은 그 자체로 해
방의 깨달음이다. 왜냐하면 그것을 통해 욕구와 열
정의 요구로부터 자유로워질 수 있기 때문이다. 스피
노자는 특히 욕구와 열정을 음울한 정서라고 보고, 실
재의 합리적 구조를 이해하지 못할 때 그런 정서
에 휩싸이게 된다고 말했다. 앎을 통해 그 정
서는 명백하고 분명한 생각으로 전환될 수 있
으며, 축복과 즐거움으로 향하게 된다. 스피노
자는 이렇게 말한다. "즐거움은 아무리 커도 지

관념을 생산할 수 있는 성질을 만들어내는지에 관해서는 모른다고 가정할 수밖에 없다.[I]

그러므로 로크는 모든 지식을 순전히 경험을 통해서만 설명할 수 있다고 주장하는 한편, 지난 수십 년 동안 철학을 지배해온 실체라는 개념을 미스터리로 규정하면서 그것에 대해 농담까지 던졌다.(그는 실체를 찾으려 애쓰는 철학자를 인디언에 비유했다. 그에 따르면, 인디언은 이 세계를 거대한 코끼리가 떠받치고 있으며, 이 코끼리는 또 거북의 등 위에 있고, 거북은 또 '알지 못하는 어떤 것'에 떠받치고 있다고 설명한다는 것이다.) 다소 지나치다 싶은 느낌은 있지만, 어쨌든 이것은 경험론의 불길한 출발점일 수도 있겠고, 아니면 실체의 형이상학이 종말을 고하기 시작하는 출발점일 수도 있겠다(실상은 후자라는 점이 곧 드러날 것이다).

존 로크는 인식론만이 아니라 정치에도 관심이 컸다. 《정부론》에서 그는 홉스처럼 '자연 상태'와 '정치적 상태'를 구분했다. 하지만 그가 말하는 '자연 상태'는 홉스가 말하는 것과 의미가 크게 다르다. 로크의 '자연 상태'는 정의도 없고 부정도 없으며, 옳고 그름도 없고, "내 것과 네 것이 구분되지 않는 상태"[II]가 아니라 **도덕적 상태**를 가리킨다. 즉, 우리가 인간으로서 태어날 때의 상태, **신이 부여한** 자연권, '생존, 건강, 자유, 재산'[III]에 대한 권리를 지닌 상태를 말하는 것이다. 홉스에게는 단지 자연권, 즉 자신의 생명을 보존하려 하는 권리만 가졌음을 상기하라.

홉스는 이미 일종의 생존을 위한

I. 앞의 책, p. 185.

II. Hobbes, p. 102.

III. John Locke, *The Second Treatise of Civil Government*, in *Two Treatise of Government*(Hafner, 1964), p. 124.

본능 같은 것이 그 자연권을 정당화해준다고 믿었던 것 같다. 하지만 로크의 이론에서는 여러 가지 자연권이 설정되어 있고, 그 모두가 본능적이라기보다는 도덕적인 것으로 간주되면, 그 권리가 신에게서 비롯된다고 되어 있다. 홉스는 신의 존재를 전제하고서 모든 철학을 시작하는 중세성을 탈피하려는 의도에서 자신의 이론에서 일부러 신을 배제했다. 홉은 '자연적인 재산권' 같은 것은 없다고 주장했다. 자연에서는 오직 점유만이 있다는 것이다("모든 이가 자신의 것을 가질 수 있는 한 자

홉스가 말하는 자연 상태

로크가 말하는 자연 상태

신의 것은 있다."[IV])그와는 반대로 로크는, 우리 인간은 "우리의 노동이 섞인"[V] 자연의 일부에 대한 자연권을 가지고 있다고 주장했다. 예컨대, 내가 땅을 갈고 나무를 베어 집을 짓는다면, 그 밭과 집은 내 것이다(또한 내게서 상속을 받는다면 내 후손의 것도 된다). 로크는 이러한 자연적 재산권을 분명히 규정했다. 그에 따르면, 우리가 '자연적 재산'을 모을 수 있는 경우는 이렇다.

(1) 훼손하지 않고 재산을 축적할 수

IV. Hobbes, p. 102.

V. Locke, *The Second Treatise*, p. 134.

있는 경우

(2) 남들을 위해 넘길 수 있는 경우

(3) 재산 축적이 남에게 해가 되지 않는 경우

로크의 부자 친구들은 "누구에게도 해를 입히지 않으면서 금과 은을 모을 수 있다"[1]는 그의 말을 듣고서 아마 크게 기뻐했을 것이다.

(로크의 이론은 자연적으로 풍부한 상태를 가정하는 반면, 홉스의 이론은 물자가 부족한 상태를 가정한다는 점에 주목할 필요가 있다. 두 사람이 말하는 '자연 상태'가 이렇게 다른 만큼 인간 본성이 발현되

I. 앞의 책, p. 144.

는 방식도 크게 다를 것은 자명하다.)

로크에 의하면, 개인의 정치적 상태는 각자가 그 상태에서 살아가는 개인들의 자연권을 얼마나 잘 보호하느냐에 따라 평가할 수 있다. 좋은 상태란 그 자연권을 보장하고 극대화하는 경우를 가리키고, 나쁜 상태란 자연권을 보장하지 못하는 경우를 뜻하며, 아주 나쁜 상태란 내 자연권 자체가 남의 자연권을 침해하는 경우를 말한다. 로크 식의 '사회 계약'은 모든 시민이 다수가 선택한 정부의 지배를 받는 데 동의하는 것이다. 물론, 그 정부는 자연권을 보호해야 한다. 그러나 전제적인 정부는 불법이며 타도의 대상이 된다. 홉스와는 달리, 로크는 적법한 정부와 불법적인 정부를 구분하며, 정당화될 수 있는 혁명의 이론을 제공한다. 그래서 미국의 건국자들은 로크의 이론을 이용하여 미국 혁명을 정당화했으며, 독립 선언문과 헌법에 로크의 사상을 포함시켰다. 일부 사회 비평가들이 말하듯이, 아마도 오늘날 미국의 제도에서 최선의 것은 로크의 이론 중 최선의 것에서 나왔을 것이다. 그런 점에서 미국은 로크 사상의 거대한 실험실이라 할 수 있다.

두 번째 언급할 영국 경험론자는 아일랜드 출신의 조지 버클리George Berkley(1685~1753)이다. 그는 더블린의 트리니티 칼리지에서 교수를 지내다가 나중에 잉글랜드로 와서 클로인의 주교가 되었다. 철학자로서 그는 로크의 저작에서 깊은 인상을 받았으며, 그의 사상 가운데 잘못되었거나 일관성이 결여되어 있다고 여겨지는 부분을 바로잡기 위해 애쓰는 한편, 경험론의 기본 바탕에 충실히 서고자 했다('흰색 서판' 이론, 심리학적 원자론, 유명론, 오캄의 면도날 등). 사실, 그는 오캄의 면도날을 물질적 실체의 관념에 너무 열심히 적용한 탓으로 오히려 그 면도날에 베어버린 느낌마저 든다. 결국, 그는 주관적 관념론, 즉 오직 정신과 관념만이 존재한다는 견해로 빠져들었으니까.

버클리

초기 저작인 《인지 원리론》에서 버클리는 로크가 제일 성질과 제이 성질을 구분한 것에 대해 비판을 가했다. 앞에서 보았듯이, 로크의 제일 성질은 정신과 독립적으로 존재하는 물질적 실체 속에 내재해 있는 반면, 제이 성질은 오직 정신 속에서만 존재하는 것이었다(버클리의 표현을 빌리면, "존재하는 것은 지각되는 것이다"). 하지만 버클리는 이른바 제일 성질에 우리가 접근할 수 있는 길은 오로지 제이 성질을 통해서라고 말한다. 한 대상의 크기, 모양, 위치, 차원을 알 수 있는 유일한 방법은 그것을 손으로 만지고 눈으로 보는 것뿐이다(즉 촉각, 시각의 제이 성질을 통하는 방법뿐이다). 이것으로부터 버클리는, '제일 성질'에 대한 서술은 사실 제이 성질의 해석일 뿐이라고 결론짓는다. 이를테면 색깔, 소리, 맛, 냄새, 촉감 등을 이야기하는 방법은 여러 가지가 있다. 따라서 '제일 성질'은 오로지 정신 속에서만 존재한다. 그런 의미에서, 존재하는 것은 지각되는 것이다.

제일 성질이 제이 성질로 번역되는 것이 어떻게 가능한가를 설명하기 위해 버클리는 직접 지각과 간접 지각을 구분한다. 직접 지각은 기본적 감각 자료(로크의 '제이 성질'과 '단순 관념')를 수동적으로 수용하는 것이다. 간접 지각은 그 감각 자료를 해석하는 것이다.

글 읽기를 배우는 과정을 예로 들어보자. 종이에 씌어진 글을 처음 본 아이는 그저 흰색 바

탕에 검은색 잉크 자국만 보게 된다(이것은 직접 지각이다). 문화 적응의 과정을 통해 아이는 그 잉크 자국이 글씨라는 것을 알게 되며, 그것들에는 의미가 담겨 있음을 깨닫게 된다(이것은 간접 지각이다). 그런데 흥미로운 것은, 이렇게 일단 글을 배우고 나면 두 번 다시 아이처럼 '순진한 눈'으로 볼 수 없게 되며, 글자들을 단지 잉크 자국으로 보지 못하게 된다는 점이다. 버클리는 어른들이 세계를 감각 자료로서가 아니라 사물의 집합으로 지각하는 이유는 바로 거기에 있다고 말한다. 그럼에도 불구하고 버클리는 우리가 이른바 외부 세계에서 보는 사물들은 실상 관념들의 집합일 뿐이며, 철학적인 분석을 가하면 감각 자료가 된다고 주장했다. 그의 이야기를 들어보자.

> 이 감각 자료들은 서로 연관된 상태로 관찰되므로, 하나의 이름으로 표시할 수 있고 하나의 사물로 명명할 수 있다. 예를 들어 특정한 색깔, 맛, 냄새, 모양, 일관성 등이 함께 묶여 있는 것으로 관찰되면, 그것은 사과라는 이름을 가진 별도의 사물을 이룬다. 그 밖에 돌, 나무, 책, 기타 감각 가능한 사물들도 모두 나름대로 관념들의 집합이다.[1]

돌의 일부 구성 부분들에 해당하는 것은 돌 전체에도 해당한다. **존재하는 것은 지각되는 것이다.**

버클리의 체계에서는 '물질적 실체'(이에 대해 로크는 "나는 뭔지 모르는 어떤 것"이라고 표현했다)라는 관념이 그냥 빠져 있다는 점에 유의하라. 또한 버클리는 합리론자들이 우리가 어떻게 세계를 물리적 개별 대상들의 연쇄로 이해하는지를 설명하기 위해 도입했던 실체라는 본유 관념 대신에 언어를 도입했다. 우리가 아이들에게 말을 가르치면, 그 말은 아이들 마음속의 관념들을 '사물'로 조직해낸다는것이다. 버클리의 주관적 관념론에 따르면, 우리는 모두 오감의 감각 자료들로 구성된 각자의 주관적 세계 속에서 살아간다. 이것이 원래 우리가 유아 시절에 속해 있었던 세계다. 그러나 우리는 언어를 배우면서 우리의 감각 자료를 '읽는' 법을 배웠다. 언어는 또한 상호 주관성의 결합이기도 하다. 나는 규약을 통해 공유하는 상징(언어)을 통해 나의 사적 세계와 다른 사람의 세계 사이의 틈을 메운다. 언어가 없다면 나는 나 자신만의 **자기**

---

1. George Berkley, *A Treatise Concerning the Principles of Human Knowledge*, in *Principles, Dialogues and Philosophical Correspondence*, ed. Colin Murray Turbane(Bobbes-Merrill, 1965), p. 22.

 마음의 방 속에 갇혀 살게 될 것이다.

　버클리는 이 두 가지 범주(감각 자료와 언어)로써 신에 관한 앎을 제외한 인지의 모든 것을 설명할 수 있다고 믿었다.(버클리는 주교의 신분이었으므로, 그의 철학에서 신이 주된 역할을 하는 것은 당연하다. 하지만 신의 존재는 지각되지 않는다는 것이 그에게는 좀 난감한 문제였을 것이다.) 신의 존재는 감각 자료가 규칙적으로 예측 가능하다는 사실로부터 연역될 수 있다. 이른바 물리적 세계의 '존재'가 '지각'되는 것이라면, 즉 마음에 의존하는 것이라면 내가 방을 비워두었다가 다시 들어갈 때 왜 모든 게 이전과 다름없는 상태로 남아 있는 걸까? 왜 내 방은 내가 그것을 지각하지 않는 동안에 사라지지 않은 걸까? 그 이유는 내가 없는 동안에는 신이 방을 지각하고 있기 때문이다. 신은 자연 법칙의 보증인이다. 성서에 신이 이 세계를 창조했다고 나와 있는 것

우리가 방에서 나갔을 때 방은 왜 사라지지 않는 것일까?

은 신이 감각 자료와 그것을 지각하는 마음(영혼, 자아)을 창조했다는 뜻이다. 신은 지각할 수 없는 모종의 신비로운 물질—'물질적 실체'—이 관념을 만들어내도록 하지 않았다. 그런 '물질'이 존재한다는 생각은 로크가 주창한 표상적 실재론의 오류다. 로크는 그 표상이 실재임을 알지 못했다. 버클리는 거기서 단지 '매개체'를 제기했을 뿐이다. 그의 이론은 로크의 이론이 설명하는 모든 것을 설명해주면서도 훨씬 더 경제적이다. 따라서 오캄의 면도날로 볼 때 로크의 이론보다 더 나은 이론이다. 버클리는 이렇게 믿었다.

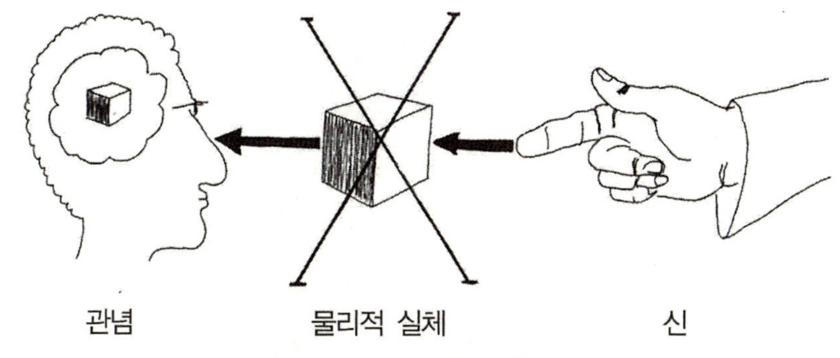

버클리는 매개체를 제거한다

흄

영국 경험론의 '3총사' 가운데 세 번째 인물은 스코틀랜드 출신의 데이비드 흄David Hume (1711~1776)이다. 첫 번째 저서《인성론》을 출간했을 때 27세였던 그는 그 책으로 부와 명성을 얻게 되기를 기대했다. 그러나 그가 계산해본 바에 따르면, 그 책은 "인쇄소에서 사산된 책" 이었다. 10년 뒤에 그는 그 책을 다시 써서《인간 오성에 관한 탐구》라는 제목으로 재출간했다. 이 책은 지난 번 책보다 상당히 성공적이었다. 그 이유는 아마 논조가 다소 온건해졌기 때문일 것이다. 하지만 그래도 오늘날 흄은 영국 경험론들 중에서 가장 날카롭고 가장 당혹스러운 철학자로 꼽힌다.

흄의 철학은 라이프니츠의 분석/종합의 구분, 혹은 흄의 표현을 빌리면 '관념의 연관'과 '물체적 사실'의 구분으로부터 시작한다. 분석 명제는 다음과 같은 문장들로 표현된다.

(1) 부정하면 자기 모순이 된다.

(2) 아프리오리하다.

(3) 정의상 참이다.

(4) 필연적으로 참일 수밖에 없다.

흄

종합 명제는 분석 명제를 나타내는 문장들과 대립을 이루는 문장들도 포함된다.

(1) 부정해도 자기 모순이 되지 않는다.

(2) 아포스테리오리하다

(3) 정의상 참이 아니다.

(4) 참일 경우에도 필연적으로 참인 것은 아니다(거짓일 수도 있다).

흄은 이상과 같은 구분을 받아들이면서 아프리오리하고 필연적인 진리 같은 것은 없다고 말한다. 경험론자가 이걸 인정한다면, 그것은 합리론자의 헛된 꿈을 물려받는 셈이므로 경험론의 전체적인 틀마저 무너지게 될 것이다. 하지만 흄은 그런 상황에 빠지지 않았다. '관념의 연관'에 관한 목록에 한 가지를 더 추가했기 때문이다. 그것은 바로 그 목록이 모두 동어 반복이라는 점이다. 즉, '관념의 연관'을 말하는 문장들은 장황하고 반복적이며 언어상의 진리에 불과하므로, 세계에 관한 새로운 정보를 주지 못하고 단지 말의 의미에 관한 정보만 줄 뿐이다. 언어의 규약을 인정한다면 "모든 누나는 여자다"라는 말은 분명 진실이지만, 그 말은 누나라고 부를 때 이미 알고 있는 것 이외에 아무 것도 말해주는 게 없다. 그와 마찬가지로, '다섯', '셋', '둘', '더하기'라는 개념들을 분명히 이해하는 사람은 누구나 3+2=5를 이미 알고 있다.

그러므로 실재를 아프리오리하고 필연적인 진리로서 완벽하게 서술하려는 합리론적 꿈은 실현 불가능한 꿈이다. 흄에 따르면, 아프리오리한 진리란 결코 언어로 서술할 수 없는 것이기 때문이다. 오직 종합 명제—'물체적 사실'—만이 실재를 정확하게 서술할 수 있는데, 이 명제들은 필연적으로 아포스테리오리할 수밖에 없다. 따라서 세계에 관한 모든 진실된 지식은 관찰을 바탕으로 해야만 한다. 물론, 이것은 모든 경험론의 중심 테제이기도 하다.

흄이 주장하고자 하는 것은, 분석에는 기본적으로 세 가지 범주밖에 없다는 것이다. 어떤 명제든 그 종류는 분석 명제, 종합 명제, 무의미한 명제 중의 하나에 속한다. 흄은 이렇게 말한다.

이러한 원리들을 인정하고서 도서관의 책들을 살펴본다면 버려야 할 책이 얼마나 많을까? 아무 책—예컨대, 신학이나 형이상학을 다룬 책—이나 한 권 뽑아들고서 훑어보자. 그 책에 양이나 수(즉, 분석적 진리)에 관한 추상적인 추론이 조금이라도 있는가? 없다. 물체적 사실과 존재(종합적 진리)에 관한 실험적 추론

이 조금이라도 있는가? 없다. 그렇다면 그 책은 불살라버려도 된다. 거기에는 궤변과 착각 이외에 아무 것도 없기 때문이다.[1]

(이랬으니 흄이 도서관 사서직에서 쫓겨나는 것은 당연한 일이었다.)

그렇다면 분명히 '흄만의 철학 방식'이 있을 것이다. 우선 아무 것이나 마음에 드는 주장을 뽑은 다음에 아래 테스트를 해보자.

도서관 사서 흄

I. David Hume, *An Inquiry Concerning Human Understanding*(Hackett, 1993), p. 114.

1 그 주장은 분석적인가?

(이것은 그 주장이 표현된 문장을 부정해보면 알 수 있다. 만약 그 부정문이 자기 모순이라면 원래 문장은 분석적이다.)

☐　예(답이 '예'라면 그 주장은 참이 되지만, 철학적으로는 사소한 주장이다.)

☐　아니오(답이 '아니오'라면 다음 질문으로 넘어간다.)

2 그 주장은 종합적인가?

흄은 이 질문을 다음과 같이 제시하고 있다. "철학적 용어가 아무런 의미나 관념 없이 사용되는 게 아닌가 하는 인상印象으로부터 그 관념이 나오는가를 탐구해보아야 한다. 만약 어떠한 인상도 찾아내지 못한다면 우리의 의혹은 굳어질 것이다."[11]

달리 말하면, 2번 질문에 대해서는 그 관념의 감각 자료('인상')까지 찾아낼 수 있어야만 긍정적으로 대답할 수 있다는 이야기가 된다. 예를 들어, "이 돌은 무겁다"라는 문장을 보자. 이 문장 속의 모든 관념은 감각 자료를 찾을 수 있으므로 의미의 경험적 기준을 통과할 수 있다

☑　예

그런데 어떤 특별한 경우에 2번 질문에 대한 답이 부정적이라면 어떨까?

☑　아니오

다시 말해서, 감각 인상을 찾아낼 수 없는 특별한 관념이 있다면 어떨까? 흄에 따르면, 그럴 경우에는 공허한 관념, 즉 **무의미한 문장**이 된다.

이제 흄의 방법을 배웠으니, 전통적인 철학적 주제, 즉 신이나 세계, 자아 같은

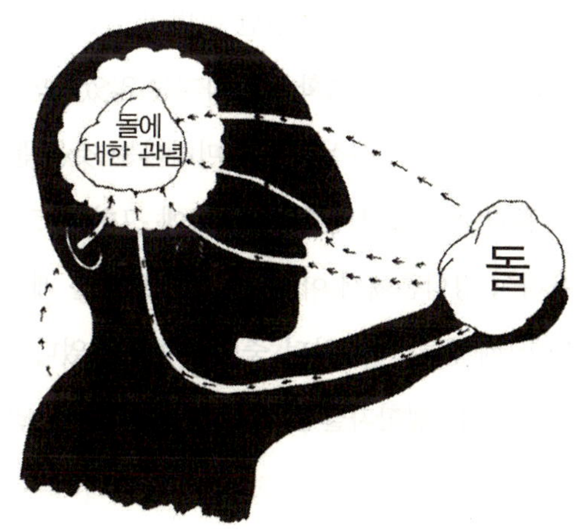

---

11. 앞의 책, p. 13.

인과성을 관찰하는 흄

고 말할 때 우리는 사실 A 뒤에 장차 B가 따르리라는 우리 자신의 기대감만을 말하고 있을 뿐이다. 이것은 우리의 심리적 사실이지 세계에 관한 사실이 아니다. 따라서 그것으로는 우리 기대감의 합리적 근거를 찾아낼 수 없다. 설령 A 뒤에 B가 온다는 것을 과거에 무수히 보았다고 하더라도 그것으로 앞으로도 계속 그러하리라는 것을 보장할 수는 없는 것이다. 하지만 흄은 인과성이 결코 존재하지 않는다는 결론을 내리지는 않았다. 그는 대상들과 사건들이 서로 인과 관계를 맺는다는 것을 의심할 게 아니라 인과성에 대한 적절한 철학적 설명이 불가능하다고 생각했을 뿐이다.

흄의 발견은 귀납의 문제점이라고 알려져 있다. 과연 미래에도 과거와 같은 일이 벌어지리라고 어떻게 확신할 수 있을까? 이에 대해 단지 과거에 늘 그래왔지 않느냐고 답한다면 그것은 논점을 회피하는 것일 뿐이다. 왜냐하면 과거에 늘 그래왔다고 해서 앞으로도 그러리라는 필연성이 있는가 하는 점이 바로 진정한 문제이기 때문이다. 그렇다고 해서 '자연 법칙'에 의지할 수도 없다. 그렇다면 그 '자연 법칙'이 미래에도 통하리라는 것을 어떻게 보장하느냐가 다시 문제가 되기 때문이다. 결국, 여기에는 분석적 보장도, 종합적 보장도 없는 셈이다. 인과성의 개념은 세계를 이해하기 위해 필요한 핵심적인 개념 가운데 하나다. 흄은 이성이나 경험이 인과성의 주요한 구성 요소인 '필연적 연관'을 정당화해줄 수는 없다고 결론지었다.

'흄의 갈퀴'(분석/종합의 구분)는 자아의 개념에 대해서도 마찬가지로 참혹한 결과를 가져온다. 자아의 경우에는 찾아낼만한 감각 자료가 없다. 데카르트는 자아를 단순하고, 분명하고, 절대적으로 확실하고, 영원한 영혼이라고 주장했으나, 흄은 그와 전혀 달리 "자아와 같은 관념은 없다"고 주장한다. 그는 자아에 관해 이렇게 말한다. "그것은 실상 여러 가지 서로 다른 인식들(열기와 냉기, 빛과 그림자, 사랑과 증오, 고통과 쾌락 등등)이

흄은 자아를 이런 것들로 본다

한데 뭉친 것에 불과하다. 그 인식들이 엄청나게 빠른 속도로 맞물리면서 끊임없는 흐름과 움직임을 만들어낸 결과로 이른바 자아라는 게 생겨나는 것이다."[1]

데이비드 흄은 경험론을 그 논리적 극단까지 일관되고도 철저하게 추구했다. 그 결과는 철학적으로 황폐한 것이었다. 합리성의 영역은 극도로 축소되어 구두口頭적인 진리 또는 감각 자료의 서술에 불과한 것으로 환원했다. 하지만 철학자든, 비철학자든 사람들의 관심을 끄는 거의 모든 것은 그 경계 너머에 있다. 흄은 인간의 삶이 합리성과 양립할 수 없다는 것을 보여주었고, 인간의 활동은 언제나 철학적 정당화의 범위를 넘어서 있다고 믿었다(나는 어제 나의 양분이 될 빵이 오늘도 그러하리라는 것을 합리적으로 설명할 길이 없다. 따라서 나는 합리적인 식사 활동

I. Hume, *A Treatise of Human Nature*(Clarendon Press, 1941), pp. 252~253.

을 결코 할 수 없다.) 그러나 흄은 인간 존재가 철학이 생산한 빈약한 현실로만 유지될 수는 없다는 것을 아주 잘 알고 있었다. 심지어, 철학 원고를 쓰는 동안에는 그 자신도 정상적이고 비논리적인 믿음, 즉 자아, 세계, 인과성에 대한 믿음으로 되돌아가리라는 것을 알고 있었다. 나아가, 그는 비록 입 안에 혀가 있더라도 우리는 철학을 팽개치고 양을 돌보는 일이나 해야 할 것이라는 극단적인 말을 하기도 했다.

칸트

만약 흄의 사상이 널리 인정되었다면, 그것으로 철학의 역사는 끝나야 했을 것이다. 흄의 공격을 피하려면 철학은 더 힘있고 섬세하고 창의적인 정신으로 무장해야 했다. 그런 요소를 두루 갖춘 철학의 수호자가 바로 독일의 임마누엘 칸트Immanuel Kant(1712~1804)이다. 칸트는 프로이센의 북동부에 위치한 옛 한자 동맹의 도시 쾨니히스베르크(오늘날 러시아의 칼리닌그라드)에서 평생 살았다. 거기서 그는 적어도 50세가 될 때까지는 존경받는 대학 교수로서 부르주아 생활을 마음껏 즐겼다. 그는 평생 독신으로 살았는데, 워낙 규칙적인 생활을 한 탓에 동네 주민들은 그가 오후에 산책하는 것을 보고서 시계를 맞추었다고 한다.

젊은 시절에 칸트는 라이프니츠의 평범한 제자였던 크리스티안 폰 볼프Christian von Wolff에게서 합리론적 형이상학을 배웠으며, 그 기본적인 학설에 대해 전혀 의심할 이유를 찾지 못했다. 그러던 중 중년 후반에 접어들었을 무렵의 어느 날 칸트는 흄의 《인간 오성에 관한 탐구》를 보게 되었다. 훗날 그는 그 책을 읽는 순간, "특단의 잠에서 깨어나게 되었다"고 술회한 바 있

다. 그는 흄의 강력한 논증으로 인해 그때까지 자신이
믿어왔던 모든 게 허물어지는 걸 느꼈으며, 따라서
흄의 회의론을 논박하지 못한다면 진정한 철학적
진보는 전혀 불가능하다는 것을 깨달았다.

　흄에 대한 칸트의 대응은《순수 이성 비판》
에 나와 있다. 이 저서에서 칸트는 흄의 철
학으로부터 최선의 것을 추출하고, 흄의 전
면적인 비판을 받은 뒤에 남아 있는 아프
리오리로부터 최선의 것을 추출하여 양자
를 종합하려 했다. 흄에게서 칸트는 분석/종
합의 구분이라는 중요한 철학적 분석 도구를 받
아들였다. 그는 모든 분석 명제들이 아프리
오리하며 모든 아포스테리오리한 명제
들은 종합적이라는 흄의 주장을 인정했
지만, 모든 종합 명제가 아포스테리오리
하며 모든 아프리오리한 명제는 분석적
이라는(따라서 동어 반복이라는) 흄의 주장
은 인정하지 않았다. 다시 말해서, 칸트에 따
르면 종합적 아프리오리 진리라는 게 존재한
다는 것이다. 이것은 실재의 진리성을 관찰이 아닌 다른 방법으로도 알 수 있다는 중요한 주
장이다.

　칸트는 그러한 진리가 존재한다는 것을 증명해야만 흄을 철학적으로 극복할 수 있고 상식
이(그리고 아마 종교도) 다시 존중될 수 있으리라고 믿었다. 이러기 위해서는 흄이 부인한 앎이
실은 종합적 아프리오리 진리에 기초하고 있다는 것을 보여주어야만 했으며, 그 방식도 흄이
그런 앎이 존재한다는 것을 부정했던 것과 같은 논증이어야만 했다. 칸트는 우선 정신을 직관
(즉, 인식), 오성, 이성이라는 세 가지 '기능'으로 나눈 다음에 각각의 기능에 대해서 이른바 '초
월적transcendental' 분석을 했다.

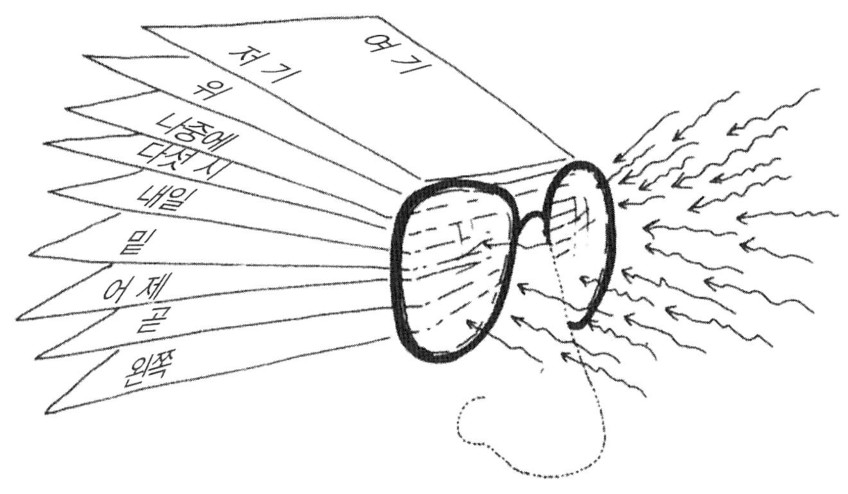

공간과 시간의 안경

에는 동일성/복수성/총체성, 인과성, 실재성 등이 포함되어 있다. 이 개념들은 정신이 실재로부터 연역해낸 것이 아니라, 오히려 그 반대로 정신이 실재에게 주입한 것이다. 바로 이 때문에 흄은 그것들을 '바깥'에서 찾아내려 했지만 실패했던 것이다. "모든 사건에는 원인이 있다"는 문장(이것을 흄은 경험적인 것도 아니고 정의상 참인 것도 아니라고 보았다)은 칸트에 따르면, 종합적 아프리오리 진리다.

칸트는 또한 수학이 종합적 아프리오리의 범주에 속한다고 주장했다. 우선 수학이 아프리오리의 지위를 가지는 이유는 우리의 수학적 지식이 관찰로부터 독립적이기 때문이다.(여러분의 초등학교 1학년 선생님[다들 기억하고 있을 것이다!]이 가르쳐준 것은 사실 옳지 않다. 선생님은 분필 더미 두 개를 앞에 놓고 이렇게 말했다. "두 개의 분필 더미에다 세 개를 더하면 다섯 개의 분필 더미가 되죠. '따라서' 2+3=5가 되는 거예요." 그런데 그렇지 않다. 2 더하기 3이 5가 되는 것은 분필과는 아무런 상관도 없다.) 그러나 수학은 또한 종합적이기도 하다. 수학은 세계에 관해 우리에게 말해주기 때문이다. 즉, 수학적 명제는 정의처럼 공허한 동어 반복에 불과한 게 아니다.

칸트가 말하는 이러한 종합적 아프리오리 이론은 분명히 플라톤-데카르트적 본유 관념을 연상케 하지만, 그들과 칸트 사이에는 큰 차이가 있다. 칸트는 우리가 태어나면서부터 특정한

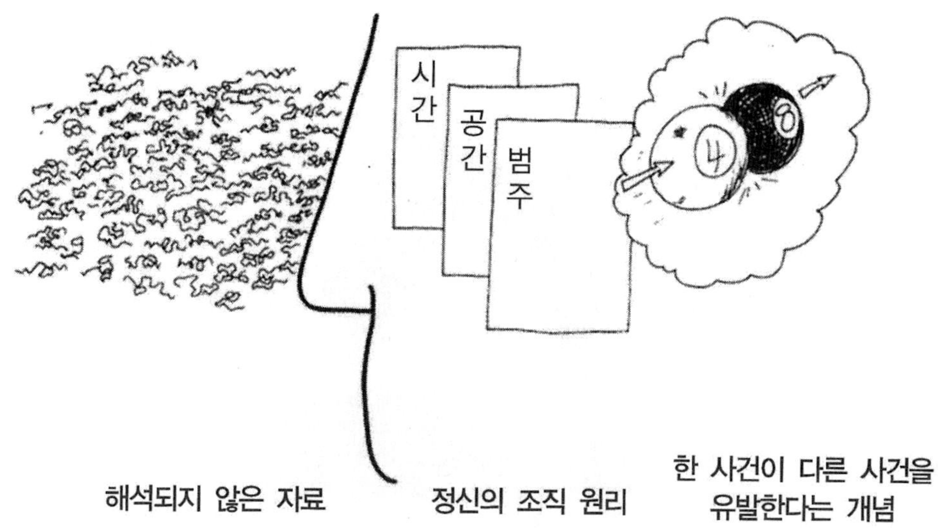

관념들을 가지고 있다고 주장하는 것이 아니라, 정신 자체가 특정한 종합적이고 아프리오리한 규칙에 따라 자료를 분석하도록 구조화되어 있다고 주장하는 것이다. 이는 마치 감각이 정보를 입력하면 관념을 생산하도록 되어 있는 컴퓨터 프로그램과 비슷하다. 즉, 인간이라면 누구나 시간/공간/실재성/인과성 등과 같은 개념들을 통해서 세계를 이해할 수 있다는 것이다. 정신은 '사물성'의 관점에서 세계를 조직해야 하지만, 정신의 '바깥'에 실재라는 게 별도로 있는 것은 아니다. 정신은 인과적 순서에 따라 세계를 이해해야 하지만, 정신의 바깥에 어떤 사건의 원인이 존재하는 것은 아니다.

칸트는 서로 싸우는 합리론과 경험론을 절충하려는 의도를 가지고 있었다. "내용 없는 사유는 공허하며, 개념 없는 직관은 맹목적이다"[1]라는 그의 유명한 주장은, 합리론자들에게는 감각 자료만이 앎을 제공하는 게 아니라고 말하고 있으며, 경험론자들에게는 감각의 역할이 없이는 어떤 앎도 불가능하다고 말하고 있다. 칸트의 해결책은 여러 모로 성공한 것처럼 보였다. 그러나 그로 인해 결과적으로 칸트는 모종의 궁극적 실재가 존재하지만 인간 정신은 그것을 알 수

I. Immanuel Kant, *Critiques of Pure Reason*(Humanities Press, 1950), p. 93.

칸트가 현상계의 커튼을 살짝 걷고 무의 세계를 엿보고 있다

없다는 혼란스런 입장에 처하게 되었다(그 실재를 칸트는 **본체적 세계** 또는 '물 자체Ding-an-sich'라고 불렀다). 본체적 세계(이 말은 사물의 '외양'을 뜻하는 그리스어에서 나온 '현상'이라는 말과 대조적으로, 외양의 '사물'을 뜻하는 그리스어에서 나왔다)는 외양의 배후에 있는 실재다. 우리는 외양은 뭔가의 외양이어야만 하기 때문에 우리는 그러한 실재가 존재한다는 것을 알 수 있다. 그러나 필연성의 인간인 우리는 그 본체적 세계에 접근할 수 없다. 따라서 우리 인간이 얻을 수 있는 앎은 이른바 '현상계'—인간 정신에 의해 인식, 지각, 해석, 분석, 이론화된 세계—에 관한 지식으로 제한된다. 다시 말해서, 우리는 인간 정신을 통해, 즉 공간과 시간, 오성의 범주라는 창문을 통해 들어오는 세계만을 알 수 있다는 것이다.

흄의 결론과는 반대로, 칸트에 따르면 상식과 과학은 현상계에 적용되는 한에서만 타당하다. 그러나 궁극적 실재에 관해서는, 다만 그것이 존재한다는 것 이외에는 어떠한 설명도 불가

《순수 이성 비판》이 나오기 이전의 형이상학과 이후의 형이상학

능하다. 본체적 세계라는 개념을 칸트는 제한적 개념이라고 부른다. 우리는 본체적 실재가 존재한다고는 말할 수 있으나 그 존재가 무엇을 의미하는지는 알 수 없다. 이러한 제한적 개념은 플라톤에서부터 라이프니츠에 이르는 철학자들이 발전시켜온 전통적인 형이상학이 실상은 불가능하다는 것을 뜻한다. 칸트는 이성의 기능에 대한 초월적 분석으로부터 이러한 결론을 이끌어냈다.

칸트는 이성의 기능을 '신'이나 '영혼' 같은 '순수한' 개념(즉, 감각에 의해 오염되지 않은 개념)을 낳는 것으로 가정한다. 그

럼 이런 기능에는 종합적 아프리오리한 토대가 있을까?(이 질문은 이렇게 바꿀 수도 있다. 우리는 궁극적 실재에 관해 '더 높은 진리'를 알 수 있을까?) 이에 대해 칸트는 없다고 했는데, 이러한 단정은 당시의 형이상학과 신학에 큰 파문을 불러일으켰다. 전통적인 형이상학은 공간, 시간, 인과성 등 관찰 가능한 세계에만 적용할 수 있는 개념들을 부당하게 본체적인 세계에까지 적용하고 있으므로 잘못된 사유 체계였다. 그렇기 때문에 신의 존재에 대한 일체의 증명은 실패할 수밖에 없으며, 그와 더불어 궁극적 실재를 '실체'라는 신비러운 범주로 서술하려는 시도도 역시 실패할 수밖에 없었다. 결국, 우리 인간은 신, 정의, 불멸, 자유 등등에 관해 알려고 노력하지 말아야 한다. 왜냐하면 그 관념들은 모두 인간 지식의 범위를 벗어나는 것이기 때문이다.

만약 칸트가 《순수 이성 비판》을 여기서 끝맺었더라면, 그는 상식과 과학의 옹호자들이 동의하는 선에서 형이상학과 신학에 대한 흄적인 비판을 완성했다고는 할 수 있겠지만, 인간의 내부에 있는 더 높은 정서를 향한 충동까지 만족시키지는 못했을 것이다. 그러한 충동에 대해 칸트는 그 책의 다른 부분들에서 다루고 있다. 거기서 그가 주장하는 내용은 이렇다. 시간, 공간, 인과성의 관점에서 세계를 인식할 논리적인 필연성은 있지만 신, 불멸, 정의, 자유의 관점에서 세계를 인식해야 할 논리적 필연성은 없다. 그럼에도 불구하고 그러한 고급 정서들이 없다면 인간은 삶의 열정을 잃게 될 것이다. 예를 들어, 인간의 영혼이 자유롭다든가 궁극적으로 정의가 승리하리라는 믿음을 가질 수 없다면, 일상 세계에 참여할 동기를 갖지 못하게 될 수 있다. 그러므로 칸트는 우리가 신, 영혼, 불멸, 정의, 자유가 존재한다고 믿을 권리를 가지고 있다고 말한다. 단, 그것은 형이상학적인 필요 때문이 아니라 현실적인(즉, 도덕적인) 필요 때문이라는 것이다. 우리는 그런 주제들이 마치 종합적 아프리오리 진리인 것처럼 여길 권리를 가지고 있으며, 그렇게 함으로써 우리 자신을 더 나은, 더 성공적인 인간 존재로 만들 수 있는 것이다.

칸트가 도덕적 필연성에 대한 믿음에 뿌리를 둔 채 지식과 믿음을 구분하려 한 것은 많은 사람의 공감을 받았다. 특히 형이상학자와 신학자들의 거창한 주장에는 신물을 느끼지만, 그래도 현대 세계에서 믿음의 적절한 역할을 찾고자 하는 사람들은 칸트의 이론에서 큰 위안을 얻었다. 그러나 칸트를 비판하는 사람들은 그가 "신을 앞문에서 내쫓고서 뒷문으로 들어오게 한 데 불과하다"고 비난했다.

《순수 이성 비판》을 쓴 뒤에도 칸트는 중요한 철학 저작들을 많이 썼다. 그 가운데 《실천 이성 비판》과 《도덕의 형이상학 원론》이 있는데, 이 두 저작은 특별히 윤리학의 문제를 다루고 있다. 칸트의 이론은 의지와 의무를 강조하는 점에서 그리스도교의 영향을 보여주며, 의무의 뿌리를 이성에서 찾으려는 점에서 계몽 사상의 자취를 보여준다. 자유의 근거가 마치 종합적 아프리오리 진리에 있는 것처럼 가정하면(즉, 자유가 없으면 도덕적 행위가 없다는 식으로), 이성의 토대로부터 윤리적 규칙들을 이끌어낼 수 있게 된다. 추론이란 규칙을 따르는 행위이므로 규칙과 법칙에 대한 존중을 기본으로 한다. 그런 측면으로부터 칸트는 도덕적 명령을 연역해내고서, 그것을 정언 명령이라고 불렀다. "그러므로 자기 행위의 원칙이 보편 법칙과 일치하도록 행동하라."[1] 모든 도덕적 행위는 모순을 빚지 않는 보편화될 수 있는 원칙이나 '금언'으로부터 나온다. 칸트는 이성을 지닌 동물로서 인간은 그런 원칙에 따라야 할 의무를 가진다고 생각했다. 여기서 칸트의 논점을 명확히 하기 위해 그 생각을 약간 단순화해보자.

여러분이 친구에게서 5,000원을 빌렸다고 가정하자. 친구가 어서 갚으라고 채근하자 여러분은 그만 짜증이 난다. 그래서 여러분은 이렇게 생각한다. "저 놈을 죽여버리면 갚을 필요가 없을 거야." 하지만 여러분은 칸트의 가르침에 충실한 사람이므로 먼저 계획된 행동에 관철되어 있는 원칙을 보편화할 수 있는지 점검해야 할 것이다. 이를테면 이렇게 자문하는 것이다. 모든 사람이 자신의 목적을 이루기 위해 누군가를 죽인다면 어떻게 될까? "모든 사람은 다른 사람을 죽여야 한다"는 보편 법칙이 존재할 수 있는 걸까? 그것은 불가능하다. 모든 사람이 그 법칙에 따른다면, 결국에는 아무도 그 법칙을 따를 사

람이 살아남게 되지 않을 것이기 때문이다.

그러므로 우리는 사람을 죽여서 문제를 해결하는 방식을 취하지 말아야 할 의무가 있다. 좋다. 그럼 친구에게 이미 빚을 갚지 않았느냐고 거짓말을 하면 어떨까? 이 생각의 배후에 있는 원칙은 보편화될 수 있을까? 다시 말해서, "모든 사람은 항상 거짓말을 해야 한다"는 일

I. Kant, *Foundations of the Metaphysics of Morals*(Bobbes-Merrill, 1976), p. 39.

혹하게 보일 수도 있다. 그러나 이차적 정식화까지 감안하면 그의 도덕론에서는 온기가 느껴지기 시작한다. 그럼에도 불구하고 그의 견해의 근저에는 다소의 냉정함이 놓여 있다. 그는 도덕을 의무의 문제로 만들려는 의도를 가지고 있었으므로, 개인의 성향 같은 것에는 가치를 부여하려 하지 않았다. 그에 따르면, 감정이나 동정심에 마음이 움직여 딱한 처지에 놓인 사람을 도와주는 것은 그다지 도덕적인 행위가 아니다. 그보다는 오히려 다른 사람을 싫어하면서도 순전히 의무감으로 남을 돕는 행위가 훨씬 도덕적이라고 본 것이다.

칸트의 윤리학은 그의 형이상학과 마찬가지로, 본질적으로 보수적인 성격을 품고 있다. 그의 이론은 그 자신이 받은 루터파 교육에서 찬양하는 모든 덕목을 합리화하고 있다(루터파는 인간과 신의 관계에서 중요한 것은 앎이 아니라 믿음이라고 가르쳤으며 살인, 도둑질 등의 행위를 저지르면 안 된다는 것을 도덕이 아닌 의무로 여겼다). 그럼에도 불구하고 칸트가 신의 계율이 아닌 인간의 이성으로부터 자신의 원칙들은 이끌어냈다는 것은 상당히 놀라운 사실이다. 그런 점에서 그는 루터파라기보다는 계몽 사상가로서의 면모를 많이 지니고 있었다. 흔히들 형이상학적 사변 같은 걸 시간 낭비라 여기지만, 칸트는 그런 사변을 통해 인간의 추론이 지니는 한계를 밝혀주었다. 또한 특히 도덕적 행위는 이기심과 전혀 다른 것으로 여기지만, 칸트는 도덕이 감정이 아닌 이성에서 나오는 가르침으로써 윤리학의 새로운 지평을 열어주었다.

생각해볼 문제

1. 데카르트의 철학에서 신이 하는 역할에 관해 논의하라. 이 장에서 제시한 증거에 기초하여 다음 두 견해 중 하나를 옹호해보라.

   (1) 데카르트는 새로운 기계론적 과학들을 적대시하는 교회가 자신의 진정한 구도를 알아차리지 못하도록 위장하기 위해 신의 관념을 이용한 무신론자다.

   (2) 데카르트는 신이 없으면 자신의 사상 체계가 붕괴할 만큼 신에게 지나친 힘을 부여했다. 이 점은 그가 과학의 신봉자일 뿐만 아니라 신심이 깊은 철학자였음을 말해준다.

2. 데카르트가 자기 철학의 절대적으로 확실한 토대를 놓기 위해 사용한 근본적 회의라는 방법에 관해 논의하라. 여러분은 데카르트의 방법이 그 목표를 이룰 수 있다고 믿는가? 만약 동의한다면 그 이유를 밝히고, 동의하지 않는다면 잘못된 점이 무엇이라고 생각하는지 설명하라.

3. 데카르트의 철학이 왜 '신체–정신 문제'라는 것을 남기게 되었는지를 설명하고 홉스, 스피노자,

라이프니츠가 각각 그 문제를 어떻게 처리했는지 간략하게 서술하라.

4. 홉스의 심리학적 이기주의라는 테제를 서술하고, 그것을 옹호하거나 비판해보라.

5. 홉스가 정부의 정당성과 정부 안에서 군주가 지니는 절대적 권력을 어떻게 정당화했는지 설명하라.

6. 스피노자의 철학에서 사용한 '신'이라는 말을 '자연'이라는 말로 바꾸고, 그 변화가 그의 철학에서 어떠한 차이를 낳았는지 논하라.

7. 라이프니츠와 흄의 이론에서 핵심적인 것은 분석 명제와 종합 명제의 구분이다. 그들이 이 범주들을 다루는 방식을 살펴보고 거기서 그들의 철학이 상호 대립적인 이우를 말해주는 차이를 찾아보라.

8. 데카르트, 스피노자, 라이프니츠의 '실체'에 관한 견해상의 차이를 설명하고, 그 차이가 그들의 철학에 어떤 영향을 미쳤는지 서술하라.

9. '실체' 개념이 로크와 버클리의 철학에서 어떻게 발전했는지 설명하라.

10. 데카르트와 흄의 이론에 나타난 '자아' 개념을 대조하라.

11. 이 책에는, 풍요의 상태에서는 로크의 낙관적인 인간 본성 이론이 옳을 수 있고, 빈곤의 상태에서는 홉스의 비관론적 입장이 옳을 수 있다고 되어 있다. 만약 이 주장이 사실이라면 '인간 본성'이라는 개념의 의미는 무엇인가?

12. 이른바 제일 성질(크기, 모양, 위치 등)의 서술이 실은 제이 성질(색, 소리, 맛 등)의 해석에 불과하다는 버클리의 주장에 관해 비판적으로 논하라.

13. 인과성에 관한 흄의 논의에서 나온 '필연적 연관'이라는 개념을 설명하라. 흄은 왜 진정한 인과 관계에는 필연적 연관이 있어야 한다고 주장했는가? 그는 왜 필연적 상태를 서술하려는 명제가 분석 명제도, 종합 명제도 아니라고 생각했는가?

14. 데카르트, 스피노자, 라이프니츠를 합리론자로 로크, 버클리, 흄을 경험론자로 부를 수 있는 이유를 본문에 나온 사례를 이용해 설명하라.

15. 칸트의 인식론은 합리론과 어떤 공통점을 가지고 있는가? 또 경험론과의 공통점은 무엇인가?

16. 다음 좌우명이 궁극적으로 자기 모순이며, 따라서 보편 법칙으로 따르기란 불가능하다는 내용의 논증을 구성해보라. "성가신 의무를 회피하려면 누구나 자신에게 짐이 되는 사람을 죽여야 한다"(235페이지 각주 참조).

칸트 이후의 영국 및 대륙의 철학

만약 칸트가 자신의 '비판 철학'으로 사변적 형이상학이 종식되리라고 믿었다면 그것은 큰 오산이다. 이미 그가 살던 당시에도 새로운 세대의 형이상학자들이 탄생하고 있었으며, 심지어 칸트의 원칙들은 이용하여 칸트가《순수 이성 비판》에서 설정한 한계 너머에까지 사변을 전개하려는 철학자들도 있었다. 칸트는, 특히 칸트주의자로 자칭하며 그의 방식과 용어를 가져다 쓰면서도 그가 부인했던 극단적인 형이상학적 관념론을 전개하는 철학자들을 보고서 무척 당혹스러워했다. 그러나 그런 사태가 일어나게 된 데에는 칸트 자신에게도 다소 책임이 있다는 것을 지적하지 않으면 안 된다. 결국, 그는 비인격적인 실재를 본체적인 물 자체로 규정한 다음에 인간의 사유가 그것에 다가갈 수 없다고 선언함으로써 결과적으로 인간의 사유가 오로지 그것을 향해 다가가도록 만들었기 때문이다. 이전 시대의 관념론자인 조지 버클리가 지적했듯이, 다가갈 수 없는 본체(물 자체)의 세계란 본체적 세계가 아예 없는 것보다 더 못한 것이다. 실제로, 새로운 세대의 독일 철학자들은 알 수 없는 본체적 세계가 존재한다고 말한 칸트의 주장에 대한 불만으로부터 자신들의 관념론을 이끌어냈다.

헤겔

그런 독일 관념론을 대표하는 철학자들은 요한 고들리프 피히테Johan Gottlieb Fichte (1762~1814), 프리드리히 빌헬름 요제프 폰 쉘링Friedrich Wilhelm Joseph von Schelling (1775~1854), 게오르크 빌헬름 프리드리히 헤겔George Wilhelm Freidrich Hegel (1770~1831)

헤겔

이다. 그 중에서 가장 큰 명성을 누린 사람은 헤겔이며, 우리에게 독일 관념론을 소개해줄 인물도 바로 헤겔이다.

형이상학은 인간 정신이 궁극적 실재의 모습을 가시화하며, 그럼으로써 우리 인간이 몸담을 수 있는 세계를 창조한다고 주장한 바 있다. 헤겔은 여기서 더 나아가, 정신은 실재를 구성하고 통제할 뿐만 아니라 실재를 발생시키며 만들어낸다고 주장한다. 다시 말해서, 실재란 곧 정신 혹은 영혼(독일어로는 Geist)이라는 것이다. 그 결과, 헤겔은 스스로 '절대적 관념론'이라 부른 철학을 구성했다.

절대적 관념론이라 해서 단지 절대적으로 관념(이념)만 존재한다는 것을 뜻하지는 않는다. 헤겔은 궁극적으로 '정신'을 '신적인 정신' 또는 '절대적 정신'과 등치시키고 있다. 즉, '정신=실제'라면 '실재=신'이라는 이야기다. 이러한 견해는 어떤 측면에서 스피노자의 사상과 닮은 점이 있는데, 이 때문에 헤겔은 범신론자로 볼 수도 있다. 가이스트Geist를 실재, 신과 등치시키는 데에서 더 나아가, 헤겔은 그 것을 역사와도 등치시킨다. 칸트는 정신의 구조가 개인이나 문화, 역사적 시기에 따라 달라지지 않고 언제나 같다고 보았다. 그러나 헤겔은 그런 칸트의 견해를 정태적이며 몰역사적이라고 비판한다. 헤겔에 따르면, 정신은

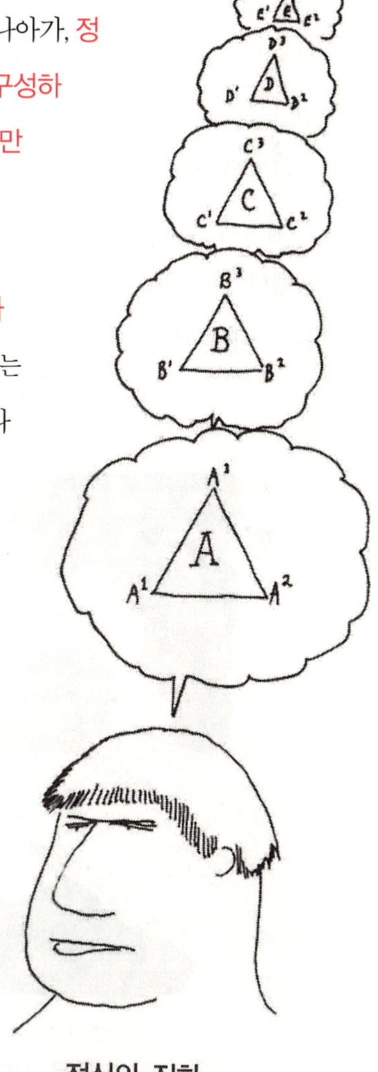

정신의 진화

보편적이고 추상적인 구조를 가지고 있지만 그 내용은 시기에 따라 진화의 정도가 달라진다. 철학적 성찰을 통해 보면 정신의 전반적 구조를 알 수 있으며, 역사를 아프리오리한 방식으로 재구성할 수도 있다. 철학자로서 우리는 정신의 본질을 탐구함으로써 창조의 (연대기적이 아닌) 논리적인 출발점을 재구성할 수 있다. 이를테면 다음과 같은 식이다.

태초에 '신', 순수한 '정신'이 있었으며, 그로부터 스스로 생각할 줄 아는 '순수한 존재'가 탄생했다. 그러나 순수한 존재라는 생각은 그 자체로 불가능하다. 그러므로 신은 그 존재를 생각할 때 아무 것도 염두에 두지 않았다. 다시 말해서, 신은 존재의 대립자를 생각한 것이다.

사탄은 신으로부터 타락한 존재, 즉 신의 자기 소외다

그러나 이렇게 가정된 독특한 체계 안에서는, 신은 곧 신의 생각이 된다. 그러므로 신은 순수한 존재를 생각하지 못했기 때문에 자신의 본질로부터 멀어지게 되었다. 이것을 헤겔은 신의 자기 소외(자기 외화)라고 부른다. 헤겔의 통찰력에 남긴 '진리'는 성서에 나와 있는 신과 사탄의 관계에서 상징적으로 볼 수 있다. 사탄은 타락한 천사다. 즉, 사탄은 원래 신성을 가지고 있었다가 그것을 잃은 존재다. 헤겔 식의 사유에 따르면, 사탄은 자기 소외된 신이다. 헤겔 식의 '진리'를 보여주는 성서의 또 다른 예는 신이 모세에게 응답하는 장면에서 드러난다. 신은 불타는 숲을 통해 모세에게 이야기한다. 관목 숲에 불이 붙어 꺼지지 않을 때 모세가 "당신은 누구십니까?"라고 묻자 신은 "나는 그 자체니라"라고 대답한다. 여기서 우리는 신이 자신을 지칭할 때 자신의 본질을 주체(나)-객체 (그 자체)의 관계("나는 ……"[=주체] "그 자체"[=객체]. 만약 주체가 객체라면 그것은 주체로서 그 자체는 아니다)로 분리시킬 수밖에 없음을 본다. 그렇다면 헤겔의 신은 일종의 정체성의 위기에 처해 있는 것이다. 만약 신이 정체성 위기를 겪는다면, 인간 역시 그러할 것이다. 왜냐하면 인간의 정신은 신의 정신이 발현된 것에 지나지 않기 때문이다. 개별 정신의 역사 자체와 마찬가지로 자기 인식과 자기 회복의 과정이다.

신의 정체성 위기

이제 존재←→무의 이분법으로 돌아가보자. 양자는 서로 화해할 가능성이 있을까? 이 두 가지 불가능한 사유들은 (순수한 존재도, 순수한 무도 진정으로 사유될 수는 없다) 모든 사유와 모든 실재의 절대적인 한계를 나타낸다. 다시 말해서, 모든 사유와 모든 실재는 그 두 극단 사이의 어느 지점에 위치해야만 하는 것이다. 그 양 극단 사이에서 사건이 일어나는 것을 가리켜 헤겔은 '생성'이라고 부른다. 그러므로 우리는 존재를 테제(긍정, +),

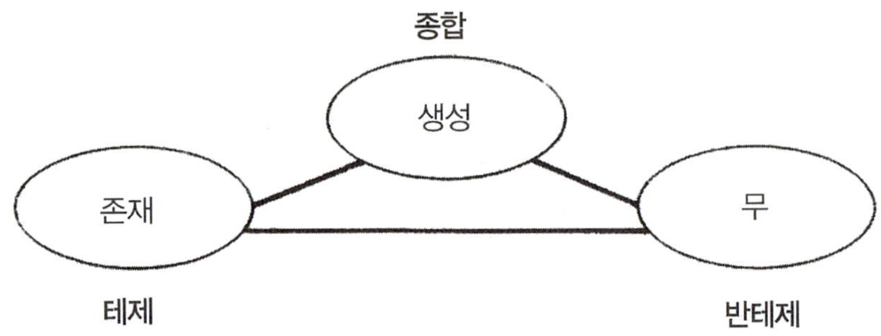

무를 반反테제(부정-), 생성을 종합(긍정과 부정+/-의 포함)이라고 부를 수 있다. 이와 같은 모든 사유와 실재의 보편적 구조를 헤겔은 변증법이라고 부른다.

　세계 내의 모든 것들은 긍정과 부정을 종합하려는 과정이다. 예를 들어, 식탁이라는 가구는 의자나 책상이 아니기 때문에 식탁이다. 이것이 사유, 언어, 실재의 본질이다. 모든 것은 부정이 창조하는 긍정의 체계인 동시에, 긍정이 창조하는 부정의 체계이기도 하다. 모든 생각, 말, 물건은 오직 배제 체계의 일부로서만 존재한다. 어떤 물건은 다른 물건이 아니기 때문에 그 물건이 될 수 있지만, 바로 그 '타자성' 때문에 그것은 존재로 규정될 수 있는 것이다. 이런 식으로 설명하면, 순수한 존재나 순수한 무에 대한 사유가 왜 불가능한지를 알 수 있다. 사유와 언어는 대비 체계 속에서만 기능하는데, 순수한 존재는 모든 것을 포괄하므로 그것과 대비될 수 있는 것은 아무 것도 없다. 그래서 그것은 '아무 것도 없는 것', 즉 무와 대비된다.(여러분은 이 현란한 '논리'를 제대로 이해할 수 있는지?)

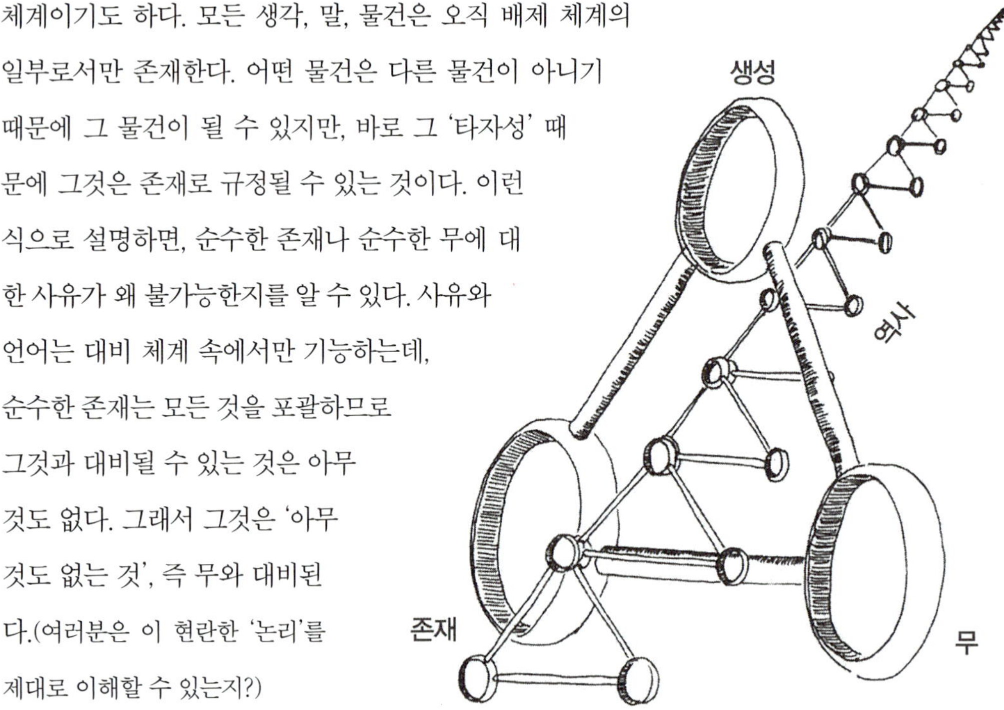

나아가, 이 모든 것에서부터 다음과 같은 추론이 도출된다. 모든 종합은 반드시 새로운 테제가 될 수밖에 없으며, 이 새로운 테제는 그 대립물에 의해 규정되므로 반드시 그 자체의 반테제를 낳을 수밖에 없다. 따라서 역사는 영원한 변증법의 과정이며, 각각의 역사적 시대는 모순—긍정과 부정 사이의 긴장—의 연쇄이다. 이 힘들은 상호 대립적인 동시에, 상호 의존적이다. 궁극적으로 테제와 반테제 사이의 긴장은 역사적 시대를 파괴하지만, 그 파괴의 잿더미로부터 다시 새로운 역사적 시대가 탄생한다. 새로운 시대는 낡은 시대에서 최선의 것들을 수용한다. 바로 여기에 헤겔의 낙관론이 있다. 즉, 역사에는 진보가 내재되어 있다는 것이다. 하지만 개인으로서 우리는 특정한 역사적 시대에 퇴보나 뒷걸음질을 보게 되는데, 그 이유는 우리가 그 현상적인 퇴보의 배후에서 진보를 추동하는 '이성의 간지奸智'를 보지 못하기 때문이다. 그것이 곧, 이성(즉, 신)이 자기 회복을 해가는 과정이다.

예를 들어, 그리스-로마 민주정의 시대를 살펴보자. 한편으로 그리스와 로마의 민주주의자들은 자결권, 자유, 인간의 존엄성을 신봉했다.(페리클레스의 '장례식 연설'[그 연설에서 민주주의에 관한 부분을 발췌하면 이렇다. "우리의 정체政體는 이웃의 관례에 따르지 않고 남의 것을 모방한 것이 아니라 오히려 남들의 규범이 되고 있습니다. 그 명칭도, 정치적 책임도 소수에게 있지 않고 다수에 골고루 나뉘어 있기 때문에 민주주의라고 불리고 있습니다. 개인의 분규와 관련해서는 모든 사람이 법 앞에 평등하며, 이와 동시에 개인의 가치에 따라, 즉 각자가 얻은 성과에 기초하여 계급에 의거하지 않고 능력 본위로 공직자를 선출합니다"—옮긴이]에서 그것을 볼 수 있다.) 그러나 다른 한편으로 그 민주주의의 시대에 그리스와 로마는 제국주의적인 체제와 노예 제도를 가지고 있었다. 이 두 가지 사회적 특성은 서로 모순되지만, 역설적으로 서로 의존적이기도 하다. 노예는 새로운 민주주의 계층에게 봉사하기 위해 필요한 존재였다. 노예제와 약탈로 얻은 노획물이 없었다면, 농사에서 해방되어 민주주의 국가를 건설하는 데 자신의 시간, 기술, 지성을 발휘할 수 있는 계층도 존재할 수 없을 것이다. 하지만 궁극적으로 보면 그리스-로마 민주정의 양대 지주였던 그 자유와 부자유 사이의 개념적 모순은 사회를 해체시키고 새로운 종류의 사회, 즉 중세 봉건제 사회로 향하는 길을 닦았다.

물론, 우리가 보기에 봉건제가 그 이전의 민주주의 사회들보다 진보한 것처럼 보이지 않는다는 것은 사실이다. 오히려 퇴보일지도 모른다. 그러나 헤겔의 관점에서 보면 중세 사회는 그리스와 로마에 비해 자유의 폭이 넓었다. 봉건제에는 노예가 없기 때문이다. 아무리 비

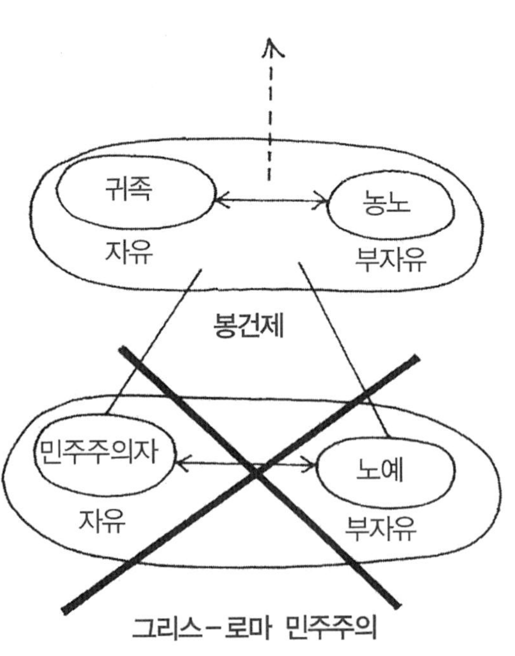

천한 농노라 할지라도 법적인 권리는 가지고 있었다.

개인의 경우도 역사의 경우와 마찬가지다. 우리가 자신의 자유와 자아에 대해 품는 생각에는 여러 가지 단계가 있다. 우선 다른 사람들의 지배로부터 벗어나 그들을 지배할 수 있어야만 자유로울 수 있다고 믿는 단계가 있다. 그러다가 우리는 점차 다른 사람들을 지배함으로써 우리 자신도 지배당한다는 사실을 깨닫게 된다. 우리는 우리가 지배하는 사람들에게 물질적으로는 물론, 자기 동일성의 측면에서도 의존하게 되기 때문이다.(나는 누군가? 난 영주다. 그러나 그것은 오로지 내가 농노에게서 그렇게 인정받는 한에서만 그렇다. 농노의 인정이 없으면 난 아무 것도 아니다. 따라서 결과적으로 그가 영주고 난 농노다.) 영주나 농노나 모두 자유롭지 못하다는 것을 인정해야만 지배 관계의 부자유를 초월하여 더 높은 형태의 자유, 즉 이성과 신성의 길을 발견할 수 있는 것이다.

이상은 헤겔 식 사고의 한 예다. 그 예로부터 우리는 헤겔 사상의 심리학적, 사회학적, 역사학적, 신학적 차원들을 어렴풋이 알 수 있다. 이 예에 나오지 않는 것은 헤겔 철학의 절대적 체계화다. 그러한 체계에 대한 헤겔의 몇 가지 제안 중 하나를 개략적으로 살펴보면 이렇다.

체계

1 내적 이념(=논리)

  (1) 존재 ─┐

  (2) 무　　│　지금까지 우리가 다룬 내용

  (3) 생성 ─┘

2 외적 이념(=자연, 즉 물질로서의 물질 세계는 잠재적으로 정신이 되어야 할 정신의 대립물이다. 생명 없는 물체의 목적은 정신이다.)

3 자체 이념(=정신, 상실을 극복하고 대립물로 전화하는 이념)

  (1)주관적 정신(자기 의식적이고 내화된 정신)

  (2)객관적 정신(자신의 법칙을 외부로 투사하여 인간 세계를 창조하는 정신)

    a 법(외부─바깥으로부터 개인에게로 온다)

    b 도덕(내부─개인의 안에서부터 나온다.)

    c 윤리(외화되고 내화된 법칙의 종합)

     （ⅰ) 가족

     （ⅱ) 사회

     （ⅲ) 국가

  (3) 절대 정신

    a 예술

    b 종교

    C 철학

적 정신이 아니라 절대 정신이며, 절대 정신의 최정점은 국가가 아니라 철학(물론, 헤겔의 철학)이라는 점에 유념할 필요가 있다.

쇼펜하워

헤겔을 가장 예리하게 비판한 사람 가운데 아르투르 쇼펜하워Arthur Schopenhauer(1788~1860)가 있다. 그는 헤겔의 후배 뻘이었으나 헤겔의 명성에 결코 위축되지 않았다. 베를린대학의 철학 강사를 지낼 때 쇼펜하워는 수강생이 거의 없으리라는 걸 잘 알면서도 자신의 강의 시간을 헤겔과 같은 시간으로 맞췄다. 이 오만한 젊은 철학자는 헤겔을 노골적으로 경멸했는데, 이는 그가 헤겔에 대해 직설적으로 비난하고 있는 다음과 같은 이야기에서도 잘 볼 수 있다.

쇼펜하워

권력에 힘입어 높은 자리에 오른 헤겔은 위대한 철학자로 공인되어 있으나 실은 고루하고 구역질나고 무식한 돌팔이이며, 터무니없고 알쏭달쏭하고 무의미한 글을 휘갈겨 쓰고 그럴 듯하게 포장함으로써 뻔뻔함의 극치를 보였다.[1]

사실, 쇼펜하워가 유일하게 깊은 존경심을 보인 서양 철학자는 단 두 사람, 플라톤과 칸트뿐이었다. 또한 그는 인도의 철학 전통에 대해서도 찬사를 보냈다. 쇼펜

I. Popper, pp. 32~33에서 재인용.

철학의 역사는 허풍선이들의 역사

하워에게서 역사상 존재했던 나머지 모든 철학자는 그저 '허풍선이'에 불과했다. 쇼펜하워는 칸트로 되돌아갈 것을 주장하면서 자신의 철학 연구를 출발했다. 그의 첫 주저인《의지와 표상으로서의 세계》는 근본적으로 칸트 사상을 되풀이하고 있다. 그는 칸트와 마찬가지로 인간 정신은 궁극적인 실재를 알 수 없다고 보았으며, 우리가 지적으로 이해할 수 있는 실재는 오로지 공간과 시간의 좌표와 오성의 범주를 거쳐가는 것밖에는 없다고 믿었다. 그는 이렇게 썼다.

"세계는 나의 표상(관념)이다."이 말은 삶과 앎을 지닌 모든 것에 두루 해당하는 진리다. 하지만 세계를 반성적이고 추상적인 의식 속으로 끌어들일 수 있는 것은 오로지 인간뿐이다. 이것을 진정으로 할 줄 아는 사람은 철학적 지혜에 도달할 수 있다. 그렇게 되면 자신이 아는 것이 실은 태양이나 흙이 아니라 태양을 보는 눈, 흙을 만지는 손일 뿐이라는 것을, 자기 주변의 세계는 오로지 표상뿐이라는 것을 분명하고도 확실하게 깨닫게 된다.[II]

앞서 칸트는 본체적 세계(물 자체의 세계)에 관해서는 알 수 없다면서도 우리는 실용적인 욕

II. Arthur Schopenhauer, *The World as Will and Idea*, vol. 1(Routlege & Kegan Paul, 1964), p. 3.

구라는 측면에서 본체적 세계에 대한 여러 가지 다양한 믿음을 가질 권리가 있다고 말한 바 있다. 따라서 칸트에게는 신, 자유, 불멸, 영원한 정의 등에 관한 믿음이 대단히 낙관적이었다. 나아가, 칸트는 미지의 본체적 세계에 관해 초이성적인 암시를 얻을 수 있는 인간적 경험이나 긍정적인 직관 같은 게 있다고 주장했다. 예를 들면, 맑은 여름날 밤 하늘을 깊숙이 들여다볼 때 언뜻 느끼는 숭고한 감정이 그런 것에 속한다. 칸트에게는 아마 위기 상황에서 경험하는 도덕적 의무감도 그런 것에 해당할 것이다. 칸트는 이게 말했다. "우리에게 늘 새로운 존경심과 경외감을 심어주는 것은 두 가지가 있다. 그것은 별이 가득한 밤 하늘과 우리 내부의 도덕 법칙이다."[1]

쇼펜하워도 역시 그러한 직관적 경험이 있다고 믿었으며, 그것이 궁극적인 실재에 관한 초

장례식에서 웃는 건 그리 예의바른 행동이 아니다

I. Immanuel Kant, *Critique of Practical Reason*(University of Chicago Press, 1949), p. 258.

쇼펜하워가 현상계의 커튼을 걷고 그 너머의 세계를 엿보고 있다

이성적 통찰력을 줄 수도 있다고 보았다. 그러나 쇼펜하워가 드는 예는 칸트의 예와 크게 다르다.

이를테면, 쇼펜하워는 죽음이 낯익은 것이라는 이야기를 들었을 때 왜 사람들은 이를 악물고 화를 애써 참으려는 반응을 보이는지 궁금해한다. 또한 그는 오랜 세월 출세를 위해 온갖 노력을 기울여 마침내 성공을 거둔 기업가나 고위 공직자가 왜 사회적으로 금지되어 있는 섹스로부터 일시적인 쾌락을 얻으려 하는지 궁금해한다. 이러한 인간적인 경험들을 고찰하면서 쇼펜하워는 궁극적 실재의 본성에 관해 칸트보다 훨씬 더 비관적인 견해를 가지게 되었다. 이러한 그의 어두운 의혹은 곧 그의 철학 체계에서 '진리'를 이루게 된다(이렇게 진리를 탈인식론적인 입장에서 바라보는 기묘한 관점은 쇼펜하워의 비판의 눈을 벗어나지 못한다). 쇼펜하워는 이렇게 말한다. "대단히 진지하고 인상적일 수밖에 없는 진리, 나아가 모든 사람을 두려움에 떨게 만드는 진리는 바로 인간이 '세계는 나의 의지다'라고 말할 수 있고 또 그렇게 말해야 한다는

것이다.[I]

쇼펜하워가 말하는 두려운 진리란 이런 것이다. 겉모습 너머, 현상의 장막 너머에는 본체적 실재가 있다. 그러나 그곳을 신, 불멸, 정의 등이 존재하는 고상한 세계로 본 칸트와는 전혀 다르게 쇼펜하워는 그곳에서 거칠게 소용돌이치는 무자비하고 무의미한 힘, 즉 그가 '의지'라고 부르는 힘을 발견한다. 이 힘은 모든 것을 창조하고 모든 것을 파괴하며 언제나 "더 줘!"를 외치고 다니는 탐욕스런 존재다.(무엇을 더 달라는 것인지는 그것 자신도 모른다. 다만 그것은 더 가지고 싶다는 사실만 알고 있을 뿐이다.)

쇼펜하워가 말하는 '의지'를 잘 이해할 수 있게 해주는 현상계의 이미지는 섹스와 폭력이다. 자연계에서만이 아니라, 인간의 영역에서도 모든 사건은 결국 생식(창조, 생산)과 파괴의 행위일 뿐이다. 의도하든 의도하지 않든, 의식적이든 무의식적이든 우리의 행동은 실상 어떤 방식으로든 생식과 파괴를 향하고 있다.(그렇다면 프로이트가 어디서 '이드id'라는 개념을 얻었는지는 자명해진다. '이드'라는 이름[라틴어로 '그것'이라는 뜻!] 자체가 이미 쇼펜하워의 '의지'처럼 본체적 불확정성을 뜻하고 있다. 프로이트는 1920년대에 이렇게 말했다. "우리는 부지불식간에 쇼펜하워의 철학으로 이끌려가고 있다."[II])

쇼펜하워에 따르면, 현상계의 모든 것은 단지 그 사악한 의지의 발현에 불과하다. 이것을 그는 '의지의 객관화'라고 부른다(이 말은 곧 의지가 공간과 시간의 범주의 좌표를 거친다는 것을 뜻한다).

I. Schopenhauer, p. 258.

II. Sigmund Freud, *Beyond the Pleasure Principle*(Bantam Book, 1963), p. 88.

지금까지만 해도 쇼펜하워의 의지관은 이루 말할 수 없을 만큼 난폭하지만, 그는 여기서 더 나아가 의지가 지극히 교활한 것이라고까지 말한다. 의지는 자신의 냉혹한 의도를 교묘히 숨긴 채, 자신이 화를 입거나 보복을 당할지 모르는 '행위 실험'을 회피한다. 이는 인간 정신이 근본적으로 자기 위선적이며, 심지어 자신의 세계관마저도 위선적으로 구성한다는 것을 가리킨다. 의지는 좌표와 범주를 거치는 과정에서 형질 변경된다. 하지만 우리가 만약 타고난 낙관주의—실은 이것도 '의지의 간지'가 만들어낸 산물에 불과하다—를 떼어버릴 수 있다면 우리는 자연의 참모습을 파악하게 될 것이며, 자연이 실은 그 피조물의 행복이나 복지에는 전혀

신경쓰지 않고 오로지 재생산을 향한 욕구만 추구한다는 것을 알게 될 것이다.

쇼펜하워는 남태평양에 사는 큰 거북의 사례를 들어 자신의 논점을 밝히고 있다. 이 큰 거북은 짝짓기 철을 맞아 모래 속에 알을 낳기 위해 바위투성이 해안에 오르는 과정에서 수백 마리씩 죽는다고 한다. 쇼펜하워는 또한 신기한 나방의 사례를 든다. 이 나방은 꼬치에서 나올 때 생식기와 소화기는 완전히 갖추고 나오지만, 자연은 나방에게 한 가지 사소한 기관, 즉 입을 주는 걸 잊었다는 것이다! 그래서 나방은 짝짓기를 한 다음에 먹을 것을 찾지만, 결국 먹을 수 없어 곧 죽는다. 그래도 나방은 알을 낳았기 때문에 자연은 나방에게 더 이상 관심을 두지 않는다. 쇼펜하워는 그 큰 거북과 나방의 사례가 인간에게도 해당한다고 말한다. 인간은 18세가 넘으면 신체가 늙기 시작한다. 인간의 신체는 마치 재생산을 위해 조립되어 있는 것처럼 자식을 낳고서 그 자식이 자신을 복제할 수 있도록 해놓고는 곧바로 죽기 시작하는 것이다.

아주 끔찍한 일이다. 그럼 사람들은 왜 자신들이 비합리적이고 무의미한 의지의 구속에 갇혀 있다는 것을 깨닫지 못하는 걸까? 그것은 바로 의지의 간지 때문이다. 인간의 문명은 그 자체로 의지의 경험에 불과하며, 인간의 낙관주의와 희망은 단지 인간이 자신의 진정한 처지를

의지에 구속되어 있는 인간 존재

어쩌구 저쩌구
깔깔깔
호호호

으아아액!
(훌적)
(낑낑)

겉으로 보이는 관계

실제 관계

속이고 계속 살아갈 수 있도록 하기 위해 의지가 인간에게 준 선물일 뿐이다. 따라서 인간 문명 전체는 거대한 사기극일 따름이다. 예술, 종교, 법, 도덕, 과학, 심지어 철학까지도 실은 의지가 승화된 것에 불과하며, 그 승화의 목적도 실은 의지를 위한 것이다. 헤겔이 찬양한 고결한 문명은 의지의 절대적인 승리를 보여주는 증거에 지나지 않는다.

이렇게 해서 우리의 모든 희망과 기대는 무참히 부서진다. 행복은 실현 불가능한 꿈이 된다. 사실, 아무 날짜의 신문이나 한 번 들춰보고 나서도 계속 낙관주의자로 살기란 어려운 일이다. 산사태가 나서 마을 전체가 묻혀버렸다. 미친 테러범의 총탄이 한 사람의 목숨을 앗아갔다. 아빠 없이 자녀 셋을 키우는 어머니가 병으로 죽었다. 전쟁의 북소리는 끊이지 않고 비참한 죽음들이 곳곳에서 일어난다. 이런 진실 앞에서 낙관적인 사람은 바보일 것이다.

쇼펜하워의 철학처럼 낙담과 좌절을 안겨주는 철학은 분명 없었다. 그러나 그는 자신의 비관주의를 합리적 비관주의로 보았으며, 그 문제의 해법도 합리적으로 추구하고자 했다. 물론,

플라톤의 해법

그만이 아니라 다른 사람들도 그와 비슷하게 진리를 이해하고 합리적인 해법을 모색한 경우는 많이 있었다. 쇼펜하워에 따르면, 예수와 석가모니는 모두 비관주의자였다. 그러나 그들의 해결책은 터무니없을 뿐만 아니라 의지에 봉사하는 데에서 벗어나지 못했다.(게다가, 그들의 가르침은 의지의 간지에 의해 왜곡되기까지 했다. 그들의 제자들은 스승의 비관적인 메시지를 '좋은 소식'으로 해석하여 낙관론으로 포장해버린 것이다.) 플라톤도 거의 성공에 가까운 해법을 제시했지만, 그가 말하는 영원한 형상은 이데아, 즉 관념의 세계에서 벗어나지 못했으므로 역시 의지의 구속을 받는 것이었다.

쇼펜하워의 철학에 충실히 따르자면, 유일한 해결책은 자살하는 것뿐인 듯하다. 하지만 그

엘비스의 해법

는 자살에 반대했다. 자살은 최종적이며 절망적인 의지의 행위이므로 역시 의지의 발현일 따름이기 때문이다.(사실, 자살만큼 의지의 집중을 필요로 하는 행위도 없다. 따라서 자살은 결코 의지의 부정이 될 수 없다.)

그러나 실망하지 말 것! 쇼펜하워 식의 해결책은 분명히 있다. 아무리 모든 문명이 섹스와 폭력의 승화이며, 따라서 의지의 실험에 불과하다고 해도 문명 세계가 더 정교해지고 더 섬세해지면 그 자신의 무의식적인 기원으로부터 떨어져 나와 독자적인 영역을 구축하는 것도 가능하다. 그것은 반反자연적이며, 따라서 반의지적인 영역이 된다. 이렇듯 의지로부터 벗어나 자율성을 확보하는 것은 예술 세계의 특수한 분야, 즉 음악에서 이루어진다. 물론, 대중 음악은 아니다. 그것은 현상적 세계의 이미지와 정서에 호소하는 것이기 때문이다. 또한 고전 음악도

안 된다. 예를 들어, 베토벤의 음악은 이
미지가 너무 강하므로 의지의 연관성이
명백하다(〈전원 교향곡〉을 들으면 풀을
뜯는 소떼, 밝은 녹색의 풀밭, 들꽃, 파란
하늘에 점점이 떠 있는 흰 구름 등이 눈
에 보인다). 의지로부터의 도피는 노
랫말도 없고 이미지도 없는, 오로지
순수하게 형식적인 음악이 주는 명
상을 통해서만 이룰 수 있다. 바로크
음악에는 그런 측면에 어울리는 것이 있
다. 대위법이라는 순수하게 수학적인 형식

쇼펜하워의 해법

주의에 뿌리를 둔 음악이 바로 그것이다. 그런 음
악이 주는 초연한 명상에는 자신의 삶을 모두 바치는 것
도 가능하다. 쇼펜하워는 바로 그런 음악을 권한다. 그 음악은 세계로부터 도피하여 순수한 형
식 속으로 들어감으로써 의지를 극복하는 것, 즉 일종의 열반을 가능하게 해준다는 것이다. 플
라톤과 석가모니는 바로 그 열반을 위해 헛되이 애쓰지 않았던가?

쇼펜하워의 철학은 독일어권 세계의 지식인들에게 큰 영향을 미쳤다. 프리드리히 니체, 지
그문트 프로이트, 토마스 만의 저서들은 쇼펜하워가 없었다면 나올 수 없었다. 그러나 어느 누
구도 쇼펜하워의 해결책을 그리 진지하게 받아들이지는 않았던 것 같다. 그 이유는 니체가 말
했듯이, 바로크 음악은 가장 관능적인 음악일 뿐더러, 초연하게 살고자 하는 욕구 역시 하나의
욕구이므로 의지의 소산에 지나지 않기 때문일 것이다.

키에르케골

쇼펜하우어는 헤겔을 맹렬히 비난한 것으로 명성을 얻었지만, 결국 그 때문에 나중에는 명
성을 잃기도 했다. 그래서 쇼펜하우어를 추종한 대륙 철학자들은 1830년대에 지대한 영향력을

키에르케골

행사했던 헤겔 철학을 더 직접적으로 다루어야 했다. 이들 가운데 가장 이색적인 인물은 아마도 덴마크의 **쇠렌 키에르케골**Søren Kierkegaard(1813~1855)일 것이다. 비록 오늘날에는 그를 '**실존주의**의 아버지'로 널리 인정하고 있지만, 정작 그 자신은 종교 저술가이자 반反철학자로 자처했다. 사실, 그는 그냥 반철학자라기보다는 헤겔 철학에 대해서만 반철학자라고 할 수 있다. 그럼에도 불구하고 당대의 다른 사람들과 마찬가지로 키에르케골 역시 자신은 인정하고 싶지 않겠지만, 헤겔의 영향을 많이 받았다.

키에르케골은 헤겔이 전 인류의 지성을 탈인간화시킨 주범이라고 비난했다. 이 탈인간화는 헤겔이 아리스토텔레스의 논리학을 '수정'한 결과였다. 아리스토텔레스는 논리학의 세 가지 주요 원리를 이렇게 제시한 바 있다.

1 동일률(A는 A다.)

2 모순률(A이면서 A가 아닐 수는 없다.)

3 **배중률**(A이거나 A가 아니거나 둘 중 하나일 수밖에 없다.)

헤겔은 이 원리들이 잘못이라고 생각했다. 그의 변증법적 논리학에서는 그 원리들이 무너진다. 변증법에서는 모든 것이 어느 정도 대립물이기도 하다. 따라서 언제나 A=A인 게 아니라 A=비A인 경우도 얼마든지 있을 수 있다(그리스 민주주의는 어느 정도 그리스 노예제에 상응하기도 하므로 그 자체의 대립물이기도 하다). 이렇게 동일률이 무너진다면 모순률이나 배중률도 역시 마찬가지일 수밖에 없다. 키에르케골은 그와 같은 헤겔의 주장이 과장되었다고 비난한다. 그는 다음과 같이 헤겔을 조롱하고 있다.

> 만약 결혼을 한다면 당신은 후회할 것이다. 또 만약 결혼을 하지 않는다면 당신은 역시 후회할 것이다.……결혼을 하거나 안 하거나 당신은 후회하게 된다. 세상의 어리석음을 비웃어도 후회할 것이고, 세상의 어리석음을 슬퍼해도 후회할 것이다.……여자를 믿으면 후회한다. 여자를 안 믿어도 역시 후회한다. 여자를 믿거나 안 믿거나 당신은 후회하게 된다.……목을 매달면 후회할 것이다. 목을 매달지 않으면 후회할 것이다. 목을 매달거나 안 매달거나 당신은 후회하게 된다.……여러분, 바로 이것이 모든 철학의 요약이자 본질이다.[1]

물론 그의 말은 그것이 모든 철학의 요약이자 본질이라는 게 아니라 헤겔 철학의 요약이자 본질이라는 얘기다(그만큼 그의 시대까지도 헤겔 철학의 위력은 대단했다). 헤겔 철학에서는 모든 대립물이 합쳐지면서 절대적인 초연함과 탈도덕화를 낳는다. 또한 헤겔 철학에서는 배중률이

---

[1] Søren Kierkegaard, *Either/Or*, vol. 1(Doubleday Anchor, 1969), p. 37.

폐기됨으로써 선택의 여지가 사라지며, 그로 인해 자유가 부정된다. 그러나 키에르케골과 실존주의자들은 바로 자유를 인간 실존의 본질이라고 보는 것이다. 그래서 키에르케골은 앞에 소개한 〈황홀한 강의〉를 포함한 글들을 묶어 《이것이냐 저것이냐》라는 책을 출간했는데, 그 책의 제목은 바로 헤겔을 겨냥한 것이었다.

헤겔은 '이것'과 '저것'의 구분만 없앤 게 아니라, "현실적인 것은 이성적인 것이며, 이성적인 것은 현실적인 것"이라는 말로 인식론과 존재론의 차이도 없애버렸다. 그 말은 곧, 실존과 사유가 동일하다는 이야기에 다름 아니다. 이에 키에르케골은 헤겔의 그 말을 뒤집어서 실존은 사유될 수 없는 것이라고 주장했다. 이 말은 두 가지로 해석할 수 있는데, (1)사유와 실존은 동일하지 않다는 말도 되고, (2)'실존'을 사유하는 것은 불가능하다는 말도 된다.

앞서 헤겔의 신은 순수한 실존(존재)을 사유할 수 없었다는 것을 상기해보라. 키에르케골은 헤겔이 설정한 그런 제약을 더욱 밀고 나가 순수한 실존만이 아니라 모든 실존이 사유될 수 없다고 주장했다. 왜냐하면 키에르케골의 플라톤적 의미론에서는 사유가 늘 추상의 형태를 취하

언어는 생생한 경험으로부터 우리를 소외시킨다

I. 독일어 원문은 이와 같다. "Was vernunftig ist, das ist wirklich; und was wirklic ist, das ist vernunftig"(*Grundlinien der Philosophie des Rechts, Samtliche Werke*, vol. 7, ed. Hermsnn Gldckner[Fr. Frommannes Verlag, 1952, p.33). 헤겔이 말하는 Wirklichkeit란 본질과 실존의 종합을 뜻하는 조작적인 용어다. 이 헤겔의 말을 잘못 해석하면 부도덕한 저치 체제도 암묵적으로 긍정하는 것처럼 이해할 수 있는데, 그것은 옳은 해석이 아니다. 예컨대 Hegel, *Philosophy of Right*(Clarendon Press, 1949), p. 10 참조.

기 때문이다. 단어는 개념을 의미하는 지시체
이며, 개념은 일반적 범주다. 예컨대, 키에
르케골에 따르면 "저 갈색 개는 주인
의 말을 잘 듣는다"는 문장 속에 있
는 단어들은 모두 추상이다. 언어
는 경험을 추상화시켜 그 차이를
없앰으로써 사유와 대화의 가능
성을 열어놓은 것이다. 그렇기 때
문에 언어의 제약을 받는 사유는 결
코 추상적이지 않고 언제나 구체적인
참된 실존으로부터 우리를 떼어놓는다.

추상화를 강조한 헤겔 철학과는 달리,
키에르케골의 철학은 우리를 실존의 구체
성 속으로 돌려보낸다. 그러나 그는 세계 속
에 존재하는 사물의 구체적 실존보다는 개별

나의 모든 역할이 떨어져 나간 다음에는
나의 실존만이 남는다

적 인간 실존에 더 큰 관심을 가졌다. 르네 데카르트는 자아에서 철학을 시작
한 점에서는 옳았으나("나는 생각한다, 고로 나는 존재한다"), 그 자아와 사유를 동일시한 데에서
는 잘못을 저질렀다. 이 점은 헤겔도 마찬가지다. 키에르케골은 이렇게 말한다. "사유와 존재
는 별개의 것이다." 나는 나 자신에 관한 많은 것을 사유하고 말할 수 있다. "나는 교수다. 나는
남자다. 나는 미국인이다. 나는 사랑에 빠졌다. 나는 바닐라보다 초콜릿을 거 좋아한다." 하지
만 이런 식으로 나 자신에 관해 모든 것을 말하고 사유한 다음에는 한 가지 결코 사유할 수 없
는 것이 남는다. 그것은 '비합리적인 찌꺼기', 즉 나의 실존이다. 나는 실존을 사유할 수 없으며,
그저 끌어안고 살아가야 할 뿐이다.

키에르케골에 따르면, 나의 생생한 실존은 열정, 결단, 행위와 같은 것이다. 이 범주들은 사
유의 대상이 될 수 없다. 물론, 그렇다고 해서 실존과 사유 사이에 아무런 연관도 없다는 얘기
는 아니다. 사실, 실존은 사유와 상호 침투되어야 한다. 그런 사유는 어떤 것일까? 그것은 "실
존의 과제를 향해 더욱 깊숙이 헌신하며, 실존이 무엇인지 의식하면서 모든 망상을 꿰뚫고 나

도 웃을 수 있다고 말하면서 죽은 사람을 조롱한다. 그 사람은 기꺼이 지키겠다는 약속을 했지만, 그의 실존은 한 줄기 바람 때문에 날아가버린 것이다. 이 아이러니 앞에서 한참 동안 웃은 다음에 키에르케골은 자신이 그 불행한 친구에게 너무 냉정한 게 아닌가 하고 자문한다. 사실, 초대받은 손님이 다음과 같은 식으로 대답하는 경우는 거의 없을 것이다. "기꺼이 가겠네. 식탁에 내 자리를 마련해두게. 하지만 만약 벽돌이 내 머리에 떨어져서 내가 죽게 되면 참석할 수 없을지도 모르니 미리 염두에 두게."[1] 그러나《철학적 단편》을 읽은 사람은 키에르케골이 무엇을 말하고자 하는지 알 수 있을 것이다. 미래에 관한 발언을 한 뒤에는 그 말을 수정하고 첨가할 수도 있다는 것을 깨달아야만 나의 죽음에 관한 주체적 진리를 이해할 수 있게 될 것이다.

I. 앞의 책, p. 81.

이를테면, 앞에 나온 사례의 경우에는 "하지만 혹시 내가 곧 죽으면 참석할 수 없을 거야"라는 말을 추가해야 하는 것이다.

키에르케골이 말한 이야기의 초점은 병리적 상태를 환기시키려는 데 있는 게 아니다. 그에 따르면, 자신의 죽음을 주체적 진리로 파악할 수 있어야만 또 다른 깨달음을 얻을 수 있다. 그 것은 바로 '자신의 실존'을 주체적 진리로 파악할 수 있다는 깨달음이다. 요컨대, 깊게 파인 영 원의 심연을 배경으로 해야만 일시적이고 연약한 실존을 제대로 이해할 수 있다는 것이다. 그 런데 대부분의 사람은 무가 근접해 있음을 망각하고서 사소한 생각과 보잘것없는 계획에 파 묻혀 삶을 낭비한다.("양말에 구멍이 나지는 않았나? 넥타이가 더러우면 남들이 흉보지나 않을까?)

영원의 심연 앞에 선 개인

그러나 주체적 진리를 발견하면, 우리는 우리의 실존을 구체화하고 심화시킬 수 있다. 무엇이 진정 중요한 일인지를 알 수 있는 것은 물론, 우리가 추구하는 가치를 명확히 파악할 수 있고, 우리의 자아가 사회적 역할, 물질적 재산, 언어적 추상화 따위로 소외되는 것을 방지할 수 있다. 주체적 진리의 깨달음은 그때까지 자아가 보지 못했던 것을 보게 해주며, 동시에 자아를 새로 창조한다.

키에르케골은 자아를 본질적으로 주체적인 것으로 보았으며, 주체성은 개인이 자신의 주체적 진리에 충실함으로써 형성되는 것이라고 말했다. 진정한 자아란 자신이 추구하는 가치들을 정화하고 창조하는 동시에, 그 가치들에 대해 총체적인 책임성을 떠안는 자기 반성적 행위를 통해 '스스로 선택'할 줄 아는 자아다. 더 정확히 말한다면, 그것은 모든 철학 체계에 반드시 포함되어야 한다. 그래서 키에르케골은 반체계적이었으며, 자신의 책 제목을《철학적 단편》('단편'이란 전체적인 '체계'에 대립하는 말이다―옮긴이)으로 정함으로써 헤겔에게 또 한번의 비판의 칼날을 들이댄 것이다.

키에르케골은 새로운 인식론을 정립하려 하지도 않았고, 새로운 형이상학 체계를 창조하려 하지도 않았다. 그가 하고자 하는 것은 새로운 인간 존재. 즉 자신의 사유를 이해하고 자신의 운명을 창조할 줄 아는 인간 존재를 창조하는 일이다(그런 점에서 그는 나중에 살펴볼 두 명의 고집스런 19세기 사상가, 즉 칼 맑스나 프리드리히 니체와 통한다고 볼 수 있다). 키에르케골은 그 새로운 인간 존재를 "신념의 기사騎士'라고 불렀다. 그에 따르면, 그 기사는 거의 초인적인 힘과 숭고함을 지닌 존재다. 키에르케골이 말하는 신념의 기사상은 이렇다.

물론, 지금까지의 역사에서도 위대한 인물은 많이 있었다. 모두들 각자 나름대로 위인이었다.……그들은 자신의 숭고한 목표에 비례하여 위대한 업적을 남겼다. 가능한 것을 목표로 삼은 이들도 있었으며, 영원한 것을 목표로 삼은 이들도 있었다. 그러나 가장 위대한 인물은 불가능한 것을 추구한 사람들이었다. 모두가 마땅히 기림을 받아야 할 위인들이지만, 그들은 모두 각자가 추구하는 위대한 목표에 비례하여 위대함을 얻은 것이다. 세계를 얻고자 한 사람들은 세계를 극복함으로써 위대해졌으며, 자기 자신을 알고자 한 사람들은 자기 자신을 극

복함으로써 위대해졌다. 그러나 그 중 가장 위대한 인물은 바로 신을 추구한 사람들이다.[1]

신념의 기사는 모든 실존의 불합리성과 우연성을 이해하고 있다. 데이비드 흄은 모든 존재의 단절성에 관해 깊이 성찰했다. 그러나 사실 흄은 신념의 기사가 확신하는 대로 성찰했을 뿐이다. 신념의 기사는 자신의 내부에서 자신의 세계를 통합하고 의지(키에르케골이 말하는 '신념')의 행위를 통해 그 세계를 움켜쥐는 힘을 발견한다. 그는 인간의 세계를 깊숙이 들여다보고 그 가장 깊은 근저에 인간의 외로움이 놓여 있

음을 깨닫는다. 그 '절대적인 고독'은 일종의 광기, 즉 '신성의 광기'를 형성한다. 키에르케골의 영웅은 신과 단 둘이 마주한 존재다.

사실, 키에르케골이 말하는 '새로운 인간', 신념의 기사는 전혀 새로운 생각이 아니다. 오히려 그는 성서에 나오는 아브라함 족장을 키에르케골이 왜곡시켜 해석한 인물이다. 아브라함은 한밤중에 자기 아들을 제물로 바치라는 목소리를 듣는다. 아브라함은 그 명령의 의미—그것은 그의 의미이며, 그의 주체적 진리다—와 자신의 행위에 대해전적인 책임을 지고 있다. 따라서 그는 키에르케골이 말하는 영웅이 되는 것이다.

I. Kierkegaard, *Fear and Trembling*, in *Fear and Trembling and The Sickness unto Death*(Doubleday Anchor, 1954), p. 31.

키에르케골은 아브라함에 대해 이렇게 쓰고 있다. "아브라함은 누구보다도 위대한 인물이었
다. 그는 자신의 힘이 보잘것없다는 것을 깨달았고, 자신의 지혜가 실은 어리석음이었을 깨달
았으며, 자신의 희망이 광기에 불과하다는 것을 깨달았기 때문이다."[1] 헤겔은 인간 존재를 순
수한 사유로 변환시킨 바 있다. 키에르케골은 헤겔의 그런 합리화에 반대하고, 철학에 '비합리
성의 범주'라는 새로운 범주를 도입했으며, 그것을 자신이 말하는 이상적 인간 존재의 핵심으
로 만든 것이다.

I. 앞의 책, p. 31.

맑스

물론, 쇠렌 키에르케골만이 헤겔에게서 깊은 영향을 받은 철학자는 아니었다. 1830년대에 **칼 맑스**Karl Marx(1818~1883)가 젊은 철학도로서 베를린대학에 입학했을 때 헤겔은 이미 5년 전에 콜레라로 죽었으나 그의 망령은 여전히 독일 철학계를 뒤덮고 있었다. 1830년대에 독일에서 철학을 한다는 것은 곧, 헤겔 철학을 연구하는 것이었다. 그럼에도 불구하고 헤겔 학파에 속한 청년 학도들은 그런 식의 철학 연구에 전혀 동의하지 않았다.

헤겔의 망령이 맑스를 뒤덮고 있다

헤겔 학파는 '헤겔 좌파'와 '헤겔 우파'라는 양대 진영으로 나뉘어 논쟁을 벌이고 있었다. 우파는 헤겔 철학을 더 정통적으로 해석했으며, 비교적 연배가 높고 보수적인 인물들이 대부분이었다. 그들은 주로 헤겔이 종교와 도덕에 관해 가르친 내용에 관심을 가졌다. 반면에 좌파는 더 젊고 급진적인 성향의 철학자들로 구성되어 있었다. 그래서 그들은 '청년 헤겔'이라고 자칭하기도 했다. 그들은 사회적 · 정치적 쟁점들에 관해 헤겔적인 해결책을 추구하고자 했다. 그들은 헤겔이 직접 피력한 사상은 잘못이라고 여기면서, 헤겔 철학의 배후에는 아직 드러나지 않은 숨겨진 진리가 있다고 믿었다. 그들이 헤겔의 저서를 대하는 태도는 마치 프로이트가 꿈을 대하는 태도와 비슷하다. 꿈에는 '현시적 내용'(꿈 이미지)과 '잠재적 내용'(꿈의 진정한 의미, 이것은 현시적 내용을 해석해야만 드러난다)이 있다. 따라서 프로이트가 꿈을 분석한 것처럼, 이미지를 분석해보면 겉으로 보는 의미와는 정반대의 의미가 드러나는 경우가 있다.

두 말할 것도 없이 맑스는 헤겔 우파가 아니라 헤겔 좌파의 영향을 받았다. 당시 헤겔 좌파의 선두 주자는 **루트비히 포이어바흐**Ludwig Feuerbach(1804~1872)라는 사람이었다. 그가 쓴 《그리스도교의 본질》은 당시 진보적인 독일 청년들에게 거의 성서처럼 읽혔다.

포이어바흐의 그 책은 원래 종교에 대한 일종의 인류학적 분석을 다루고자 했으나, 그 가운데는 헤겔 사상의 중요한 부분을 전도시킨 내용이 들어 있었다. 헤겔은 "인간은 신의 소외"라고 주장한 바 있다. 포이어바흐는 이 말을 거꾸로 뒤집어 "신은 인간의 자기 소외"라고 말한다. 다시 말해서, 신의 관념은 인간의 관념으로부터 나왔다는 것이다. 포이어바흐는 모든 인간이 추구하는 (플라톤적) 보편적인 가치들이 존재한다고 믿었다. 역사상 모든 문명은 진리, 아름다움, 정의, 힘, 순수함을 열망해왔다. 따라서 그런 열망을 품는 것은 인간의 본질이라고 봐야 한다.

그러나 역사상 수많은 민족이 그런 이상들을 이루는 데 실패하고 좌절함에 따라 그 이상들은 인간으로부터 소외되어 이상적인 존재, 곧 신으로 투사되기에 이르렀다. 그 신은 자신의 영광을 위해 모든 것을 희생하라고 요구했다. 그에 대해 포이어바흐는 우리 인간이 계속 우리의 이상으로부터 소외되어 비인간적인 외부의 존재로 빠져든다면, 우리는 완전한 우리 자신에 결코 도달하지 못할 것이라고 여겼다. 헤겔은 단지 그 진리의 한 끝자리만 잡았을 뿐이다. 인간은 신이다. 다만, 인간은 자기 회복 행위를 통해서만 신이 알 수 있는데, 그 자기 회복은 전통적인 종교관을 폐지해야만 가능하다. 포이어바흐가 말하는 '신성 가족'의 예를 통해 이 점을 살펴보자.

포이어바흐에 따르면, '하늘의 가족'이라는 이미지를 제거해야만 우리는 평화와 행복, 사랑을 '지상의 가족'에게로 가져올 수 있다. 왜냐하면 신성 가족의 이미지에만 붙잡혀 있으면 우리가 사는 세속의 현실을 단지 심판과 징벌의 장소로만 여기게 될 수밖에 없기 때문이다. 기껏해야, 우리는 일요일에 교회로 가서 죄를 고백하고 인간적 운명이 가져다주는 재난 앞에 체념하고는, 다음 날이면 술집으로 돌아가 쥐꼬리만한 봉급을 탕진할 뿐이다.

맑스는 이러한 포이어바흐의 사상에 곧장 심취했다. 젊은 철학도 시절에 맑스는 이렇게 썼다. "철학을 하려면 불의 시내를 건너야 한다"(독일어로 Feuerbach란 '불의 시내'라는 뜻이다). 그러

나 맑스는 이내 포이어바흐에 대한 매력을 버리고, 옛 스승을 비판하면서 자신의 철학을 시작하게 된다. 포이어바흐는 헤겔의 관념론에서 벗어난 것에 자부심을 느끼면서 자신을 유물론자라고 불렀다. 그러나 맑스가 포이어바흐를 사이비 관념론자, 즉 스스로 관념론자라고 착각하는 유물론자라고 비판했다. 맑스는 포이어바흐가 신성 가족을 설명하는 데에서 유물론적 성향

을 드러낸다고 주장했다. 포이어바흐에 따르면, 신성 가족의 관념을 변화시켜야만 세속 가족을 물질적으로 재구성하는 변화가 일어날 수 있다. 하지만 맑스는 그와 반대로, 모든 변화는 물질적 재구성의 차원에서 시작되어야 한다고 주장했다.

〈포이어바흐에 대한 테제〉에서 드는 이렇게 쓴다. "세속 가족이 신성 가족의 숨은 비밀임이 밝혀진 다음에는, 세속 가족을 이론적으로 비판해야 하며 실천적으로는 근본적으로 변화시켜야 한다."[1] 이런 취지에 걸맞게 맑스는 이 소책자를 다음과 같은 유명한 문구로 끝맺는다. "지금까지 철학자들은 세계를 여러 가지 방식으로 해석하기만 했으나, 중요한 것은 세계를 변화시키는 것이다."[2] 맑스는 일단 가족을 혁명적으로 변화시키고 나면 신성 가족이라는 관념은 자연히 소멸할 것이라고 생각했다(여기서 가족의 변화란 가족의 권력 위계를 재편하는 것과 아울러, 가족의 거울 이미지인 사회의 권력 위계마저 재편하는 것을 뜻한다.) 종교는 굳이 폐지하려 애쓰지 않아도 저절로 사라진다는 것이다. 그 이유는, 포이어바흐가 말한 것처럼 종교가 소외의 원인이기 때문이 아니라 오히려 소외의 징후이며, 심지어 소외에 저항하기도 하기 때문이다.

종교를 대중의 아편이라고 한 맑스의 진술은 흔히 맥락과 유리되어 오해하는 경우가 많다. 《독일 이데올로기》에서 그가 직접 말한 내용은 이렇다. "종교적인 고뇌는 진정한 고뇌의 표현인 동시에, 진정한 고뇌에 대한 저항이기도 하다. 종교는 피억압자의 한숨이며, 무심한 세계의 심장

I. Karl Marx, "Theses on Feuerbach", in *Marx and Engels: Basic Writings on Politics and Philosophy*, ed. Lewis S. Feuer(Doubleday Anchor, 1989), p. 244.

II. 앞의 책, p. 244.

을 말한다.["아킬레우스는 전장의 사자다."] 환유란 의미가 한 이미지로부터 인접한 다른 이미지로 치환됨으로써 두 이미지가 모두 다른 의미를 지니게 되는 것을 말한다.["그는 황관을 받았다."] 의인화란 비인간적 세계에 인간의 속성을 투사하는 것을 말한다.[장미가 햇빛을 받기 위해 몸부림친다.] 의인화는 무의식적인 은유와 환유인 경우가 많다.) 은유와 환유를 사슬처럼 엮어 연결하면 실재를 시적으로 탈바꿈시킬 수 있다. 니체는 이것을 권력 의지의 교묘한 표현으로 생각했다.

사실, 니체 자신도 잘 알고 있듯이, 그가 사용한 '권력 의지'라는 용어도 그러한 은유/환유라

언어 — 은유, 환유, 의인화의 기동 타격대

는 연쇄적 추론의 산물이며, 그밖에 그의 다른 핵심 용어들인 '초인超人', '영겁 회귀', '신의 죽음' 등도 마찬가지다. 그렇다면 "모든 존재는 권력 의지다"라는 그의 주장도 철학적 통찰력으로 존재의 궁극적 본성을 말한 것이라기보다는 존재의 시적 해석에 지나지 않는다고 봐야 할 것이다.(이런 비난을 받을 때 니체는 이렇게 대답했다. "그게 오히려 더 낫군!")[II]

오직 해석만이 존재하는 게 옳다면, 모든 해석은 똑같이 타당하다고 봐야 할까? 아무리 니체가 상대론적 견해를 가지고 있다 하더라도 그렇게 생각하지는 않을 것이다. 그에게는 삶을 긍정하는 '거짓'만이 진정으로 가치 있는 거짓이다. 그 밖의 다른 거짓들은 모두 허무주의적이며 죽음의 편에 서 있다. 그렇기 때문에 권력 의지는 웃음, 춤, 긍정으로 가득해야 하며, 우리는 플라톤주의('그 공포의 시대')와 그리스도교('대중을 위한 플라톤주의')[III]를 거부해야 하는 것이다. 플라톤주의와 그리스도교는 다른 세계를 동경하며 주어진 현실을 거부한다(즉, 혼돈의 흐름으로 가득한 현실 속에서 개별 의지의 이미지를 만들어내야 한다는 것을 거부한다). 또한 그럼으로써 존재를 동경하는 게 아니라 무와 죽음을 동경한다(이 부분에서 어딘지 모르게 헤겔의 냄새가 풍긴다).

니체는 자신의 학설을 '초인der Übermensch'이라는 목표로 구체화시킨다. 초인이란 곧, 권력 의지의 승화를 뜻한다. 초인은 웃음과 춤을 가르치는 것은 물론, '신의 죽음'과 '영겁 회귀'도 가르친다. 물론, "니체가 말하는 '신의 죽음'은 무슨 뜻인가?"라는 질문에 대해 단 하나의 정확한 답은 있을 수 없다(이는 마치 "나는 조용한 바다 위를 매끄럽게 스쳐가는 한 쌍의 거친 발톱이 되어야 했다"는 프루프록[T. S. 엘리엇의 시에 나오는 인물―옮긴이]의 말이 무슨 뜻인가를 묻는 것과 마찬가지다). 그러나 '신의 죽음'이라는 말을 통해 니체가 역사, 정치, 종교, 도덕, 경전 등등 모든 전통적인 권위의 종식을 의도한 것만은 분명하다.("신은 죽었다"는 니체의 말을 다르게 읽어보아도 재미있을 것이다. 예컨대, '신'을 '산타클로스'로 바꿔보자. "산타클로스는 없다"는 말이 "산타클로스는 죽었다"는 말보다 덜 비극적으로 들리는 이유는 뭘까?)

'영겁 회귀'란 말 역시 '신의 죽음'과 마찬가지로 해석할 수 있다. 이 수수께끼 같은 용어를 해석하기 위해 지금까지 숱한 학자가 수많은 책을 써냈다. 그러나 다른 의미가 무엇이든 간에 분명한 것은, 니체가 있는 그대로의 현실에 충실하고자 했음을 뜻한다는 점이다. 니체는 쇼펜

I. Nietzche, *Beyond Good and Evil*(Vintage Books, 1966), p. 203.

II. 앞의 책, pp. 30~31.

III. 앞의 책, p. 3.

이런 초인?

하워의 비관주의에 대해 반대하는 태도를 취했다. 이를테면, 그는 이렇게 쓰고 있다.

> 지극히 고결하고 생생하며 세계를 긍정하는 인간 존재의 이상이 있다면, 그는 과거와 현재의 모든 것과 타협하고 함께 어울릴 수 있을 뿐만 아니라 과거와 현재를 영겁 속으서 반복시키고 싶어할 것이다.[1]

이런 생각을 극단적인 형태까지 밀고 가보자. 그럼 아무런 의미나 목적도 없는 존재 그 자

---

[1]. 앞의 책, p. 68.

산타클로스의 죽음

체, 무리는 종말이 없이 끊임없이 필연적으로 되풀이되는 영겁 회기가 나온다.[II]

이 부분에서는 니체의 논리에 내포된 모순과 결함을 쉽게 찾아낼 수 있다.(삶도, 의지도 없고 오직 해석에 대한 해석밖에 없는데, 어떻게 그 자체로 존재하는 삶을 바랄 수 있을까? 모든 것이 거짓 이라면, 모든 것이 거짓이라는 그 주장도 역시 거짓이 아닐까?) 그러나 그것은 니체의 핵심이 아니 다. 그는 논리적 일관성을 가르치려 한 게 아니라, 기존의 사유와 존재의 모든 형태를 부숴버 린 근본적으로 새로운 종류의 파괴적 주체성을 말하려 한 것이다. 하지만 그런 파괴의 댓가는 치루어야 했다. 누구나 자신이 의도하지 않았던 제자들을 거느리게 되는 경우가 있을 수 있다. 실제로 니체의 지적 유산을 잇겠다고 나선 사람들은 많이 있었다. 나치도 그랬고, 정신분석학

II. Nietzsche, *The Will to Power*, p. 35.

가장 극단적인 형태의 사유 ― 영겁 회귀

자, 실존주의자들도 그랬다. 현재에는 '해체주의자'라는 집단이 니체의 계승자로 자처하고 있는데, 그들에 대해서는 새로운 해방자로 여기는 사람들이 있는가 하면 새로운 허무주의자라고 보는 사람들도 있다.

공리주의

이제 니체의 기발하고 광기에 찬 사상에 골치를 썩이지 말고, 그와 같은 시대를 살면서도 질서정연하고 유순한 사상을 가졌던 영국의 철학자들을 보자(비록 니체는 그들을 '돌대가리들'이라고 비난했지만). 일찍이 흄은 철학을 모두 내팽겨쳐야 한다고 주장했지만, 철학적 경험론은 19세기 중반의 영국에서 여전히 살아 있었고 크게 성행했다. 19세기 영국 철학은 흄의 근본적 회의론에서 큰 영향을 받았다(근본적 회의론은 이 책에서 다루지 못했는데, 사실 다루기도 꽤 어렵다). 흄은 비록 인과성, 자아, 외부 세계에 관한 진정한 앎을 얻을 수 있는 가능성을 부인했지만, 그 분야들에 대해서도 어느 정도의 '지식'은 있을 수 있다고 인정했으며, 그것을 경험에 뿌리를 둔 합리적인 믿음 체계라고 보았다. 이와 같은 흄 사상의 비교적 실용적인 측면으로부터 파생된 지적 전통을 물려받은 사람들이 공리주의자라고 알려진 이들이다. 그 선두 주자인 제레미 벤담Jeremy Bentham(1748~1832)과 한때 그의 추종자였던 존 스튜어트 밀John Stuart Mill(1808~1873)은 경험론의 원칙을 도덕과 사회 문제에 적용하는 데 관심을 기울였다.

공리주의 모임에 대한 니체의 생각

독일 중부의 예나시는 1806년 나폴레옹이 프로이센군에게 결정적인 패배를 안긴 곳이다. 바로 그때 그곳에서 나폴레옹의 대포가 예나시의 성벽을 무너뜨리는 소리를 들으며 헤겔은 자신의 형이상학적 대작인 《정신 현상학》의 원고를 서둘러 마무리했다. 우리는 19세기 철학의 개괄을 예나에서 시작했는데, 이제 79년이 지나 그 작업을 마무리하기 위해 그곳으로 다시 돌아왔다. 예나에서 우리는 헤겔과 같은 독일인 **고틀로프 프레게**Gottlob Frege(1848~1925)를 만난다. 그러나 프레게의 연구는 모든 면에서 헤겔과는 정반대다. 사실 그의 철학은 이 장에서 소개한, 이른바 "철학의 황폐한 시절"이라고 불리는 시대에 살았던 어느 철학자와도 근본적으로 다르다.

프레게는 예나대학 수학과의 자기 연구실에서 비교적 조용하게 작업했으며, 게다가 당시에는 철학과 거의 무관해 보이는 산술의 기초에 관한 문제를 해결하려 노력했다. 그러나 자신이 세운 수학적 가설을 입증하기 위한 노력을 통해 그는 장차 철학사에 중대한 영향을 미치게 될 일반적 의미론을 개발했다. 그는 죽을 때까지도 자신의 연구 성과가 오늘날 **분석철학**이라 불리는 흐름의 첫 단계가 될 줄 몰랐으며, 자신이 선구자로 추앙받게 되리라는 것도 알지 못했다. 프레게가 제시한 새로운 철학적 주제와 기법은 이후 20세기에 영국과 미국의 철학을

I. Rüdiger Safranski, *Schopenhauer and the Wild Years of Philosophy*(Harvard Univ. Press, 1990).

지배하게 되며, 유럽 대륙에도 커다란 여파를 남기게 된다.

'분석 철학'은 철학의 한 종류를 가리키는 이름인 것처럼 보이지만, 그 분야에 속한 철학자들은 분석 철학이야말로 유일하게 정당한 철학이라고 주장한다. 분석 철학은 19세기를 지배한 사변적 철학을 혐오하는 것에서부터 출발했다. 형이상학적 책략은 워낙 빽빽한 밀림처럼 유럽 대륙 전체를 뒤덮고 있어 그것이 만들어낸 촉촉한 대기 속으로 조금의 빛조차도 뚫고 들어가지 못할 것처럼 보였다. 이러한 형이상학적 사변을 뿌리뽑기 위해 분석 철학자들은 논리 분석, 언어 분석, 개념 분석의 도구들을 갈고 닦았으며, 그것을 이용하여 형이상학자들이 혼란을 짐짓 이론인 것처럼 위장하는 데 언어를 과도하게 남용했다는 사실을 드러냈다. 프레게를 포함해서 분석 철학의 창시자들은 형이상학자들의 관념론에 맞서 일종의 실재론을 옹호하고자 했다. 그것은 곧 '저기 저곳에' 실재적인 물질적 세계가 있으며, 이 세계는 상식과 일상 언어에 의해서, 혹은 과학적 탐구에 의해서 정확히 이해할 수 있다는 견해다.

대부분의 분석 철학자는 결국 철학 이론을 만들어내는 작업을 완전히 포기하고, 철학의 임무는 아주 간단하게 의미의 분석이라고 여기기에 이르렀다. 일부 철학자들은 철학적으로 볼 때 혼란스러운 자연 언어의 여러 특성에 대한 개념 분석이 철학의 핵심 과제라고 생각했다. 다시 말해서, 일상적인 담화에서 사용하는 개념들, 이를테면 '마음', '몸', '감각', '의무', '예술', '정의' 등의 의미를 분석하는 것이다. 또 다른 철학자들은 자연 언어의 배후에 숨은 부자연스러운 논리적 언어의 분석, 이를테면 '숫자', '등가', '추측', '분리', '필연성', '우연성' 같은 범주들을 분석하는 것을 철학의 주요 과제라고 보았다. 또한 앞의 그룹과 관련된 철학자 그룹은 철학의 임무가 '인과성', '개연성', '자연 법칙' 등과 같은 과학적 개념들의 논리적 분석이라고 본다.

이러한 차이가 있음에도 불구하고 모든 분석 철학자들은 프레게에게 톡톡히 신세를 졌다. 그 부분적인 이유는 가장 유명한 분석 철학자 두 사람—버트란드 러셀과 루트비히 비트겐슈타인—이 프레게의 저서에 큰 관심을 보였고, 그의 사상을 그와 함께 토론했으며, 그의 이론에서 큰 영향을 받았기 때문이다.

프레게에게서 의미에 관한 질문은 궁극적으로 논리에 관한 질문과 연관된다. 어떠한 주제에 관해서든 최선의 철학적 논증은 그것을 구성하는 논리 이상의 것일 수는 없다. 현대 논리학은 프레게의 《개념 기호법Begriffschrift》이 출간되면서 시작되었다고 말할 수 있다. 이 책은 논리학에서 존재와 일반성이라는 개념들을 최초로 포괄적으로 논의하고 있다. 이를테면, "X는 Y인 X가 적어도 하나는 존재한다"는 명제와 "모든 X는 Y다"라는 명제 사이의 관계를 밝히는 것이다. 오랫동안 철학을 지배해왔던 아리스토텔레스의 논리학에는 그 간단한 구상이 완전히 누락되어 있었다가 18세기에 라이프니츠가 중대한 공헌을 했다.(사실, 라이프니츠는 논리학에 관한 자신의 글들을 책상 서랍 속에 처박아두었는데, 20세기에 들어와서야 비로소 빛을 보게 되었다. 현대 상징 논리학의 실질적인 기호법은 대부분 라이프니츠의 그 글들에서 나온 것이지만, 그 중 상당수는 프레게에게서도 나왔다.)

다음 저작인 《산술의 기초》(1884)에서 프레게는 산술이 내적인 일관성을 가지고 있다는 점을 증명하는 이론이 필요하다고 주장한다('일관성 증명'). 프레게는 논리학의 근본 원칙들이 산술의 모든 기초적 개념들을 만들어내므로 산술의 일관성이 순수히 논리적인 측면에서 입증될 수 있다는 점을 보여주고자 한다. 예를 들어, '숫자'의 성공적인 정의는 동일률, 즉 A=A로부터 이끌어낼 수 있다. 이러한 발견은 사실상 산술이 논리로 환원될 수 있음을 뜻한다(이는 소크라테스 이전 시대에 시작된 환원론의 역사에서 한 걸음 더 나아간 것이다). 산술이 논리에서 파생된다면, 그것은 순수하게 분석적인 아프리오리의 지위를 지닌다. 이러한 주장이 옳다면 수학이 본유 관념에 뿌리를 두고 있다는 플라톤과 데카르트의 주장은 근거를 잃으며, 칸트의 수학적인 종합적 아프리오리 범주도 필요가 없어진다(이 개념들에 대해서는 용어 풀이를 참조하도록 하라). 또한 수학적 진리를 경험적 일반화라고 말하는 밀과 같은 경험론자들의 주장도 설득력이 약해진다.("지금까지는 두 개에다 세 개를 더하면 그 합계는 언제나 다섯 개였다. 그래서 우리는 '2+3=5'가 진리라고, 혹은 적어도 진리의 개연성이 크다고 믿는다. 하지만 그것은 확실하지 않다. 혹시 다음 번에는 그 답이 6일지 그 누구도 확신할 수 없는 것이다!")

1903년에는 프레게의 발견에 못지않은 성과가 나타났다. 버트란드 러셀이라는 청년이 프레게가 근거로 삼은 집합론에서 모순을 찾아낸 것이다. 그 모순을 지적한 러셀의 편지는 《산술의 기초》의 둘째 권이 막 출간되려는 시점에 프레게에게 도착했다. 이에 경악한 프레게는 응급 조

I. Begriffschrift는 대략 '개념적 저술'이라는 뜻에 해당한다(우리 말로는 보통 '개념 기호법'아는 표현을 쓴다,— 옮긴이). 이 독일어 제목은 Peter Geach가 번역한 *Translations from the Philosophical Writings of Gottlob Frege*(Oxford Univ. Press, 1952)에서도 그대로 절 제목으로 사용되었다..

존 스튜어트 밀이 그동안 수집한 토끼의 수를 세고 있다

치로 황급히 몇 가지 사항을 추가해넣었으나, 그 모순을 완전히 해소하지 못했다는 것 때문에 만족할 수 없었다. 지난 20년 동안의 연구 성과가 결실을 맺지 못했으므로 이 시기에 그는 오랜 우울증에 시달려야 했다. 결국, 그는 논리로부터 산술을 끌어내려는 프로젝트 전체가 잘못이었다는 결론에 이르렀으며, 그 주제에 관한 그의 마지막 구상은 칸트처럼 수학의 종합적 아프리오리한 근거를 찾으려는 방향으로 후퇴했다.

하지만 프레게의 연구에서 영향을 받은 논리학자들은 그것에 동의하지 않았다. 그들은 프레게의 초기 이론이 옳은 방향이라고 믿었으며, 비록 그가 자기 이론의 모든 문제점을 해결하지는 못했지만 그는 최초의 진정한 수학의 철학자로 자리매김하기에 충분한 성과를 올렸다고 평가했다.

게다가, 철학자들은 프레게가 자신의 수학적 이론을 지지하기 위해 개발한 일반적 의미론에서 커다란 깨달음을 얻었다.《산술의 기초》의 주된 특징은 의미론의 입장에서 '심리학주의'를 공격한 데 있었다. 당시의 지배적인 이론에 따르면, 단어의 의미는 그 단어가 화자와 청자의 마음속에 불러일으키는 이미지와 밀접히 연관될 수밖에 없었다. 그러나 프레게에 따르면, 단어가 야기하는 정신적 사건은 단어의 의미와는 전혀 무관하다. 단어의 의미는 그 단어가 그것을 포함하는 문장의 참된 조건을 확립하기 위해 어떤 역할을 했는가에 의해 결정되는 것이다. 예컨대, 다음 문장들을 살펴보자.

> 각 변의 길이가 같고 적어도 하나의 직각을 가지는 사변형은 정사각형이다.
> 아파치 요새의 벽들은 정사각형 모양이다.
> 원은 정사각형이다.
> 마야 피라미드의 기단은 정사각형이다.
> 지구는 정사각형이다.
> 캔사스에서는 정사각형의 공으로 야구를 한다.

프레게는 이 문장들이 마음속에서 어떤 이미지를 불러일으키는지에 관해서는 신경쓰지 않는다. 그가 관심를 가지는 것은 다만 그 문장들의 진리나 오류를 확정하기 위해 존재해야 하는 조건이다. 이 조건이 바로 '정사각형'이라는 단어의 의미를 결정한다.

오늘날 의미의 문제에 천착하는 철학자들은 대부분 그런 식의 주장을 받아들이고 있다. 이들은 단지 소음에 불과한 것(단어)이 어떻게 의미를 취할 수 있는지를 제대로 설명하는 이론이라면 반드시 필요로 하는 분석적 장치가 프레게의 정식화를 통해 최초로 밝혀졌다고 생각한다.

의미를 주제로 하는 현대적 논의의 여러 부분에서는 프레게의 이론이 이러저러한 형태로 반복되는데, 그 가운데 중요한 것은 진Sinn과 베도이퉁Bedeutung, 즉 '감각'과 '의미'에 관한 프레게의 구분이다. 그는 이 용어들을 고유 이름의 분석에 적용한다(고유 이름이라는 용어가 낯설게 느껴진다면 뒤에 실린 '용어 풀이'를 참조하라). 감각과 의미에 관한 낡은 견해는 단지 해당 대상을 지칭하는 기능 이외의 다른 어떤 뜻도 갖지 않는다는 것이다. 예를 들어, '조지 워싱턴'이라는 이름은 그 이름이 지칭하는 실제 인물 이외에 어떤 뜻도 없다. 그 단어는 단지 그 사람만 가리

키며, 그렇게 지시하는 기능 이외
의 다른 기능이 전혀 없다.

그러나 프레게는 이러한 상식
적 견해에는 사실 큰 어려움이 있
다고 지적한다. 서로 지시 대상이
같은 (1)샛별, (2)저녁별, (3)금성
이라는 세 개의 고유 이름을 예로
들어보자. (1)은 해가 뜨기 직전
에 동쪽 하늘에 나타나는 천체를
가리키며, 아침 바다를 항해하는
선원들이 수백 년 동안 사용해온
이름이다. (2)는 일몰 직후에 서
쪽 하늘에 나타나느 천체를 가리
키며, 저녁 바다를 항해하는 선원
들이 수백 년 동안 사용해온 이름

이다. (3)은 태양계에서 가장 밝고 수성 다음에 위치한 행성을 가리킨다. 그런데 경험적 발견
을 통해 (1)과 (2)와 (3)이 서로 같다는 사실이 밝혀졌다. 다시 말해서, 새벽별과 저녁별은 같
은 천체이며, 그 천체는 금성이라는 행성이다.

그렇다면 이제 고유 이름의 의미가 단지 그것이 지친하는 대상이라고만 가정해보자. 그 대
상을 'X'라고 부르기로 한다. 이 경우에 "새벽별은 저녁별이며, 사실은 금성이라는 행성이다"라
는 문장은 "X=X이며, 사실은 X다"라는 뜻이다. 바꿔 말해서, 그 문장은 아무런 정보도 전달하
지 않는 동어 반복일 뿐이다. 하지만 그 문장은 분명히 정보를 전달하고 있다. 그 정보가 옳다
는 것을 아는 사람은 누구나 고대 선원들보다 많은 것을 알고 있다. 그러므로 이런 경우에 프
레게는 이름과 그것이 가리키는 대상 이외에 뭔가 제3의 요소가 있어야만 한다는 결론을 내린
다. 그 제3의 요소를 그는 진Sinn, 즉 감각이라고 불렀다 감각은 지시된 대상에 "다른 빛줄기를
뿌려준다." 그것은 '대상을 표현하는 양식', 즉 대상을 재현하는 방식이다.

프레게를 계승한 모든 분석 철학자들이 그의 이론에 만족한 것은 아니다. 그러나 그의 이론

고대 선원의 노래
(프락시텔레스, 콜리지, 파머, 그리고 익명의 동요 작가의 공동 작품)

은 진지한 의미론이라면 반드시 다루어야 하는 중요한 문제를 지적했다. 그렇기 때문에 프레게는 이후 분석 철학의 모든 학파로부터 분석 철학의 창시자로 존경받게 되었다.

1. 헤겔의 철학은 목적론적이다. 즉 역사는 진보적이며 어떤 목적을 향해가는 것이다. 그의 사상 체계에서 진보란 어떻게 일어나는지 설명하고, 왜 헤겔은 그 발전이 오히려 퇴보로 보일 수 있다고

말했는지 논하라.

2. 헤겔이 말한 주인/노예의 역학을 이용하여 남편과 아내, 부모와 자식, 교사와 학생, 고용주와 고용자 사이의 전통적인 관계를 설명하라.

3. 쇼펜하워의 철학에서 칸트의 철학과 일치하는 부분과 그렇지 않은 부분을 찾아보아라.

4. 키에르케골의 주관적 진리에 대해 논하고, 그 진리가 왜 간접적으로밖에 전달될 수 없는지 말해보아라.

5. 헤겔, 포이어바흐, 맑스의 소외 이론을 서로 비교·대조하라.

6. 대부분의 예술은 이데올로기적이라는 맑스의 주장에 부합하는 예술 작품의 예를 들어보라.

7. 니체가 우리에게 창조적으로 거짓말을 하라고 권하는 의미를 설명하라.

8. 키에르케골, 맑스, 니체는 새로운 이성 비판이 아니라 전적으로 새로운 유형의 인간이 필요하다고 주장했다. 그들이 그렇게 말한 의미를 설명하라.

9. 정언 명령에 대한 칸트의 논의를 검토한 다음에 칸트의 도덕 사상과 벤담이 말한 최대 행복의 원칙과 비교하라. 두 도덕 사상의 장점과 단점은 각각 무엇이라고 생각하는가?

10. 밀은 쾌락이 궁극적인 가치 기준이라고 말했는가 하면 어떤 쾌락은 다른 쾌락보다 더 가치 있다고도 말했다. 여러분은 그것을 밀의 자기 모순이라고 생각하는가? 그의 견해를 옹호하거나 비판해보라.

11. 프레게는 고유 이름이 단순한 명칭 이상의 의미(즉, 지칭된 대상을 가리키는 것 이상의 의미)를 가진다고 믿었다. 본문에 나오지 않는 사례를 이용하여 그 이유를 설명하라.

을 믿든 안 믿든 아무런 실천적인 차이를 느끼지 못하는 사람들에게는 분명히 힘을 발휘하지 못할 것이다. 그러나 그 여부를 의미 있게 여기는 사람들에게는 실용주의적인 진리성 테스트를 해볼 수 있을 것이다.

(1)이나 (2)와는 달리, "신이 존재한다"는 명제에는 직접적인 실용주의적 테스트가 불가능하다. 제임스에 따르면, 경험적 증거로 볼 경우에는 신이 존재하는지 여부를 결정할 수 없다. 이런 사례들에 관해 제임스는 이렇게 말한다. "지성을 바탕으로 결정할 수 없는 성격을 지닌 선택이 앞에 놓였을 경우에 우리는 정열의 본성으로 선택할 수 있으며, 또 마땅히 그래야만 한다."[1](이렇게 말하는 점에서 제임스는 칸트와 아주 비슷하다.) 나아가, 제임스는 대부분의 사람에게는 신에 대한 믿음이 힘을 발휘하지만 일부 사람에게는 그렇지 않다는 것을 인정해야 한다고 말했다. 그런 사람들의 경우에 신에 대한 믿음은 오히려 다른 경험들과 관련되어 그들에게 병적인 공포를 불러일으킬 수도 있다. 그러므로 신을 믿는 사람들에게 "신이 존재한다"는 명제는 진리이지만, 다른 사람들에게는 진리가 아니다.

제임스의 진리론이 퍼스를 포함하여 많은 사람에게 불만을 샀던 이유는 그러한 주관적 측면 때문이었다. 이러한 제임스적 성격은 존 듀이의 연구를 통해 다소 개선된다.

I. William James, *The Will to Believe*(Harvard Univ. Press, 1979), p. 20.

듀이로 들어가기 전에 제임스에 관해 마지막으로 한 가지 점을 지적하자. 앞서 살짝 언급한 제임스와 칸트의 유사성은 사실 근거가 없는 게 아니다. 칸트와 제임스는 둘 다 순수하게 지성적인 근거에서는 정당화될 수 없는 우리의 도덕적·종교적 가치관을 현실적인 근거에서 가질 수 있다고 정당화하려 노력했다. 나아가, 칸트가 합리론과 경험론을 중재하려고 했던 것처럼, 제임스도 역시 그가 말하는 '온건한 성향'의 철학자들과 '완고한 성향'의 철학자들을 중재하려 애썼다.

제임스는 이 양자 택일의 문제를 놓고 이렇게 말했다. "종교적이지 않은 경험론 철학이나 경험적이지 않은 종교적 철학은 이제 더 이상 필요하지 않다."[11] 분명히, 제임스는 자신의 실용주의가 더 만족스러운 제2의 대안이 될 수 있다고 믿었던 것이다.

어떤 사람들에게 신에 대한 믿음이
현금 가치로 환산되기도 한다

온건한 성향	완고한 성향
합리론('원칙'에 의거함)	경험론('사실'에 의거함)
지성주의	감성주의
관념	유물론
낙관론	비관론
종교적 심성	비종교적 심성
자유 의지	숙명론
단원론	다원론
교조적 태도	회의적 태도

II. William James, *Pragmatism*, p. 15.

듀이

존 듀이John Dewey(1859~1953)는 아마 가장 영
향력 있는 실용주의자라고 할 수 있을 것이다. 여
기에는 그가 아주 오래 살았다는 것도 한 이유가
되겠다.

그는 원래 헤겔의 관념론을 배운 사
람이었다(곧 보게 되겠지만, 헤겔 철학은
19세기 후반에 미국과 영국 철학에 큰 영향
을 미쳤다). 그래서 헤겔 철학은 역사 · 사
회 · 문화의 견지에서 모든 철학에 영향을
준 것처럼, 듀이의 철학과 사고 방식에도 지울
수 없는 흔적을 남겼다.

그러나 듀이는 제임스의 철학과 찰스 다윈의 진화론으로부터 영향을 받으면서 점차 헤겔
철학에서 멀어져갔다. 헤겔은 관념의 영역에서 발생하는 논
리적 모순을 해소함으로써 인류가 진보한다고 주장한 반
면, 듀이는 개인들과 사회적 · 자연적 환경 사이의 유기
적 갈등을 해소함으로써 진보가 이루어진고 생각했
다. 다윈에게서 듀이는 인간의 의식, 정신, 지성이 자
연과 전혀 다른 어떤 것, 즉 자연에 대립적이고 자연 위
에 초연히 군림하는 것이 아니라는 사실을 배웠다. 오히
려 인간의 의식, 정신, 지성은 자연에 적응하고 부응한 결
과로 생겨난 것이며, 사물이나 곤충, 동물이 지닌 기관들
과 마찬가지로 자연 세계가 부여한 문제들을 해결하기 위
해 사용할 때 최선의 기능을 발휘하는 것이었다.

게다가, 그의 생각은 퍼스나 제임스가 주장한 실용주
의의 구도와도 잘 들어맞았다. 하지만 제임스의 실용주
의는 주로 개인 심리의 내부에서 일어나는 종교적 갈등

**헤겔은 듀이의 사상에
깊은 흔적을 남겼다**

을 치유하기 위한 도구로 사용되었다. 듀이는 오히려 사회심리학에 더 관심이 컸으며, 그의 근본적인 철학적 관심은 정치, 교육, 도덕을 향하고 있었다.

듀이에 따르면, 고등 유기체는 문제를 해결하는 방식으로써 순수하게 본능적인 반응을 뛰어넘는 '습관'을 배우게 된다고 한다. 유기체가 처한 환경이 복잡할수록 유기체 자체도 복잡해지며 유기체의 반응도 점점 '정신적'이 된다는 것이다. 이 전까지의 습관이 효율적으로 기능하지 못할 때 지성이 진화하게 된다. 문제되는 상황이 문제되는 것으로서 인식될 때 지성은 환경에 대한 유기체의 (본능적이고 즉각적인) 반응을 중단하고 지연시킨다. 따라서 사유란 사실상 "의심스러운 것에 대한 반응"에 다름 아니다. 반성적 사유는 모호한 것

제임스식 치료법

을 명료한 것으로 바꾸는 기능을 한다. 그러한 전환을 바로 '지식'(인식, 앎)이라 부른다. 듀이는 지식을 이렇게 정의하고 있다. "지식은 문제에 답하고, 어려움을 제거하고, 혼동을 밝히고, 모순을 일관성으로 바꾸고, 당혹스러운 것을 이해할 수 있는 것으로 만든다.[1] 관념이란 행동을 위한 계획이다. 관념은 "어떤 활동을 수행해야 하는지를 지시"하는 일종의 가설이다. 사유란 단지 "행동의 도입부"일 뿐이다. 행동으로 옮겨지지 않고 경험을 재편하지 않는 사유는 쓸모없는 사유다(철학의 경우도 마찬가지다).

I. John Dewey, *How We Think, in John Dewey: The Later Works, 1925~1953*, vol. 8, ed. Jo Ann Boydsron(Southern Illinois Univ, Press, 1986), pp. 199~200.

관념은 행동의 도입부다

어떠한 철학에 대해서나 적용할 수 있는 좋은 평가 방식이 있다. 다음과 같은 질문을 제기해보는 것이다. 그 철학의 결론은 일상 생활의 경험과 상황의 뜻을 더 분명히 밝혀주며, 우리의 일상 생활을 더욱 풍요롭게 만들어주는가? 아니면 일상적 경험의 사실들을 전보다 더 모호하게 만들고, 명백해 보이는 경험들에게서 그 '실재성'을 박탈해버리는가?[1]

합리론자이든, 경험론자이든 전통적인 인식론자들은 모두 오류에 빠져 있다. 그들은 인식 행위에 앞서 이미 존재하는 모종의 실재를 알고자 했던 것이다. 따라서 그들은 정신을 단순히 실재의 반영이라고 여길 수밖에 없었다. 듀이는 그것을 '방관자적 인식론'이라 부른다. 그들은 '보편자'(합리론)나 '감각 자료'(경험론)를 통해 확실성을 추구하고자 했다. 그러나 보편자와 감각 자료는 지식(인식)의 대상이 아니라, 오히려 지식의 도구다. 따라서 듀이의 결론은 이렇다. 철학은 '존재'와 '지식'에 관한 지금까지의 '궁극적인 질문들'을 버려야 한다. 지식은 도구적이어야 한다. 지식의 기능은 모름지기 문제를 해결하는 데 있다.

엄밀하게 말해서, 지식의 대상은 탐구하는 정신에 의해 구성된다. 물론, 세계에 관한 지식이

I. John Dewey, *Experience and Nature*(Dover Publications, 1958), p. 7.

있느냐 없느냐에 따라 세계는 다르게 여겨지지만, 그것은 칸트 철학애서처럼 지식이 실재(본체적 세계)를 왜곡한다는 의미가 아니라 지식이 세계에 새로운 속성을 부여한다는 의미다. 예컨대, 지식은 불명료했던 세계를 명료화할 수 있는 것이다.

> 반성적 사고의 기능은 모호하고 회의적이며, 갈등과 혼란으로 경험되는 상황을 명료하고 논리적이며, 안정과 조화가 가득찬 상황으로 전환시키는 데 있다.[II]

듀이에 따르면, 세계를 실체들(사물들)의 총체로 정의하는 것은, '대상'이 아니라 '관계'를 밝히는 데 관심을 가진 현대 과학이 발달함에 따라 폐기되었다. 현대 과학은 그러한 정의를 폐기 처분하면서 아울러 지식과 행위의 구분도 해소했다. 듀이에 따르면, 갈릴레오가 바로 그 혁명을 처음 감행한 인물이며, 철학자들을 제외한 모든 사람이 그 혁명을 받아들였다. 과학은 우리를 과거의 전횡으로부터 벗어날 수 있게 해주며, 우리가 자연과 사회의 환경에 대해 어느 정도 통제를 가할 수 있게 해준다. 하지만 그렇다고 해서 과학자들만이 지식을 얻는 것은 아니다. 시인, 농부, 교사, 정치가, 극작가들도 지식을 가질 수 있다. 그럼에도 불구하고 궁극적으로는 과학자들이 개발한 방법론이 중요할 수밖에 없다. 사실, 과학은 상식을 세련화한 것에 불과하다. 현대 사회에서는 과학, 혹은 과학적 구도가 중세 세계에서 그리스도교가 했던 역할을 맡아야 한다. 과학적 기술이 가치관이나 사회 개혁의 발달 과정에 두루 적용되어야 하는 것이다.

듀이는 과학적 사실과 가치관이 구분될 수 있다고 보지 않았다. 가치관은 경험에서 발견되는 사실들, 이를테면 아름다움, 웅장함, 유머 등으로 이루어진 것이기 때문이다. 그러나 실재에 개입함으로써 얻어지는 산물이 모두 그렇듯이, 그것들 역시 탐구자의 관심과 어느 정도 관계를 맺을 수밖에 없다.

하지만 듀이의 '실용적 도구주의'는 단지 공리주의의 한 변형에 불과한 게 아니다. 공리주의는 가치를 정의할 때 그 전에 그 가치를 향유했던 경험에 의존하는 오류를 저질렀다. 그러나 듀이는 이전에 그 가치를 향유했다고 해서 반드시 그것이 향유할만한 가치가 있는 것은 아니라고 주장한다. 사유의 개입이 없으면 향유할 가치가 없다는 것이다. 어떤 것이 가치 있다고 말하

II. John Dewey, *How We Think*, p. 195.

과학은 중세 교회가 했던 역할을 맡아야 한다

는 것은 그것이 어떠한 상태를 충족시킨다는 것을 뜻한다. 예를 들면, 행동을 올바르게 지시해주는 것이다. 사랑하는 것과 사랑할 수 있는 것, 욕하는 것과 욕할 수 있는 것, 존경하는 것과 존경할 수 있는 것은 서로 다르다. 중요한 것은 가치를 능동적이고 계발적으로 평가하는 것이다. 가치의 계발은 지성, 미학, 도덕, 어느 것에 관한 문제에서나 가장 뚜렷한 목표다.

사실, 행동의 궁극적 목표는 개인을 인간 존재로서 완전하게 발달시키는 데 있다. 그러므로 민주주의와 교육의 목표가 같다. 각 개인들은 사회 제도를 형성하는 데 나름대로 기여해야 하며, 모든 사회 기관들의 가치를 평가할 때는 그것이 개인들에게 기여했는지, 즉 사회의 모든 구성원이 전면적으로 성장할 수 있는 조건을 만드는 데 기여했는지에 따라 판단해야 한다. 개인들의 발달에는 최종적인 경험, 곧 다른 경험을 추구할 필요성을 느끼지 않을 정도의 경험을 달성하는 게 포함된다. 그것은 바로 미학적인 경험이다. 듀이에 따르면, 미학적 경험은 '종교'에 못지않을 만큼 강렬한 경우도 있다고 한다.

분석적 전통

20세기로 접어들기 직전에 영국에서는 한 가지 놀라운 현상이 일어나서 미국에까지 퍼졌다. 영국인들이 헤겔을 발견한 것이다! 이미 유럽 대륙에서는 헤겔 철학이 사형 선고를 받은 지 오래였다. 영국에서 일어난 신헤겔주의 사조를 대표하는 철학자들은 옥스퍼드의 브래들리F. H. Bradley, 케임브리지의 맥태거트J. E. McTaggart, 캘리포니아대학의 조시아 로이스 Josiah Royce 등이었다. 그러나 앵글로 아메리카의 민족적 특성(그런 게 있다면)은 헤겔의 관념론과 양립하기 어렵다. 따라서 곧바로 '실재론'의 대응이 일어난 것은 놀랄 일이 아니었다(여기서 '실재론'은 외부의 실재를 지칭하는 존 로크적인 의미이며, 플라톤적 형상의 실재를 가리키는 중세적 의미는 아니다). 이 철학적 반란을 이끈 사람은 무어와 러셀이었다.

헤겔을 발견한 영국인

무어

George Edward Moore(1873~1958)는 케임브리지에서 고전 문학을 공부했다. 그 일환으로 그는 철학 강의를 들었는데, 거기서 그는 그 자신의 말에 따르면 여태까지 전혀 몰랐거나 정확한 의미를 알지 못했던 것들에 관한 엄청나게 놀라운 이야기를 들었다. 그에게 그 철학 강의는 건전한 사람이라면 누구나 사실로 받아들이는 것들을 모조리 부인하는 것처럼 여겨졌다. 이렇게 무어는 혼돈 속에서 대학 생활을 보냈다. 그러나 그에 대한 반항도 만만치 않았다. 맥트거트가 공간은 비실재적이라고 주장하면, 무어는 그럼 내 옆에 서 있는 벽이 멀리 있는 도서관 건물보다 가까운 게 아니라는 뜻이냐고 물었다. 또 맥트거트가 시간은 비실재적이라고 말하면, 무어는 강의가 정오에 끝나지 않는다는 뜻이냐고 따졌다. 러셀은 무어의 '소박한' 질문을 매우 흥미롭게 여겼다. 나중에 러셀은 무어에 관해 이렇게 썼다.

젊은 조지 무어와 버트란드 러셀이 풀은 푸르다는 것을 발견했다

> 무어는 반란 주동자였다. 나는 일종의 해방감을 느끼며 그를 추종했다. 브래들리는 상식에 입각한 모든 것은 허상일 뿐이라고 주장했다. 그러면 우리는 그 반대의 극단으로 가서, 철학이나 신학의 영향을 받지 않은 상식에 의해 실재로 여겨지는 모든 것은 실재적이라고 생각했다. 마치 감옥에서 풀려난 것과 같은 기분으로 우리는 풀은 푸르다고 여겼고, 해와 별은 아무도 그것들을 의식하지 않아도 존재한다고 믿었다.[1]

I. Bertrand Russell, "My Mental Development", in *The Philosophy of Bertrand Russell*, ed. Paul Arthur Schilpp(Library of Living Philosophers, 1946), p. 12.

무어는 평생 상식을 옹호했으나, 러셀은 나중에 상식을 회의할만한 나름대로의 근거를 찾기도 했다.(러셀은 이렇게 말했다. "과학은 상식적 관념이 세계를 만족스럽게 설명해주지 못한다는 것을 보여주었다.")[11] 실제로, 무어는 '상식의 철학자'로 통한다. 그에게 상식은 마치 경험론자가 생각하는 감각 자료와 같았고, 합리론자가 생각하는 이성과 같았다. 즉, 상식은 확실성의 토대였던 것이다. 그가 쓴 유명한 글 중 하나인 〈상식의 옹호〉에서 무어는 확실한 사실이라고 할 수 있는 다음과 같은 명제들을 제시하고 있다.

1 살아 있는 인간 신체, 즉 나의 신체가 존재한다.
2 내 신체가 태어났을 때는 지금보다 더 작았다.

무어가 학생들에게 자신이 확실하다고 생각하는 것들의 목록을 읽어주고 있다

II. Bertrand Russell, *Philosophy*(W. W. Norton, 1927), p. 2.

3 태어난 이후에 내 신체는 지구 표면과 늘 접촉해왔으며, 최소한 멀리 떨어지지 않았다.

4 태어난 이후에 내 신체는 아주 많은 신체적 대상과 다양한 거리를 유지해왔다.

5 지구는 내 신체가 태어나기 훨씬 전부터 존재했다.

6 많은 인간 신체가 내 신체가 태어나기 전부터 존재했으며, 또 내가 태어나기 전에 이미
많은 신체가 죽었다.

이 명제들의 목록은 끊임없이 계속된다. 읽기에도 지루할 정도이지만, 무어 자신도 그 목록이 지루하다는 걸 누구보다 잘 알고 있었다. 그가 주장하는 바는 이렇다. 목록에 나온 명제들은 모두 어떤 철학자가 어디선가, 어느 땐가 부인한 적이 있다는 것이다. 진리란 지루하게 마련이다. 그러므로 상식적 믿음을 부인하는 웅장한 형이상학적 테제를 들으면 우리는 상식에 의혹을 가질 수도 있다. 헤겔의 주장들이 바로 그런 것이다. 시간과 공간은 객관적 실재성이 없다. 개인은 하나의 추상이다. 수학은 변증법의 한 단계에 불과하다. 절대적인 것은 세계 속에 스스로 발현될 뿐, 밝혀지는 게 아니다.

무어는 이 주장들이 굳이 진리가 아니라고 말하기보다는 단지 그것들은 이상하며 명백한 의미를 부여할 수 없다는 점만 말하려 했다. 무어의 제자이자 동료였던 경제학자 케인즈는 무어가 이런 질문을 자주 던졌다고 한다. "자네가 말하는 게 정확히 무슨 뜻인가?" 이어서 무어는 이렇게 말했다고 한다. "자네의 말이 정확히 뜻하는 게 없다면, 자네 말은 아무 의미도 없다는 강력한 의심을 받게 될 것이네."

1880년대와 1890년대에 케임브리지 및 옥스퍼드 대학의 헤겔 학파 철학자들은 새로운 철학 용어를 만들어서 새로운 대화 방법을 개발하기 위해 무진 애를 썼다. 그들은 세계에 관한 일상적인 담론에서 뭔가 빠진게 있다는 데 대해 의견을 같이 하고 있었

다. 그러나 무어는 새로운 대화 방법이라는 게 정말 필요한 것인지 전혀 납득할 수 없었다. 그래서 그는 일상 언어에서 뭐가 잘못되었는지를 정확히 알아내고자 했다. 무어가 세계에 관한 일상적인 사고와 대화 방식에 얼마나 열심히 천착했는지는 〈상식의 옹호〉에 나온 다음 구절에서도 여실히 볼 수 있다.

나는 일상적인 의미가 존재한다고 가정한다.……예를 들면 "지구는 오래 전부터 존재해왔다"는 표현의 의미를 보자. 일부 철학자들은 이것을 논박할 수 있는 가정이라고 생각하는 것 같다. 그들은 "지구는 오래 전부터 존재해왔다고 믿는가?"라는 질문이 평범하지 않다고 믿는 것이다. 즉, 그들은 그 질문이 '그렇다'나 '아니다', 또는 '잘 모르겠다'라고 평범하게 대답할 수 없는 것이라고 생각한다. 이를테면, "그것은 '지구'나 '오래', '존재' 같은 개념들을 어떻게 정의하는가에 달렸다"는 식으로 대답해야 한다고 말한다. 그들은 이런 식으로 말한다. "만약 당신이 그 개념들을 이리저리하게 정의하면 답은 이러저러해질 것이고, 이러쿵저러쿵하게 정의하면 답은 이러쿵저러쿵해질 것이며, 어쩌구저쩌구하게 정의하면 답은 어쩌구저쩌구해질 것이다. 최소한 나는 그 문제가 대단히 의심쩍은 것으로 생각한다." 내게는 그런 견해가 그 어느 견해보다도 큰 오류에 빠져 있다고 생각한다.[I]

무어가 볼 때, 철학의 목적은 거창한 형이상학적 구도를 만들어내는 것도, 진리를 얻거나 진리에 도달하는 것도 아니고, 다만 의미를 명료화하는 것이다. 이런 목표를 지닌 덕분에, 무어는 프레게가 개척한 분석 철학 진영에 당당한 일원으로 참여하게 된다.

I. G. E. Moore, "A Defence of Common Sense", in *G. E. Moore: Selected Writings*, ed. Thomas Baldwin(Routledge, 1993), p. 111.

이렇게 해서 좋든 나쁘든 분석 철학은 20세기 대부분을 지배하는 철학으로 자리잡았다. 무어는 일종의 철학 운동의 창시자였다. 그 운동은 반형이상학적이고, 순수하게 분석적이며, 의미의 문제에 천착하고, 당대의 사람들을 괴롭히는 사회적 · 정치적 · 개인적 문제들과는 무관한 것이었다. 나아가, 정확한 언어에 관심을 보인 탓에, 무어는 이후 '언어학적 전환'이라 불리게 될 철학적 방향을 처음 제시한 철학자가 되었다. 우리는 이제 그런 측면들을 러셀, 논리실증주의, 비트겐슈타인 등에게서 살펴볼 것이다.

여러 가지 장점이 많았음에도 무어는 오늘날 우리에게는 지나치게 자기 만족적인 인물로 여겨진다. 세계에 대한 그의 지나치게 흡족해하는 태도는 다음 글에서도 쉽게 볼 수 있다.

나는 세계나 학문들이 내게 어떠한 철학적 문제도 제시한 적이 없다고 생각한다. 내게 철학적 문제로 제시된 것은 다른 철학자들이 세계와 학문들에 관해 말한 내용뿐이다.[1]

헤겔주의의 위험한 유혹

I. G. E. Moore, "An Autobiography", *The Philosophy of G. E. Moore*, ed. Paul Arthur Schilpp(Open Court, 1968). p. 14.

3 "현재 프랑스의 왕은 대머리다"라는 문장을 생각해보자. 이 주장은 오류인 것처럼 보인다. (당시 프랑스는 공화국이므로, '왕' 자체가 없었다.—옮긴이) 하지만 배중률에 따르면, 오류 명제의 부정은 진리여야 한다. 따라서 "현재 프랑스의 왕은 대머리가 아니다"라는 주장은 반드시 참이어야 하는 것이다. 그러나 그 문장은 분명히 거짓이다.(프랑스의 왕은 없으니까—옮긴이)

그럼 이 딜레마를 해결하기 위해 또 다시 일종의 형이상학적 해결책을 도입해야 할까? '현재 프랑스의 왕'이나 '대머리' 등이 용어가 지시하는 대상이 이데아적 존재의 영역에 있다고 주장해야 할까? 플라톤주의 논리학자들은 그렇게 생각했으나, 러셀의 생각은 달랐다.(러셀은 헤겔주의자라면 종합을 통해 그 문제를 해결하려 할 것이라고 말했다. 즉 "현재 프랑스의 왕은 가발을 쓴다"는 식으로 말이다.)

이와 같이 우리는 존재 또는 실존이라는 개념에 관련해서 세 가지 서로 다른 논리적 문제들을 가지고 있다. 러셀의 '기술 이론'은 존재에 관한 명제들의 참된 논리적 구조를 밝힘으로써 역설과 형이상학적 난관을 제거하는 것을 목표로 한다. 그 목표를 이루는 것으로 러셀은 다음과 같은 공식을 정립했다.

"X는 Y이다"라는 문장을 참으로 만들기 위해서는
X=C를 만족시키는 C라는 실체가 있다.

이 공식에서 C는 실체이고, Y는 속성이며, X는 Y라는 속성을 지닌 주체다. 예를 들어, "황금산은 존재하지 않는다"라는 문장은, 러셀에 의하면 이렇게 바꿀 수 있다. "X는 황금으로 되어 있고 산이다'라는 문장은 참으로 만들어주는 X=C의 C라는 실체는 없다." 달리 말하면 '황금산'이라는 규칙에 위반되는 용어(마치 어떤 실체를 지시하는 것처럼, 사물을 지칭하는 것처럼 보이기 때문에 규칙에 위반된다)는 하나의 기술(황금과 신)로 전환되며, 그 명제의 진정한 내용은 그 기술이 어떠한 것에 대한 기술도 아니라는 것이다(러셀은 '존재'의 개념을 '황금산'이라는 용어를 통해 분석하고 있다는 점을 유의해서 볼 것).

이제 두 번째 문제를 보자. "스콧은《웨이벌리》의 지은이다"라는 문장은 이렇게 바꿀 수 있다. "X는《웨이벌리》를 썼다'는 문장을 참으로 만들어주는 X=C의 C라는 실체는 있다. C는 스콧이다." 그러므로 '지은이'라는 속성은 존재하는 실체(스콧)를 적절히 기술하며, 그러면서도 동어 반복을 피하고 있다(여기서도 존재의 개념은《웨이벌리》의 지은이'라는 기술을 통해 분석되고 있다는 점에 유의하라).

마지막으로, "현재 프랑스의 왕은 대머리다"라는 문장을 보자. 이 문장의 뜻은 이렇다. "'X는 왕이고, 프랑스인이며, 대머리다'라는 문장을 참으로 만들어주는 X=C의 C라는 실체는 있다." 그러나 그 기술이 올바르게 적용될 수 있는 실체가 없으므로 그 문장은 오류가 된다. 또한 '왕이고, 프랑스인이며, 대머리가 아닌' 존재로 올바르게 기술되는 실체는 없기 때문에 그 문장의 부정도 오류가 된다. 이렇게 해서 우리는 배중률을 침해하지 않으면서도 두 문장이 모두 거짓임을 밝힐 수 있다.

이 세 가지 경우를 다루면서 러셀은 오캄의 면도날을 철저히 적용하며 존재라는 개념을 제기할 수 있었다. 러셀은 오만하게도 자신의 해결책을 이렇게 말했다. "이로써 플라톤의《테아이테도스》이래 2000년 동안 지속되어온 '존재'에 관한 어리석은 생각은 말끔히 청소되었다."[1]

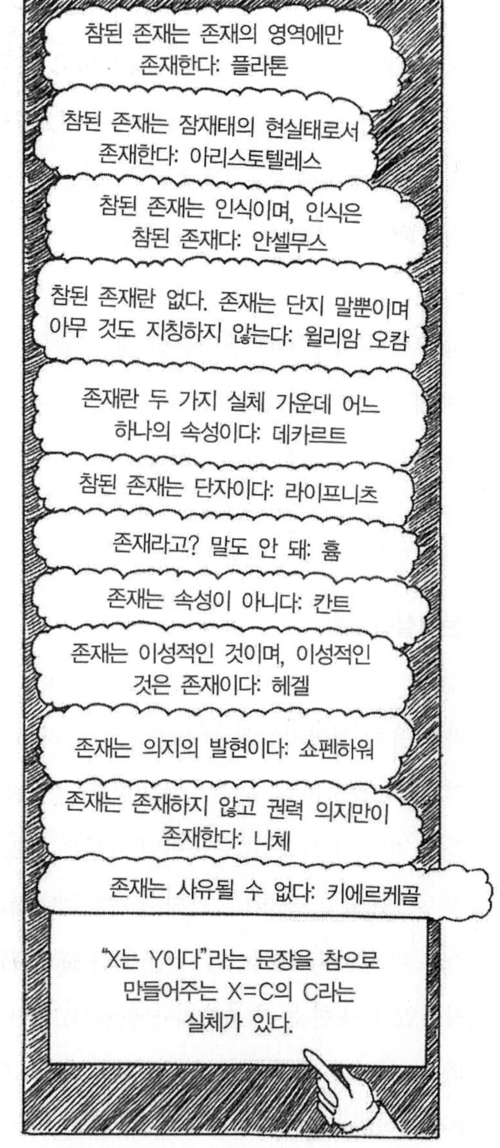

I. Bertrand Russell, A History of *Western Philosophy*(Simon & Schuster, 1972), p. 831.

'기술 이론'에 대한 내용은 아마 지금 이 책에서 가장 상세하게 설명된 부분이겠지만, 그것도 크게 단순화시킨 것이다. 러셀 철학의 대부분은 고도로 전문적인 내용을 담고 있지만, 철학자로서 러셀은 사회 비평가나 사회 활동가로서의 러셀과 크게 다르다. 그는 1차 세계대전 기간 중 평화 운동을 펼치다 투옥되었다.(그는 무어가 영국군 장교로 참전한 것에 대해 실망했다. 게다가, 그는 제자인 비트겐슈타인이 대륙으로 돌아가서 오스트리아군에 사병으로 참전한 것에 대해 더욱 크게 실망했다.) 러셀은 미국과 소련의 사회 정책에 대해 노골적으로 비난했으며, 2차 대전 뒤에는 적극적으로 핵무기 반대 운동을 벌였다.(그는 89세에 투옥된 적도 있다. 미국의 핵무기를 영국에 도입하려는 데 항의하는 불법 집회가 하이드파크에서 열렸을 때 대중을 선동했다는 혐의다. 구순의 나이에도 그는 미국의 베트남 개입에 반대하는 운동에 적극 참가했다.) 이런 측면에서 러셀은, 앞에서 본 것처럼 다른 철학자들이 말한 내용 이외에는 아무 곳에도 자신의 지성과 열정을 보이지 않았던 G. E. 무어와는 정반대의 삶을 살았다. 1960년에 언론가 베드 메타Ved Mehta가 러셀의 집에 와서 그의 철학에 관해 인터뷰할 때, 러셀은 현관에 나와 메타를 맞으면서 원자폭탄에 관해 들은 얘기가 있느냐고 물었다. 당시 러셀은 메타에게 핵무기의 위험에 직면해 있는 상황에서 철학 토론을 할 시간은 없다고 말했다.

논리실증주의

철학의 임무가 논리적 분석에 있다고 보는 실용주의적 견해는 오늘날 논리실증주의자라고 불리는 유럽 철학자들이 주창했다. 그들의 철학 사조는 1920년대 초, 비엔나대학에서 모리츠 슐리크Moritz Schlick 교수가 주최한 여러 차례의 과학 철학 세미나에서 비롯되었다. 스스로 자신들을 '비엔나 서클'이라 불렀던 그들은 주로 철학적 관심을 가진 과학자들이었는데, 철학을 과학적으로 탈바꿈시켜 철학의 근거를 확립하려 노력했다. 그들에게 과학적 영감을 준 것은 에른스트 마흐Ernst Mach, 쥘 푸앙카레Jules Poincare, 알베르트 아인슈타인 등 주로 과학자들의 저작이었다. 또한 논리 분석의 구도에서 그들이 모델로 삼은 것은 러셀과 화이트헤드가 쓴《수학의 원리》와 직전에 출간된 비트겐슈타인의《논리 철학 논고》였다(당시 비트겐슈타인은 비엔나 서클에 관여하지 않아 성원들의 당혹감을 불러일으켰는데, 그에 관해서는 잠시 뒤에 살펴보자).

비엔나 서클은 대부분의 철학에 대해 적극적인 반감을 표시했다. 그들은 흄의 경험론과 칸

트의 반형이상학적 태도를 일고의 가치도 없는 것으로
규정했다.

슐리크(그는 1936년에 비엔나대학에서 정신 이상
학생에게 살해당했다) 이외에 비엔나 서클에 관
련된 사람들은 오토 노이라트Otto Neurath,
한스 라이헨바흐Hans Reichenbach, 에이
어J. Ayer, 루돌프 카르납Rudolf Carnap
등이 있었다. 1930년대 초반에 그들
은 과학적 진리에 대한 열정으로 널
리 알져 있었으므로 나치의 환영
을 받지 못했으며(과학적 엄밀성
에서 볼 때 나치는 옳지 않았다),
서클의 성원들 역시 나치를 좋
아하지 않았다. 따라서 히틀러 체
제가 들어서면서 그들은 영국과 미
국의 대학으로 흩어져, 오히려 오스
트리아와 독일에 모여 있을 때보다
훨씬 큰 영향력을 행사하게 되었다.

비엔나 서클에 무관심했던 비트겐슈타인

논리실증주의의 기반을 다소 단순화
시켜 말한다면, 비엔나 서클의 주요 목표는
앞에서 흄을 논의할 때 나온 '흄의 갈퀴'를 부활
시키고 쇄신하는 데 있다고 할 수 있다. 모든 추측 명제는 분석 명제(부정하면 자기 모순이 되는
동어 반복)이거나, 종합 명제(관찰과 실험에 의해 긍정 여부가 판단되는 명제)이거나, 아니면 무의미
한 명제다. 논리실증주의자들의 결론은 여러 가지 측면에서 흄의 결론과 비슷하다. 예를 들면,
카르납은 이렇게 말한다. "가치 철학과 규범 이론을 포함하여 형이상학의 모든 영역에서 논리
적 분석을 해보면 모든 진술이 전적으로 무의미하다는 부정적인 결과가 산출된다." 카르납이

언어 기능을 분석하는 것을 살펴보자.[1]

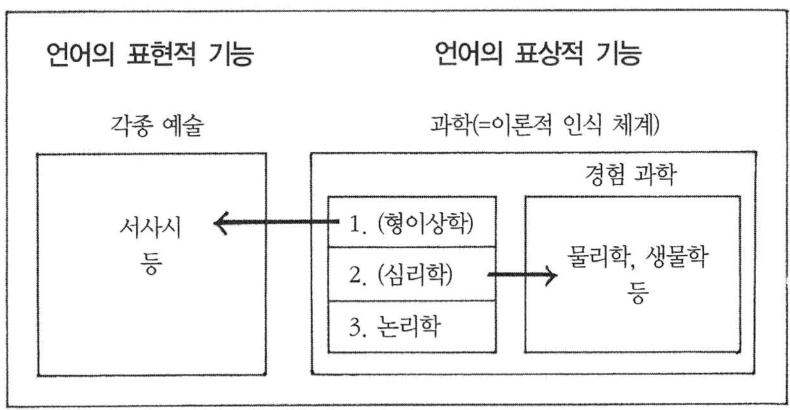

언어에는 표현과 표상이라는 단 두 가지 본분만 있다. 심리학이 경험 과학으로서 올바르게 자리잡고 형이상학이 예술 형식으로 올바르게 확립될 경우, 철학은 단지 논리학만으로 국한된다. 카르납에 따르면, 형이상학의 시적 기능에 관해서는 그 자체로만 취급된다면 아무 문제도 없다. 그의 말을 들어보자.

형이상학의 비이론적 성격은 그 자체로는 결함이 아니다. 모든 예술은 그와 같은 비이론적 성격을 가지며, 그래도 개인 생활과 사회 생활에서 높은 가치를 잃지 않는다. 위험한 것은 바로 형이상학의 위선적 성격이다. 자칫하면 형이상학은 실제로 무슨 인식을 주는 듯한 환상을 불러일으킬 수 있기 때문이다.[2]

흄의 회의론적 사유조차도 논리실증주의에서는 형이상학적인 것으로 취급된다. 흄은 원인을 표상하는 감각 자료가 있을 수 없기 때문에 어떤 사건이 다른 사건의 원인이 된다는 것을 믿을 수 없다고 주장한 바 있다. 오직 감각 자료만이 사건들의 관계를 표상한다는 것이다. 그

I. Rudolf Carnap, *Philosophy and Logical Syntax*(Kegan & Paul, 1935), p.32.

II. 앞의 책, p. 31.

러나 슐리크가 볼 때, 흄은 모종의 실체를 '원인'이라는 이름에 상당하는 것으로 보았기 때문에 미심쩍다는 것이다. 그는 이렇게 말한다. "일상 생활에서 널리 쓰이는 원인이라는 말은 단지 순차적인 규칙성만을 뜻할 뿐이다. 원인이 발생한다는 명제를 검증할 때 다른 어떤 것도 사용되지 않았기 때문이다.……인과성의 기준은 성공적인 예측에 있다. 우리가 말할 수 있는 것은 그것뿐이다."[III]

슐리크의 이 말은 실증주의적 견해의 또 다른 특성을 드러낸다. 그것은 곧, (종합 명제의 경우에) 한 명제의 의미는 곧 그 명제의 검증 방법이라는 것이다. 게다가 실증주의자들은 검증에 사용하는 언어를 '프로토콜 명제'로만 제한해야 한다고 주장했다. 프로토콜 명제란 직접적인 관찰 등을 통해 검증할 수 있는 사실들을 지극히 간단하게 표현한 문장을 가리킨다. 슐리크에 따르면, 프로토콜 명제야말로 "모든 인식의 절대적으로 확실한 출발점"이다. 예를 들면, 이런 식이다. "모리크 슐리크는 1934년 5월 6일 오후 3시 3분에 비엔나대학 철학관 301호에서 빨간색을 지각했다."

하지만 과학의 토대가 되는 수정 불가능성을 찾고자 했던 논리실증주의자들은, 프로토콜 명제조차도 가장 단순한 사실을 지칭하지는 않으므로 그렇게까지 확실하지는 못하다고 여겼다. 그래서 그들은 프로토콜 명제를 한층 더 제한하여 이른바 '확장 명제'로만 국한시키고자 했다. 이를테면 '지금 여기 빨간색'과 같은 명제다. 이것은 프로토콜 명제보다 덜 복잡하므로 더 확실하긴 했지만, 여기에도 결국 문제는 있었다. '지금 여기'라는 문구를 글로

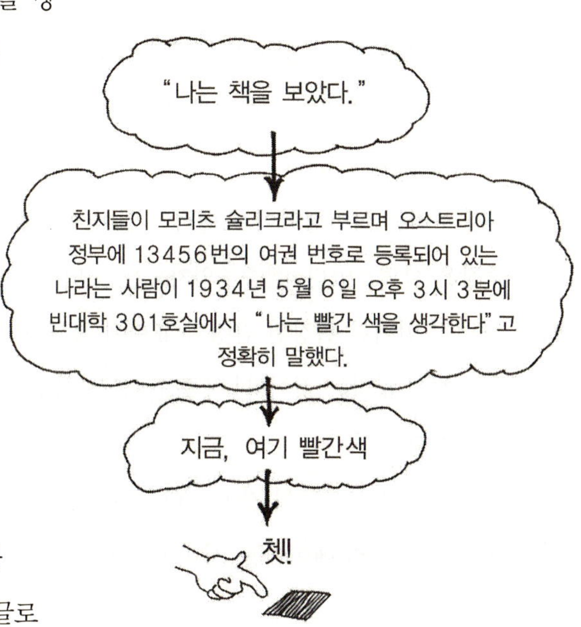

<hr>

III. Moritz Schlick, "Causality in Everyday Life and in Recent Sciense", in *Knowledge and Value: Introductory Readings in Philosophy*, ed. Elmer Sprague and Paul W. Taylor(Brace, 1959), pp. 195. 206.

쉿!
비트겐슈타인의
노트가 있는데
살래?

수 없었다. 그럼에도 불구하고 그의 강의록을 받아적어 등사한 문건들이 나돌기 시작했다. 이 시기 그의 저작은 그의 사후에야 비로소 《철학적 탐구》(이하 《탐구》로 줄임)라는 제목으로 출간되었다. 그러나 그 책이 모습을 드러내기 오래 전에 비트겐슈타인의 사상이 크게 달라졌다는 것은 이미 분명해졌다. 좋든 싫든 《논고》의 실증주의와 신비주의는 사라졌다. 그러나 두 저작은 어느 정도 공통 분모도 가지고 있었다. 그의 철학은 여전히 본질적으로 의미와 관련되어 있었고, 여전히 언어 지향적이었다. 《논고》에서 비트겐슈타인은 "내 언어의 한계는 내 세계의 한계"(5. 6)라고 쓴 바 있는데, 그 견해는 《탐구》에서도 여전히 유효했다. 다만, 《탐구》에서는 《논고》보다 언어 자체가 덜 제한적이다.

먼저, 의미의 문제를 살펴보면서 《탐구》에 관해 알아보자. 플라톤에서 《논고》에 이르기까지 철학사 전체를 통틀어 중요한 의미의 모델은 외연外延, 즉 지시의 모델이었다. 프레게나 러셀, 《논고》의 지은이 같은 철학자들도 외연과 내포內包(지시된 사물에 관한 함축된 의미)를 구분하고 외연에 우선권을 부여했다.(즉, 언어를 언어 자체로서가 아니라 외부의 지시 대상과 관련된 것으로만 보았다는 뜻이다.─옮긴이) 비트겐슈타인에 따르면, 역사적으로 지시 모델을 의미론의 주요 모델로 우선시한 결과, 서양 사상에는 형이상학이 널리 퍼지는 오류가 발생하게 되었다는 것이다.

플라톤은 단어란 불변적으로 영원히 존재하는 사물을 지시해야 한다고 믿었다. 그런데 관찰 가능한 세계에는 그런 것이 없기 때문에 그는 이상 세계의 형상론을 개발한 것이었다. 아리스토텔레스도 단어는 세계 내에 불변적으로 존재하는 것, 즉 실체를 지시하는 것으로 생각했다. 중세 유명론자들도 역시 단어가 이름(지시)의 기능을 한다고 생각했으나, 다만 그들은 아무 것도 명명하지 않았다(유명론). 따라서 그들의 결론은 움베르토 에코의 소설 《장미의 이름》

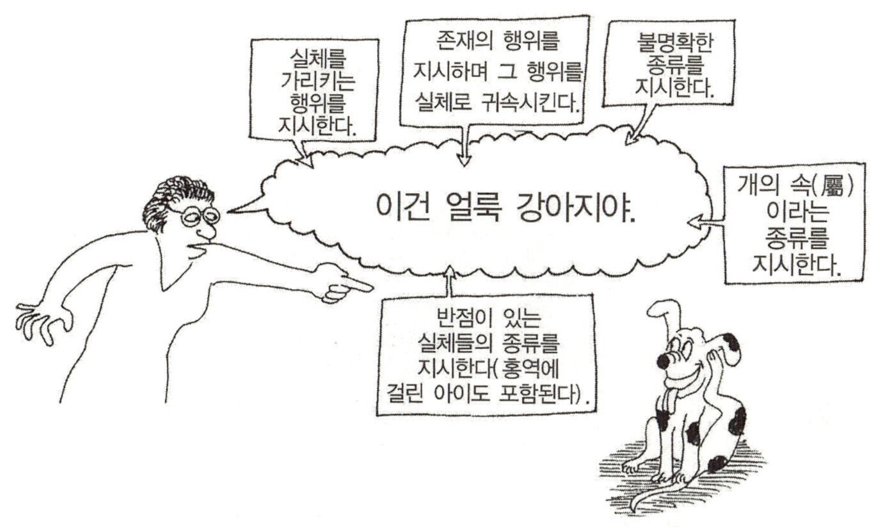

의 마지막 문장으로 나오듯이, "우리에겐 단지 이름밖에 없다"는 것이었다. 경험론자들은 단어가 감각 자료를 지시하며, 그렇지 않은 단어는 모두 의심해야 한다고 생각했다. 실용주의자들은 단어가 행위를 지시한다고 믿었고, 러셀과 초기 비트겐슈타인은 단어가 원자적 사실을 지시한다고 여겼다.

후기 비트겐슈타인은 이런 전통을 완전히 부수고서 **"단어의 의미는 그 사용에 있다"**[1]고 주장했다. 그의 말을 들어보자.

도구함 안의 도구들을 생각해보자. 망치, 펜치, 톱, 드라이버, 자, 아교 냄비, 아교, 못, 나사 등등이 있다. 단어의 기능은 이 물건들의 기능만큼이나 다양하다(실제로 단어와 도구는 유사성이 있다).……그것은 마치 기관차의 운전실을 들여다보는 것과 같다. 모든 손잡이는 서로 비슷하게 보인다(손잡이가 있어야 다룰 수 있으니까 그건 당연하다). 하지만 어떤 손잡이는 기관차를 계속 움직이게 하는 크랭크의 핸들(밸브의 여닫음을 통제한다)이고, 또 어떤 손잡이

I. Ludwig Wittgenstein, *Philosophical Investigations*(Macmillan, 1964), pp. 6~7, par 43. 이후 이 책에서 인용한 부분은 본문의 괄호 안에 숫자로 표시해놓았는데, 이는 쪽수가 아니라 비트겐슈타인 자신이 문단에 매겨놓은 숫자다.

여러 명의 비트겐슈타인이 토론을 벌이고 있다

는 기관을 켜고 끌 수 있는 두 가지 기능만 가진 스위치다. 또한 잡아당기면 기관차의 작동
을 멈출 수 있는 브레이크 레버가 있는가 하면, 앞뒤로만 당길 수 있도록 되어 있는 펌프 손
잡이도 있다.(11. 12)

언어 역시 도구들이나 기관차 안의 장치들처럼 특정한 일을 수행할 수 있다. 언어의 의미는
언어가 수행하는 그 일 속에서 발견된다. 예를 들어, 두 사람이 특정한 목적지를 향해 급히 자
동차를 운전해가고 있다고 하자. 헤드라이트가 부수어졌기 때문에 해가 떨어지기 전에 목적지
에 도착해야 한다. 그런데 운전자가 이렇게 말했다. "이런 제기랄! 해가 벌써 졌잖아." 그때 조
수석에 탄 사람이 자랑스러운 표정으로 이렇게 말한다면 어떻게 될까? "해가 졌다고 말하면 안
되지. 그건 지구가 자전축을 중심으로 자전하기 때문에 생기는 착각이야." 그의 말은 도대체 의
미가 있을까? 의미가 없다. 왜냐하면 그런 상황에서는 그의 말이 아무런 일도 수행하지 않았기
때문이다(물론, 다른 상황에서라면 그 말도 어떤 일을 할 수 있겠지만). 그 상황에서 지구가 자전한
다는 과학적인 사실을 삽입하는 것은 실상 미친 짓이나 다름없다. 또한 조수석에 앉은 사람이

톰 스토퍼드의 희곡
〈로젠크란츠와 길덴스턴은 죽었다〉에서

자동차 글러브 박스에서 망치를 발견하고는 "망치는 치라고 있는 거야" 하고 말하면서 운전자를 망치로 때리려 한다면, 그것 역시 미친 짓이다. 망치의 용도가 치는 데 있는 것은 사실이지만 언제나, 어디서나, 아무나 치라고 있는 것은 아니기 때문이다. 언어의 경우에도 마찬가지 주장이 성립한다.

하지만 도구는 많은 기능을 수행할 수 있다. 어떤 상황에서 망치는 무기로 사용할 수도 있고 문진으로 사용할 수도 있다. 언어는 어떨까? 논리실증주의에서 말하는 것처럼, 언어에는 표현적 기능과 표상적 기능이라는 두 가지 기능밖에 없는 걸까? 비트겐슈타인은 이렇게 묻는다.

그러나 문장의 종류는 얼마나 많은가? 문장에는 긍정문, 의문문, 명령문 같은 것만이 아니라 무수히 많은 종류가 있다. '기호', '단어', '문장' 등을 사용하는 방식은 무수히 많다. 더구나 이런 방식들도 영원히 고정된 것이 아니다. 새로운 종류의 언어, 새로운 언어 게임이 탄생하기도 하고, 쓸모없어지고 잊혀지는 언어도 끊임없이 생겨나는 것이다(23)

여기서 비트겐슈타인이 말하는 의미론의 또 다른 특성이 드러난다. 그것은 바로 "의미는 용도다"라는 주장이다. 그는 이렇게 쓴다. "'단어란 진정 무엇인가?'라는 질문은 '체스에서 말이란 무엇인가?'라는 질문과 비슷하다.……체스의 한 말이 가지는 의미는 체스 게임에서의 역할

에 달려 있다."(108)

비트겐슈타인은 언어를 '언어 게임'이라는 말로 부르면서 자신의 주장을 일반화한다. 이 점에 대해 살펴보자. 모든 게임은 규칙에 의해 지배된다. 체스 게임의 말(카드 게임의 칩이나 카드)이 가지는 '의미'는 체스 게임의 규칙 아래서 그것이 가지는 용도에서 비롯된다. 폰(체스의 줄―옮긴이)이란 무엇인가? 폰은 정사각형의 한 칸을 전진하며, 첫 번째 움직일 때는 두 칸까지 전진할 수 있도록 되어 있는 말이다. 또 폰은 대각선 방향으로 적의 말을 잡아먹을 수 있고, 상대방 진영의 끝까지 가면 퀸으로 바뀔 수 있도록 되어 있는 말이다. 단어, 문구, 표현 등도 그와 마찬가지다. 즉, 규칙의 지배를 받으며, 그 의미는 언어 게임의 규칙 아래서 그것이 가지는 용도에서 비롯된다.

언어의 용도를 결정하는 규칙은 여러 가지가 있다. 문법적 규칙도 있고, 의미론적 규칙, 구문론적 규칙도 있으며, 일반적으로 문맥의 규칙이라고 불리는 규칙도 있다. 이 규칙들은 아주 엄격하기도 하고, 아주 유연하기도 하며, 타협적이기도 하다. 여러 가지 게임을 비교할 수도 있는가 하면(예컨대, 체스의 규칙은 수건 돌리기 게임의 규칙보다 엄격하다). 게임 내부에서도 그런 비교가 가능하다(폰의 움직임을 지배하는 규칙은 엄격하지만 폰의 크기에 관한 규칙은 유연하다).

그러나 유연한 규칙도 엄연한 규칙이므로 그것을 어기면 모종의 결과가 따를 수밖에 없다. '언어 게임'의 일부 규칙이 미묘하게나마 깨질 경우에 그것은 비트겐슈타인의 말을 빌리자면 "언어가 휴가간 날"(38)이다. 그 결과, 한편으로는 특정한 종류의 철학이 생기며(형이상학의 경우에서 보는 것처럼), 다른 한편으로는 특정한 종류의 광기가 생긴다(《이상한 나라의 앨리스》에서 보는 것처럼). 여기서 앨리스를 언급한 데에는 이유가 있다. 비트겐슈타인은 '앨리스' 시리즈를 무척 좋아했다. 왜냐하면 거기에 제시된 언어학적 농담들은 언어의 일부 속성들의 기능에 관해 오해가 빚어질 경우에 나타날 수 있는 광기를 보여주고 있기 때문이다. 예를 들어, 왕과 앨리스가 나누는 대화들을 보자. 왕이 앨리스에게 길에 누가 있는지 보라고 하자 앨리스는 "아무도 안 보여요" 하고 대답한다. 그 말에 왕은 이렇게 말한다. "내게도 그렇게 아무도 안 보이는 눈 같은 게 있었으면 좋겠구나! 그렇게 먼 거리에서도 안 보이는 눈 말이야!"(즉, 왕은 안 보이는 게 '보인다'는 뜻으로 해석한 것이다. 영문에서는 앨리스의 말이 "I see nobody on the road"로 되어 있고, 왕의 대답은 "I only wish I have such eyes to be able to see nobody"라고 되어 있다. 우리 말의 부정 방식과 영어권의 언어들의 부정 방식이 다르다는 점을 염두에 두고 이 예를 이해해야 하겠다. '앨리스 시리

즈'의 작가 루이스 캐럴은 이런 흥미로운 어법을 많이 구사했다.—옮긴이) 왕의 말에는 뭐가 잘못되었을까? 그 농담은 비트겐슈타인의 추종자들이 '범주 착오'라고 부른 것을 말해준다. 그것은 언어학적 사실들이 범주를 착각한 탓으로 엉뚱한 결론을 이끌어내는 것을 가리킨다.('일상 언어 철학자'인 길버트 라일Gillbert Ryle에 따르면, 그것은 데카르트가 정신-신체 문제를 잘못 해결함으로써 빚어진 오류다. 데카르트는 '정신'을 신체와 유사한 범주에 위치시킴으로써, 마치 '생각하는 사물'처럼 만들었다. 그 때문에 정신은 물리적 존재들과 공존하지만 아무도 그것을 제대로 알 수 없는 유령과도 같은 존재가 되어버린 것이다.)

이번에는 여왕의 경우를 보자. 여왕은 하녀에게 급료로 1주일에 2페니와 이틀에 하루씩 잼을 주겠다고 약속한다. 그러나 그 다음에는 '이틀에 하루'라는 날은 없다는 핑계로 잼을 주지 않겠다고 한다. 이런 경우가 바로 언어가 휴가 간 날이다.

그렇다면 과학적 토대 위에서 실제의 가장 단순한 구성 요소를 찾으려는 실증주의자들의 노력은 어떨까? 비트겐슈타인은 이렇게 말한다.

실재를 구성하는 가장 단순한 요소라는 것이 도대체 무엇인가? 의자의 단순한 구성 요소란 무엇인가? 의자는 나무 조각들로 이루어져 있는가? 아니, 분자 혹은 원자로 이루어져 있는가? '단순하다'는 말은 복잡하지 않다는 뜻이다. 그렇다면 '복잡하다'는 것은 무슨 의미인가?

재빨리 달아나는 잼

그냥 절대적으로 "의자의 단순한 부분들"이라고 말하는 것은 전혀 무의미하다.(47)

'원자적 사실'을 찾으려는 노력도 마찬가지다.

《논고》에서 비트겐슈타인은 이렇게 쓴 바 있다. "대부분의 철학적 명제나 질문들은 언어의 논리를 이해하지 못하는 데에서 비롯된다."(4. 002)《탐구》에서도 그는 어느 정도 비슷한 견해를 가지고 있었지만, '언어의 논리'라는 개념에 대해서는 큰 변화를 보였다. 철학의 임무는 언어의 '배후'에 숨겨진 논리를 드러내는 게 아니라, 일상 언어의 함축적인 논리를 드러내는 데 있다는 것이다(바로 여기서 '일상 언어 철학'이라는 용어가 생겼다). 그래서 그는 일상 언어의 논리를 이해하지 못하면 "언어를 통해 지성이 마법에 걸리는"(109) 결과가 생긴다는 것을 보여주려 했고, 세계에 관해 일상적으로 사유하고 대화하는 방식에 쓸데없이 간섭할 경우에는 '언어학적 휴가'가 일어나며, 그 결과로 철학의 역사를 이루는 대부분의 농담이 생겨났다는 것을 보여주고자 했다. 비트겐슈타인은 비엔나에서는 식초를 담은 병에 꿀을 넣어두고 파리를 잡았다.

　자유롭게 날아다니던 파리는 꿀 냄새를 맡고서 가던 길에서 벗어나 병 속으로 들어와서는 달콤한 꿀에 빠져 허우적대다가 그만 죽고 만다. 비트겐슈타인에게는 대부분의 철학이 바로 그 파리의 허우적거림처럼 보였다. "파리 병의 파리에게 벗어나는 방법을 알려주는 것"은 철학적 문제들을 해결하는 게 아니라 오히려 그것들을 용해시키는 것이었다. 그래서 그 문제들이 일상 언어의 길에서 벗어난 결과로 비롯된 것임을 보여주는 것이었다. 이것은 비트겐슈타인 철학의 보수적인 일면을 잘 보여준다. 그는 이렇게 말한다. "철학은 언어의 현실적 사용에 결코 간섭할 수 없으며, 단지 그것을 서술할 수만 있을 따름이다. 또한 철학은 일상 언어에 어떠한 토대도 마련해 줄 수 없고, 다만 모든 것을 있는 그대로 놔둘 수만 있을 따름이다."(124)

　이러한 자기 만족은 언뜻 G. E. 무어를 연상하지만, 그 비유는 사실 적절치 못하다. 비트겐슈타인의 마음속에는 항상 혼란과 혼돈이 들끓고 있었다. 그의 가슴에는 위의 말에서 본 것과 같은 베르메르 류의 부르주아적 자기 만족과는 또 다른 격정적인 동요가 자리잡고 있었던 것이다.(네덜란드 학자 베르메르는 극히 소량의 작품만 남긴 점에서, 유작까지 해서 단 두 권의 저작만 남긴 비트겐슈타인과 비슷하다.—옮긴이)

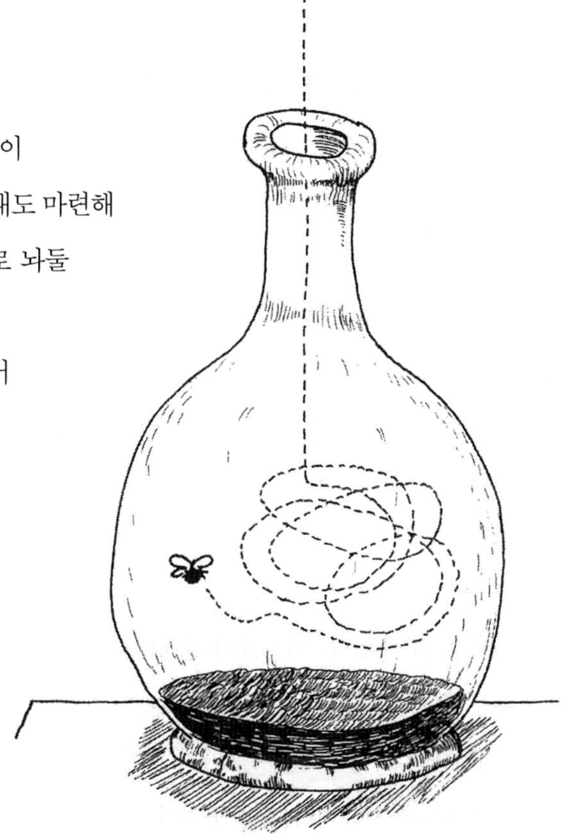

병 속에 갇힌 파리

소다"(이런 지식 쯤은 여러분도 알고 있을 것이다)라는 문장에 못지않게 확실하게 여겨진다. 그러나 여기서 앞의 두 문장은 보통 종합 문장으로 분류되어도 셋째 문장은 분석 문장으로 분류된다. 콰인은 그 문장들을 이러저러하게 분류하는 일이 불가능하다고 말하는 게 아니라, 궁극적으로 그런 분류는 자의적이며, 그 자의성 때문에 논리실증주의자들이 생각하는 것만큼 분석-종합의 구분에 철학적 비중을 부여할 수 없다고 말하는 것이다.

사실, 콰인이 진정으로 하고자 하는 일은 분석 철학들이 신성 불가침으로 여기는 철학적 견해들의 순환적 성격을 보여주는 것이다. 그들은 의미를 분석성(즉, 분석 명제의 성격)으로 규정하며, 분석성을 동의어로, 또 동의어를 의미로 규정하는 식의 순환론에 빠져 있다. 이 체계의 어디선가에서 닻을 내리지 않으면 이 순환은 끊임없이 계속될 것이다.[1]

또 한 가지 콰인이 바로잡고자 한 것은, 수학은 필연적으로 진리이지만 공허하다는 실증주의자들의 주장이다. 그는 수학이 공허하지 않고 내용을 가지고 있으며, '필연적으로' 필연적이지는 않다고 생각한다. 그는 수학의 내용을 설명하기 위해 칸트의 종합적 아프리오리로도, 또 수학을 경험론적 일반화라고 보는 밀의 견해로도 되돌아가고 싶어하지 않는다. 그 대신에 콰인은 인식론적 전체론을 주장한다. 즉 우리의 지적 체계를 이루는 모든 부분은 다양한 범주들(이를테면 '감각 자료의 확실성', '분석 명제의 확실하지만 공허한 성격', '종합 명제의 불확실하면서도 개인적인 성격', '검증 가능성에 의해 보장된 의미성', '형이상학의 무의미성' 등등의 범주들)로 파편화되어 있는 게 아니라 상호 연관되어 있다는 것이다. 콰인은 우리의 지식 체계에서 수학이 지니

I. 콰인이 종합-분석의 구분을 해소했다는 데 모든 분석 철학자가 동의하는 것은 아니다. H. P. Grice and P. F. Strawcon, "In Defence of a Dogma", *Philosophical Rewiew* 65(1956), pp. 141~156 참조

는 힘을 옹호하지만, 수학의 힘은 단지 "수학 이외의 다른 곳에서 수정을 가하려는 우리의 결심"[II]에 있을 뿐이라고 말한다. 설령 실험에서는 뭔가가 잘못될 수 있다 해도 수학만큼은 절대로 포기할 수 없다는 게 일반적인 생각이다. 하지만 우리의 예상과 실제 자료가 큰 차이를 보일 경우에는 수학마저도 포기해야 하지 않을까 하는 마음을 먹을 수 있다. 실제로, 가장 첨단에 속하는 물리학 이론인 양자 역학에서는 배중률조차 포기해야 한다는 사실을 시사하고 있다.(아다시피 배중률이란 A이거나 A가 아니거나 둘 중 하나일 수밖에 없다는 원칙인데, 양자 역학에서는 그러한 사건의 동시성이 파괴된다. 예컨대, 전자는 '동시에' 복수의 장소에 존재할 수 있기 때문이다.—옮긴이)

아직 남아 있는 소수의 논리실증주의들에게는 경악스럽게도, 콰인은 종합-분석의 구분을 해소하고 환원론을 폐기함으로써 "사변적 형이상학과 자연 과학 사이에 설정된 경계가 모호해졌다"[III]고 주장한다. 실증주의의 두 도그마를 공격한 데다가 이런 주장까지 한 것을 보면 콰인은 논리실증주의자의 적이라고 생각될 것이다. 그러나 사실 콰인은 평생토록 실증주의적 프로젝트에 공감을 보였다. 그는 책임 있는 철학자라면 경험론의 형태를 취해야 하며, 과학적이어야 하고, 유물론(그 자신의 표현을 빌리면, '물리주의')을 옹호해야 한다고 믿는다. 유물론의 관점에서 그는 정신-신체 문제를 올바르게 해결하려면 일종의 행동주의가 필요하다는 결론을 내린다.

콰인의 의미론은 프레게와 러셀을 좇아 의미의 참된 단위를 단어에서 문장으로 전환한다. 흄의 경험론은 개별 단어들을 개별 경험들과 연관시키려 한다는 점에서 잘못을 저질렀다.('신', '이념', '자아' 같은 관념을 보자. 흄은 "그 관념이 어떤 인상에서 비롯되었는가?"라고 물었다. 그 관념에 대응하는 감각 자료를 찾지 못하면 그 관념을 지칭하는 단어는 의미가 없다고 본 것이다.) 그와 반대로, 콰인은 단어보다 문장을 의미의 단위로 채택한다. 그는 흄의 과도한 환원론을 거부하면서도 그 반대의 극단에 있는 플라톤주의도 회피한다. 플라톤은 '푸르다'는 단어가 '푸름'이라는 본질을 지칭한다고 보았으며, 그 본질이 개별적인 푸른색의 사례들보다 더 실제적이라고 여겼다. 하지만 이런 생각은 오캄의 면도날을 침해한다. '본질', '의미', '형상' 같은 항목이 존재론적으로 설명되어야 할 실재적 사물처럼 되어버리기 때문이다. 이는 의미가 단어의 대상을 매개하는 사물이라고 보는 견해다. 이에 대해 콰인은 이렇게 쓴다. "의미라고 불리는 특수하고 환원

II. W. V. Quine, "Two Dogmas of Retrospect", *Canadian Journal of Philosophy 21*(1991), p. 270.

III. W. V. Quine, "Two Dogmas of Empiricism", in *Logical Point of View*, vol. 2(Harvard Univ. Press, 1961), p. 20.

불가능한 매개적 실체가 설명적 가치를 지닌다는 것은 분명한 착각이다.[1]

콰인은 오늘날 분석 철학의 전매 특허로 널리 알려진 기법, 즉 문맥적 정의라고 부르는 방법을 개발하여 폭넓게 사용한다. 이것은 철학적 난점을 포함한 문장에서 문제가 되는 용어를 없애고서 그것을 다른 문장으로 전환시키는 방법을 말한다(예를 들면, "푸름은 색깔이다"를, "푸른 사물은 무엇이든 색깔이 있다"로 바꾸는 것이다). 앞서 우리는 러셀의 '기술 이론'에서 이 기법이 큰 효과를 거둔 것을 본 바 있다. 러셀은 그 기법을 사용하여 '있다'라는 단어를 '존재'라는 형이상학적 대상을 가정할 필요가 없는 방식으로 바꿀 수 있었다. 그러나 문맥적 정의를 사용하는 철학자들에게도 조심할 게 있다. 일상 언어는 관념들을 제대로 표현할 수 없으므로 자칫 언어의 덫에 빠져들지 않도록 끊임없이 주의를 기울여야 한다는 점이다.(이런 점에서 콰인은 비트겐슈타인과 유사한 데가 있다. 비트겐슈타인은 《탐구》에서 "철학은 언어가 우리 지성을 현혹시키는 것에 맞서 싸우는 것이다"[109]라고 말했다. 차이가 있다면, 비트겐슈타인은 일상 언어 자체를 주범으로 보지 않고 일상 언어 위에 철학적 전제들을 송두리째 얹져놓으려는 우리의 상황에 잘못이 있다고 보았다는 점이다.)

하지만 러셀이나 실증주의자들과는 달리, 콰인은 문맥적 정의를 실용적으로 사용한다. 그는 문맥적 정의가 진리를 말해준다든가, 실상 언어에 의해 위장된 사유의 숨은 논리 구조를 드러내준다고 주장하지는 않는다. 문맥적 정의의 편리함은 인구 과밀의 형이상학적 도시로 우리를 이끌어가는 일상적 표현의 일부 속성들을 우회할 수 있는 방법들을 제시해준다는 데 있다. 또한 문맥적 정의는 모든 과학 이론을 적절히 표현할 수 있는 언어를 제공하기도 한다.

여기서 잠깐 콰인이 전개한 분석 철학의 반대자들이 제기하는 문맥적 정의의 문제점을 살펴보고 넘어가자. 그들은 이렇게 묻는다. 문장을 바꿈으로써 형이상학적 문제를 제거했다는 게 어떻게 착각이 아니라고 확신할 수 있는가? 혹시 문맥적 정의는 실재에 관한 참된 철학적 진리를 위장하는 게 아닐까? 그러나 일반적으로 그런 반대를 제기하는 철학자들은 콰인보다 일상 언어를 지나치게 신뢰하고 있다. 비트겐슈타인도 아마 그런 진영에 속할 것이다.

콰인은 과장된 논리 분석 언어가 일상적 담론을 결코 대체할 수 없다는 점을 인정했지만, 그가 보기에는 물리학의 언어만이 문자 그대로 실재에 관한 참된 진술이 될 수 있다. 이런 믿

---

1. 앞의 책, p. 12.

음은 콰인의 물리주의를 말해준다. 그런 점에서, 그는 앞서 우리가 데모크리토스와 홉스에게서 본 것처럼 운동하는 물질만이 존재한다는 옛 유물론적 테제를 한층 발전시킨 셈이다. 일상 언어는 도구적 가치를 지닌다. 즉, 그것은 우리가 삶을 헤쳐 나가는 데 도움을 준다. 그러나 일상 언어는 실재에 관한 진리를 표현하는 데 적절하지 못하며, 이따금씩 은유적 방식으로만 표현할 뿐이다. 콰인은 심지어 물리학 이외의 다른 과학들의 지위에 관해서도 의혹을 품고 있는 듯하다. 생물학과 심리학은 실제로 존재하는 것에 관해서 역시 은유적인 형태의 진리밖에 주지 못한다.

콰인이 물리주의를 주장함에도 불구하고 환원론자가 아니라는 사실은 다소 놀랍다. 그는 화학이나 생물학이 물리학으로 환원될 수 있다거나, 모든 정신적 상태가 신경증적 증상으로 번역될 수 있다고 생각하지 않는다. 다만, "신체적 차이가 없는 정신적 차이란 없다"[11]고 말하는 정도에 그칠 뿐이다. 정신에 관한 궁극적 사실도 물리학의 주제가 된다는 것은 분명하지만, 적어도 현재로서는—아마 앞으로도 영원히 그렇겠지만—정신적 사건의 서술을 가장 근본적인 물리적 입자에 관한 서술로 환원시킬 방법은 없다. 두 차원의 사이에는 은유적 언어만이 메울 수 있는 틈이 있는 듯하다. 그러나 콰인은 그 넓은 틈이 철학의 관심 대상이라고 생각하지는 않는다.

오늘날의 많은 분석 철학자들은 다른 문제에서라면 콰인의 엄밀한 태도를 존경했을 테지만, 이 주제에 관해서는 당연히 그에게 동의하지 않는다. 일부 철학자들은 콰인이 철학적으로 관심을 보이지 않는 그 틈이 실상 사려 깊은 사람들에게는 큰 관심을 불러일으키는 틈이라고 믿는다. 왜냐하면 그것은 인간 경험이 생성되는 틈이기 때문이다. 이를테면 바로 이 틈에서 예술, 경제학, 도덕, 정치, 언어학, 자아의 경험 등과 같은 행위나 제도들이 생겨난다.

콰인의 물리주의에 관련된 것으로, 그가 1960년에 '번역의 불확정성'이라 부른 대담한 이론이 있다. 나중에 이것은 그의 가장 논쟁적인 주제 가운데 하나가 된다. 현장의 언어학자들이 영어를 그들이 알지 못하는 현지 언어로 번역할 수 있게 해주는 안내서를 만든다고 가정해보자. 그들에게는 현지 언어를 낳은 문화와 관습에 대해 아무런 지식도 없다. 따라서 언어학자들은 우선 무엇보다 현지인들의 말과 행위 사이의 관계와 그 행위를 낳은 물리적 자극에 주목해야 한다. 콰인은 만약 그 언어학자들이 각자 따로따로 작업한다면 여러 가지 다른 안내서가 나올

II. Quine, "Facts of the Matter", in *Essays on the Philosophy of W. V. Quine*, ed. R. W. Shanan & C. V. Swoyer(Harvester, 1979), p. 163.

것이라고 생각한다. 그 안내서들은 서로 일치하는 점이 없겠지만, 어느 것이든 현지인의 언어
적 · 신체적 행위, 환경 속에서의 물리적 자극과는 일치할 것이다. 그 가상의 안내서들은 모두
물리적 사실(콰인의 주요 관심사)과 일치하기 때문에 어떤 안내서가 올바른 안내서인지 결정할
만한 물리적 사실 같은 것은 없다. 단지 대화와 협동을 쉽게 해준다면 어느 안내서나 똑같이 올
바른 것이다. 이러한 결론은 일조의 급진적 행동주의를 구성한다. 만약 같은 물리적 자극들이
같은 반응들을 유발한다면, 그 반응들은 서로에 대해 등가적이다.

　콰인은 예컨대 그 언어학자들이 '가바가이'라는 원주민들의 표현을 해독하려 한다고 가정
한다.[1] 원주민들은 토끼가 달릴 때마다 '가바가이'라는 말을 쓴다. 게다가, 언어학자들이 토끼
를 가리켜 "가바가이?"라고 물을 때마다 원주민들은 언제나 긍정적인 몸짓과 소리를 보여준다.
콰인에 따르면, 이 경우에 가바가이의 올바른 번역은 "저기 토끼가 있다"는 것이라고 결론지을
수 있다. 그러나 그는 그 밖에 수많은 다른 번역어들도 그와 마찬가지로 올바를 수 있다고 생

새 시대의 분석 철학

I. W. V. Quine, *Word and Object*(John Wiley & Sons, 1960), p. 51.

각한다. 사실 콰인은 그 상황에서 나올 문장들이 모두 등가적이라고 말한다.

1 저기 토끼가 있다.

2 토끼의 한 성장 단계가 거기 있다.

3 분리되지 않은 토끼의 신체 부분들이 저기 있다.

4 토끼의 신체 부분들이 합쳐진 것이 저기 있다.

5 토끼의 한 사례가 저기 있다.

대부분의 의미론에서는 1번부터 5번까지의 문장이 모두 같은 뜻은 아니라고 하겠지만, 그와 반대로 콰인은 모두 같다고 본다. 그 문장들은 모두 같은 물리적 자극과 체계적으로 일치하기 때문에 같은 뜻이며, 따라서 여기서 번역의 불확정성이 드러난다는 것이다.

콰인은 1번 번역이 '가바가이'를 독해하는 가장 그럴듯한 방식이지만, 그것은 편의상 그렇다는 것일 뿐 그게 '진리'이기 때문은 아니다. 다만, 그는 순수한 물리적 사실(예컨대, 기초적인 물리적 입자)의 관점에서 볼 때 그 번역문들이 모두 같은 정도로 옳다고 말하는 것이다. 콰인에 따르면, 설령 그 불확정성 테제로 인해 언어와 정신에 대한 많은 철학적 설명과 우리의 일상적 견해마저 부정된다 해도 어쩔 수 없는 일이나, 어차피 부스러기는 아무 데로든 떨어지게 마련이다.

분명히, 콰인의 이론은 언어와 정신에 관한 우리의 통상적인 사고 방식을 파괴한다. 그렇기 때문에 그의 이론은 지나치게 이색적이라는 비난을 받을 가능성이 많다. 예를 들어, 어떤 학자는 이렇게 비판하기도 했다. 만약 당신이 토끼를 애완 동물로 구입했다면, 콰인의 불확정성 테제는 애완 동물을 귀여워하고자 하는 당신의 따듯한 마음씨를 분리되지 않은 토끼의 신체 부분들을 쓰다듬으려는 기괴한 욕망으로 바꿔놓는 셈이다.[I](한 마디 덧붙인다면, 가바가이를 '토끼의 신체 부분들이 합쳐진 것'으로 번역하는 것은 '토끼고깃국'이라는 주방 용어와 동의어가 되지 않나 싶다.)

많은 사람은 우리의 일상적인 정신 개념을 붕괴시키는 불확정성 테제가 뭔가 잘못되었음을 느낄 것이다. 즉, 자극 의미에 중점을 둔 것은 지나친 자기 부정이며, 의미와 정신의 상을 왜곡시키고 무미건조하게 만들 수밖에 없다는 느낌이 더욱 강해지는 것이다.[II]

콰인이 말한 번역의 불확정성 이론은 숱한 비판을 받았다. 그 이유는 철학자들이 번역의 문제 자체를 중요하게 여기기 때문이 아니라, 콰인의 테제가 급진적 물리주의의 논리적 연장이라는 것을 알기 때문이다.

따라서 불확정성 테제에 도전하는 것은 곧, 물리주의 자체에 도전하는 셈이 된다.

어쨌든 콰인의 전반적 견해에 반대하는 철학자들조차 콰인의 폭넓은 저작에 담긴 다양한 논증으로부터 많은 영향을 받았다. 아마 현대의 주요한 분석 철학자들 가운데 콰인의 견해를 자신의 철학 체계에 포함시키지 않거나, 적어도 그의 견해에 대해 공개적으로 반응할 필요성을 느끼지 않는 사람은 거의 없을 것이다. 일부만 언급해보면 도널드 데이비드슨Donald Davidson, 힐러리 푸트남Hilary Putnam, 노엄 촘스키Noam Chomsky, 제리 포더, 제럴드 캐츠, 넬슨 구드민, 윌프리드 셀리스, 이언 해킹, 존 실 등이 모두 그렇다. 또한 젊은 세대의 분석 철

I. Peter Unger, *Philosophical Realitivity*(Blackwell, 1984), p. 18.

II. Hookway, p. 141.

학자들도 콰인의 지속적인 영향력을 느끼고 있다. 이들 가운데는 탁월한 여성 철학자들도 있는데, 콰인의 철학이 페미니즘에 도움이 된다고 주장한 린 헨킨슨 넬슨과 루이즈 앤써니가 대표적이다.[III]

현상학과 그 영향

후설

논리실증주의로부터 무자비한 공격을 받으면서도 여전히 데카르트에 의해 창시된 유럽의 철학은 철학적 전통을 충실히 계승하고 발전시킨 사상가도 많이 있었다. 그 중에서 가장 두드러진 인물은 '현상학'을 창시한 에드문트 후설Edmund Husserl(1859~1938)이다(그는 '겉모양'이

III. Lynn Harkinson Nelson, *Who Knows? From Quine to Feminist Empiricism*(Temple Univ. Press, 1990): Louise M. Antony, "Quine as Feminist: The Radical Import of Naturalised Epistemology", in *A Mind of One's Own: Feminist Essays on Reason and Objectivity*. ed. Louise M. Antony and Charlotte Witt(Westview Press, 1993).

라는 뜻의 그리스어 파이노메논phainomenon에서 '현상학phenomenology'이라는 말을 만들어냈는데, 말하자면 겉모양을 연구하는 학문인 셈이다). 후설은 데카르트의 저작에서 자기 사상의 뿌리를 찾았다. 데카르트처럼, 후설도 역시 의식을 모든 철학적 사유의 중심에 가져다놓은 점에서는 서로 같다. 그러나 후설은 칸트에게서 의식론이 의식의 형식만이 아니라 내용도 다루어야 한다는 것을 배웠으므로(데카르트는 이 점을 깨닫지 못했다), 정신의 구조와 내용을 둘 다 보여주는 방법을 개발하고자 했다. 그 방법은 이론적이 아니라 순수하게 기술記述적인 것이었다.

다시 말해서, 철학이든 과학이든 어떠한 이론적 구성물의 도움 없이, 세계가 의식에 실제로 드러내는 모습을 있는 그대로 기술하는 것이다. 이런 방법을 통해 후설이 말하는 '자연적 태도'의 세계가 드러나게 되는데, 그것은 바로 철학과 과학의 방해를 받지 않고서 경험되는 일상이다.《순수 현상학과 현상학적 철학의 이념》에서 후설은 '자연적 태도'에 관해 이렇게 쓰고 있다.

> 나는 끝없는 공간과 시간 속에 끝없이 펼쳐져 있는 세계를 인식한다. 내가 세계를 인식한다는 것은 곧 내가 세계를 직접적으로, 직관적으로 발견하며 경험한다는 뜻이다.⋯⋯나는 특별한 관심을 기울이지 않아도 내게 그냥 주어져 있는 시각, 촉각, 청각 등등의 신체적인 감각을 통해 세계를 경험하는 것이다.[1]

이러한 '자연적 태도의 세계', 즉 생활 세계는 모든 철학과 과학의 절대적인 출발점이다. 다른 세계들은 이 생활 세계 위에 덧쌓일 수는 있지만, 결코 생활 세계를 침해하지는 못한다. 인간 존재에게는 궁극적으로 자연적 태도의 생활 세계밖에 없다. 그러나 후설은 자연적 태도의 배후에까지 파고들어 그 구조를 밝히고자 했다. 그러기 위해 그는 데카르트의 '근본적 회의'와 같은 방법을 고안했는데, 그것을 '현상학적 환원'이라고 부른다(그리스어로는 에포케epoche라고 하는데, '판단 중지'라는 뜻이다). 이 방법은 알고자 하는 경험을 '괄호' 안에 넣고, 그 경험에 통상적으로 따르는 일체의 전제나 가정을 유보한 채 그 경험을 기술하는 것이다.

예를 들어, 커피 잔을 바라보는 경험을 '괄호' 안에 넣으려면, 먼저 그 잔이 커피를 담는 용

I. Edmund Husserl, *Ideas: General Introduction to Pure Phenomenology*, trans. W. R. Boyce Gibson(Macmillan, 1969), p. 91.

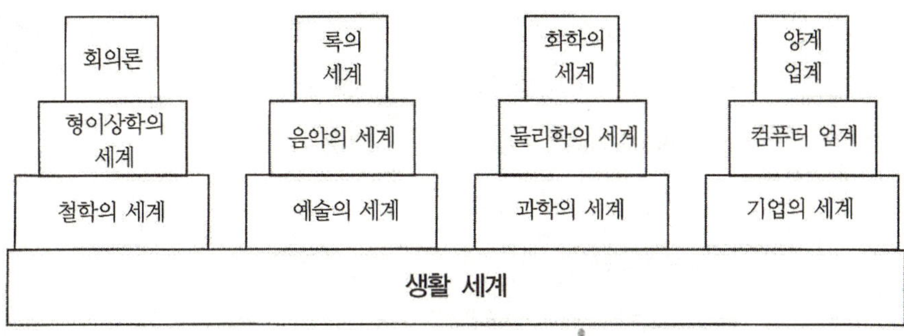

여러 층으로 된 세계들

도로 쓰이며 손잡이는 잔을 잡기 위한 것이라는 등의 판단을 중지해야만 한다. 이렇게 괄호 치기를 하면 커피 잔은 의식 선상에 가능한 여러 가지 구성물의 모습으로 나타나게 된다(나는 커피 잔의 앞면과 뒷면, 윗면과 아랫면을 동시에 볼 수 없으며, 기껏해야 특정한 순간에 보이는 모습만 볼 수 있을 따름이다).

후설 교수가 커피 잔에 관한
에포케를 수행하고 있다

이 '에포케'는 물론, 더 철학적인 사례에도 적용할 수 있다. 예컨대, 시간의 경험에 적용한다면 우리는 우선 시계나 기차, 시간표, 달력 등에 관한 모든 판단을 유보해야 한다. 그러면 우리는 체험된 시간이 영원한 지금으로 경험된다는 것을 알게 될 것이다. 그 영원한 '지금'은 이전의 '지금들'(과거의 당시성當時性)에 대한 기억과 뒤섞이며, 부분적으로만 경험 가능할 뿐 궁극적으로는 경험 불가능한 미래의 당시성 속으로 합류하게 된다. 현상학적으로 말해서, 시간은 언제나 '지금'이다. 무엇을 한다는 것은 바로

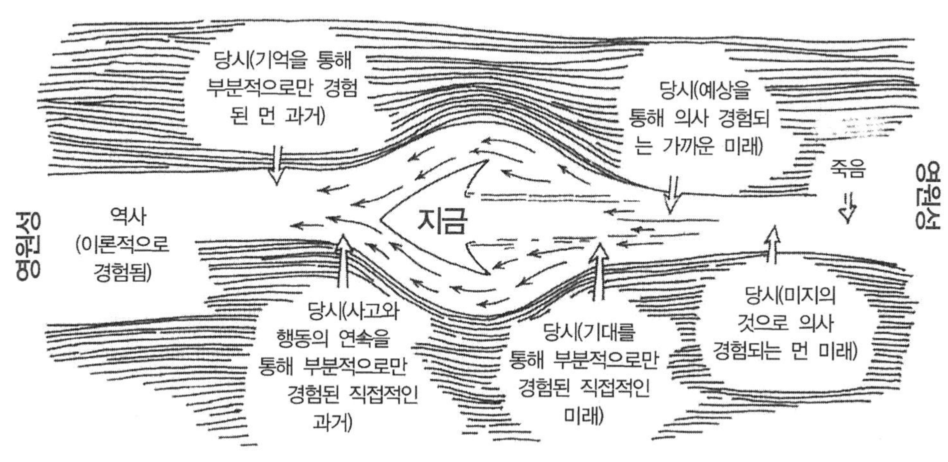

'지금' 한다는 것이다. 결코 '당시'에 하는 게 아니다.

마찬가지로, 공간 경험의 현상학적 환원도 체험된 공간과 지도에 그려진 공간 사이의 차이를 드러낸다. 체험된 공간은 언제나 '여기/저기' 이분법의 견지에서 경험된다. 즉, 나는 언제나 '여기' 있고 다른 모든 것은 언제나 다양한 '자기'에 위치해 있는 것이다(후설을 잘못 계승한 제자 장 폴 사르트르는 나중에 이 발견으로부터 아주 비관주의적 결론을 이끌어낸다). 따라서 '여기/저기'

자연적 태도   에포케의 태도

의 경험은 공간과 시간 경험의 '중심성'에 해당한다. 그것이 바로 자아의 위치다.

후설의 주요한 통찰력 가운데 하나는 모든 의식의 **지향성**志向性을 밝힌 것이다(사실, 후설은 그것을 자신의 스승인 프란츠 폰 브렌타노Franz von Brentano의 저작에서 차용했다). 이는 나중에 현상학적 전통과 분석 철학적 전통 모두에 포함된다.[1] 여기서 후설의 모토는 바로 "모든 의식은 '무엇'에 대한 의식이다"라는 데 있다.(이 말은 스스로 닫혀 있는 사유란 없다는 뜻이다. 사유란 항상 무언가에 대한 사유다. 우리는 그냥 막연히 의식하기만 할 수는 없고 언제나 뭔가를 의식하거나 두려워하거나 생각해야만 한다. 자동사自動詞로 말할 수 있는 정신적 상태란 없다. 심지어, 절대적인 무에 대해 느끼는 키에르케골 식의 '불안'조차도 그냥 불안이 아니라 '무에 대한 불안'이다.) 의식을 세계 내의 다른 것과 구분해주는 것은 바로 이 '지향성'이다.

후설은 현상학적 판단 중지를 지향성의 대상(예컨대, 커피 잔)에 대해, 또는 의식 자체의 행위에 대해 수행할 수 있다고 주장했다. 그러므로 그는 정상적인 의식에서 한 걸음 물러나 일종의 순수 의식, 초월적 자아, 자아 배후의 자아로 들어가는 게 가능하다고 믿었다. 마치 데카르트가 "나는 존재한다"를 모든 인식의 출발점으로 삼은 것과 비슷하다. 여기서부터 후설의 사상은 대단히 복잡해지는데, 후설의 제자들 중 이 비현실적 영역에까지 그를 추종한 사람은 거의 없었다. 오늘날 후설은 무엇보다도 그의 철학적 방법 때문에 큰 존경을 받고 있다. 마르틴 하이데거, 메를로 퐁티, 장

자아 배후의 자아(하지만 '자아 배후의 자아'의 배후에도 또 다른 자아가 있지 않을까?)

---

[1] 분석 철학자들이 지향성을 다룬 좋은 사례로는 John Searle, *Intentionality: An Essay in the Philosophy of Mind*(Cambridge Univ. Press, 1983)을 보라.

폴 사르트르 등 많은 저명한 철학자가 후설의 방법을 추종하거나 차용했다. 특히 그들은 현상학을 더욱 발전시켜 실존 철학을 구성했다.

하이덱거

마르틴 하이덱거Martin Heidegger(1889~1976)는 처음에 후설의 동료이자 그의 현상학을 배운 제자로서 철학을 시작했다. 그러나 이내 그의 철학적 관심은 후설과 크게 다르다는 게 분명해졌다. 후설의 현상학적 환원은, 예컨대 커피 잔이나 성냥갑 같은 대상의 본질적 특징을 발견하려는 것이었으며, 그런 존재들에 관한 우리의 인식을 설명하고자 했다. 하지만 하이덱거는 그 방법을 응용하여 더 깊은 질문, 즉 존재 자체에 대한 질문으로 들어가고자 했다. 그는 개별적인 '존재자'의 본성에 관한 의문에는 관심이 없었으며(그것을 그는 '존재적' 의문이라 불렀다) 오히려 존재자들의 존재, 즉 개별 존재자들이 존재한다는 사실에 대해 관심을 가졌다(그것을 그는 '존재론적' 관심이라 불렀다).

앞서 우리는 17세기에 고트프리트 라이프니츠가 "왜 아무 것도 없지 않고 뭔가가 있는가?"라는 일차적인 존재론적 질문을 던진 것을 보았지만, 당시 그는 신의 존재를 증명하기 위해 신학적인 질문을 한 것이었다. 게다가 하이덱거에 따르면, 라이프니츠의 시대만 해도 그런 질문을 제대로 제기하기에는 이미 늦은 시대였다. 왜냐하면 그 당시는 이미 1,000가지의 철학적·과학적 오해로 인해 '존재'가 서양의 지적 전통에서 은폐되어 있었기 때문이다. 그러나 항상 그랬던 것은 아니다. 소크라테스 이전 시대의 사람들은 존재의 출현에 크게 놀랐으며, 진정으로 존재론적 의문을 제기한 바 있다.

하지만 이들 진정한 사상가들(하이덱거는 사상가란 말을 철학자보다 높이 치고 있다)의 뒤에

하이덱거

플라톤이 오면서 그 문제는 흐려졌다. 플라톤은 존재로부터 일탈하여 인위적이고 관념적인 형상의 세계 속으로 들어갔으며, 뒤이어 아리스토텔레스는 '존재자'에게만 집중하고 가술技術적인 전통만 강조함으로써 이후 존재 자체가 잊혀지게 된 것이다. 하이덱거는 "존재에 대한 기억을 되살리고" 싶어했다. 그러기 위해서 우리는 존재의 출현에 놀라던 원시 시대로 되돌아가야 했다. 우리는 존재의 집으로 돌아가서 존재 앞에 서야 하며, 존재를 단지 지성의 대상으로 삼기보다는 존재와 더불어 조화를 이루어야만 하는 것이다.

우리가 존재의 집으로 돌아가지 못하도록 막는 것은 우리가 사용하는 언어다. 지금까지 언어는 파편화되고 폐허의 먼지처럼 변했으므로 존재로 향하는 길을 찾으려면 먼저 언어를 닦고 정화해야 한다. 현대의 여러 언어 중에서 다행히 독일어는 진리에 가장 가깝다.(물론 하이덱거처럼 독일인이라면 가장 좋을 것이다. 하이덱거는 sein 동사[영어의 be 동사, 프랑스의 être 동사에 해당한다]가 없는 언어에서는 철학을 할 수 없다는 심한 말까지 한 적이 있다. 그에 따르면, 우리 말로는 철학을 할 수 없다는 얘기가 된다. 하지만 이 점에 관해서는 그가 세계에 존재하는 여러 언어에 그리 해박하지 못했기 때문이라고 여기고 넘어가자. 나중에 나오겠지만, 나치에 침묵했다는 그의 정치적 경력 때문에 그의 철학을 폄하할 수 없듯이.—옮긴이) 다른 언어들보다 오염의 정도가 덜하고, 더 힘이 있으며, 더 정신적인 언어이기 때문이다. 그러나 소크라테스 이전의 사람들이 사용했던 고대 그리스어도 역시 힘 있는 언어였다. 당시 그리스 최초의 철학들은 그리스어를 말함

소크라테스 시대 이전의 철학자
자기 엄지손가락의 존재를 발견하고 크게 놀란다

으로써 존재를 직접적으로 목격한 사람들이었다.

하이덱거는 이러한 언어를 발굴하고 그 가장 깊은 어원으로 들어가고자 했다. 예를 들면, 그는 '존재'라는 뜻의 그리스어 파로우시아parousia가 "당당하고 견고하게 홀로 서 있으면서 자신을 발현하는"[1] 것을 지칭하는 것, '진리'를 뜻하는 그리스어 알레테이아aletheia가 '드러냄'[II]을 뜻한다는 것을 밝혀냈다. 그러나 단순히 그리스어를 연구한다거나 독일어를 할 줄 아는 것만으로는 충분하지 않다. 새로운 출발점은 근본적으로 혁신적인 동시에, 우리가 기원으로 되돌아

존재가 말을 한다

I. Martin Heidegger. trans. George Steiner, *Martin Heidegger*(Viking, 1979), p. 46에서 재인용.

II. Martin Heidegger. *Being and Time*, trans. John Macquarrie and Edward Robinson(Harper & Brothers, 1962), p. 265.

언어를 발굴하는 하이덱거

갈 수 있도록 해주는 것이어야만 한다. 이러기 위해 하이덱거는 일종의 전문 어휘들을 개발했는데, 이것은 어떤 사람들에게는 환희를, 또 어떤 사람들에게는 당혹감을 안겨주었다.

하이덱거의 그런 전문 용어의 예를 보자. 그는 '불안'이라는 말의 의미를 "더불어-있음이라는 것으로서 세계-내에-이미-있음(세계-내에서 마주치는 실체)"[III]이라는 말로 풀이한다.(여기서 만도 대시[-]가 다섯 개나 쓰였다!)

이 터무니없는 신조어들로써 잃어버린 의미를 되찾기란 쉽지 않은 일이다. 하이덱거의 인

III. 앞의 책, p. 237.

'타락'이라고 부른다. 불행하게도, 타락은 그저 선택을 잘못한 데 따르는 부수 효과에 불과한 게 아니다. 그것은 인간 존재의 본질에 속한다. 우리는 타자들의 세계 속으로 '타락'한다. 그러나 여러 가지 관심을 통해 무근거함에서 빠져 나오는 것은 가능하다. 존재에 대한 관심, 존재자에 대한 관심, 미래에 대한 관심, 과거에 대한 관심, 공동체에 대한 관심 등등이 그것이다.

또 한 가지 우리가 무근거함에서 벗어날 수 있는 길은 '불안Angst'이다. 우리는 죽음 앞에서 불안을 경험한다. 하지만 그것은 단순한 죽음의 공포가 아니다. 불안은 인식적이다. 불안은 우리가 죽으리라는 앎(인식)을 낳는다. 불안은 우리에게 다자인이 죽음을-향한-존재라는 것을 일깨워준다. 우리는 다자인으로서의 우리 존재의 의미를 다자인이 되지 못할 가능성, 즉 죽음 속에서 발견한다. 또한 이 발견을 통해 우리는 우리가 지닌 자유를 깨닫는다. 절박한 죽음을 앞에 둔 우리는 그 필연적인 종말에도 불구하고 그 자체로 가치를 지니는 삶을 선택해야 하기 때문이다.

이런 사상은 대부분 1927년에 출간한 하이덱거의 주저《존재와 시간》에 제시되어 있다. 이 책은 2부로 구성되어 있으며, 말미에는 일련의 질문이 있다. 이 질문에 대해 하이덱거는 3부에서 답하겠다고 약속했지만, 3부는 결국 씌어지지 않았다.

그것을 가리켜 한 비판자는 존재로 가는 길이 "결국 막다른 길이었음이 증명되었다"[1]고 말한다.

1927년 이후에 하이덱거는《존재와 시간》의 미완성 부분을 끝내려 하지 않고, 그 대신에 짧은 글을 많이 썼다. 그 글들은 하이덱거의 추종자들과 비판자들 사이에 큰 논쟁을 불러

인간 실존은 죽음을-향한-존재다

I. Steiner, p. 114.

일으켰는데, 주요 초점은 하이덱거가 1927년 이후에 핵심적인 철학적 문제에 관해 생각을 바꾸었는가 여부였다. 최소한 강조점이 달라진 것은 분명해 보인다. 후기의 하이덱거에서는 언어('존재'로 가는 새로운 길)가 거의 가려버린 듯하다. 즉, 언어는 인간 존재와 개인을 삼켜버린 것이다. "언어는 존재의 집이다. 인간은 이 집에 거주함으로써 존재한다(ex-sist)."[11] 인간이 언어를 말하는 게 아니라 언어가 인간을 통해 자신을 드러낸다. 따라서 철학자보다는 시인이 존재의 진정한 관리자다. 특히 하이덱거는 독일 시인 프리드리히 휠덜린Friedrich Hölderlin을 그 대표적인 예로 들고 있다. 휠덜린은 편리하게도 마침 하이덱거와 동향인이었지만, 불편하게도 요양원에서 죽음을 맞았다. 시의 중요한 특성은 일종의 명명 또는 지명인데, 이것은 존재를 '현실화'하는 행위다. 니체와 마찬가지로, 하이덱거도 플라톤의 위계를 거꾸로 뒤집는다. 즉, 진리를 말하는 것은 과학자가 아니라 예술가다. 하지만 하이덱거의 후기 저작들에서는 그 시적

막다른 길?

II. Martin Heidegger, "Letter on Humanism", in *Martin Heidegger: Basic Writings*, ed. David Farrell Krell (Harper & Row, 1977), p. 213. 'ex-sistence'란 'exsistence'를 변용시킨 용어로, 존재가 튀어 나와 엑스터시와 연관된다는 그리스어의 어원을 강조하기 위해 하이덱거가 만든 말이다(ek-stasy는 자신으로부터 벗어나는 것을 뜻한다).

실용주의, 분석 철학, 현상학과 그 영향   379

언어마저도 물러나고 단어들 사이의 시적 침묵이 그 자리를 차지한다. 진리는 "침묵에 관한 침묵"이어야 한다는 것이다.

하이덱거는 거대한 철학적 영향력을 남겼음에도 불구하고, 그의 삶과 저작 활동은 밝지 못했다. 1933년에 프라이부르크대학 총장이 된 하이덱거는 나치당에 입당하여 아돌프 히틀러를 찬양하는 연설을 했다. 1년 뒤에 그는 총장에서 물러나 그후로는 더 이상 히틀러를 찬양하지 않았다. 사실, 당시 그는 나치의 감시를 받고 있는 몸이었다. 그러나 그는 나치를 지지한 데 대해 한 번도 공개적으로 사과하지 않았으며, 곧이어 나치가 유대인 대학살을 자행했을 때에도 침묵으로 일관했다. 그의 침묵과 "진리를 말하는 침묵"은 서로 관련이 있는 걸까? 물론, 아닐 것이다. 그의 비판자들은 그의 침묵이 사악한 진리를 감추고 있다고 말한다. 그들은 또한 그가 한편으로 독일어의 시적인 성격을 과장하고 죽음과 땅에 지나치게 집착해 있었다는 것과, 다른 한편으로 나치즘의 잔혹하고 공허한 사상에 공감한 것 사이에는 일맥 상통하는 게 있다고 주장한다. 반면에 그의 옹호자들은 그가 정치적으로 소박했던 철학적 천재였다고 말한다. 한 번 정치적 실수를 저질렀다가 그 실수를 깨달았으나 공개적으로 인정하지 않는 바람에 또다시 실수를 저지르게 되었다는 것이다. 또한 그들은 개인적인 결함으로 그의 철학이 지니는 가치를 인정하지 않는 것은 잘못이라고 덧붙인다.

사르트르

에드문트 후설의 또 다른 제자로 장 폴 사르트르Jean-Paul Sartre(1905~1980)가 있다. 사르트르는 20세기의 가장 중요한 철학자 중의 한 사람이라는 것 이외에 평론가, 소설가, 극작가로도 널리 이름을 떨쳤다. 그의 초기 철학 사상은 장편 소설《구토》(1938), 철학 논문과 책《자아의 초월》(1936)과 《존재와 무》(1943), 그리고 에세이《실존주의는 휴머니즘》(1946) 등에 제시되어 있다. 이 저작들에서는 후설만이 아니라 하이덱거와 키에르케골의 영향력을 볼 수 있다.

먼저, 사르트르의 의식론을 살펴보자. 후설에게서 사르트르는 의식이 항상 지향적이라는 것을 배웠다. 즉, 의식은 항상 그 자신을 넘어 대상을 지향한다는

사르트르

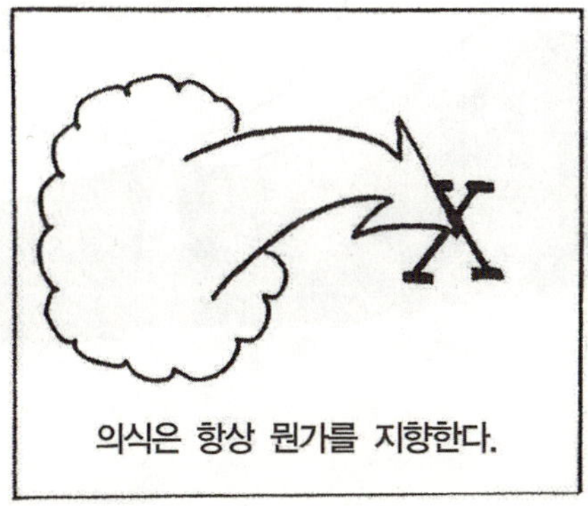

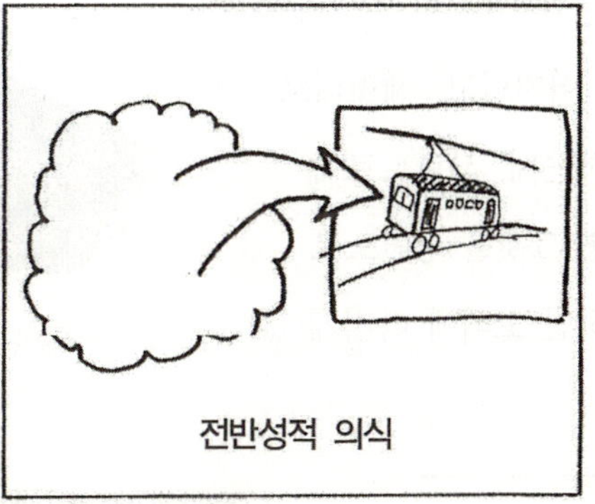

것이다. '전前반성적 의식'은 반성되거나
철학적으로 사고되지 이전의 의식을 말
한다. 예컨대, 내가 소설을 읽는다고 할
때 전반성적 의식의 대상은 소설에 등
장하는 주인공이다. 내가 전차를 타려고
달릴 때 전반성적 의식의 대상은 '올라
타야-하는-전차'이다. 이러한 전반성적
의식에서는 자아나 '나'를 찾아볼 수 없
다. 오로지 의식의 대상, 즉 돈키호테나

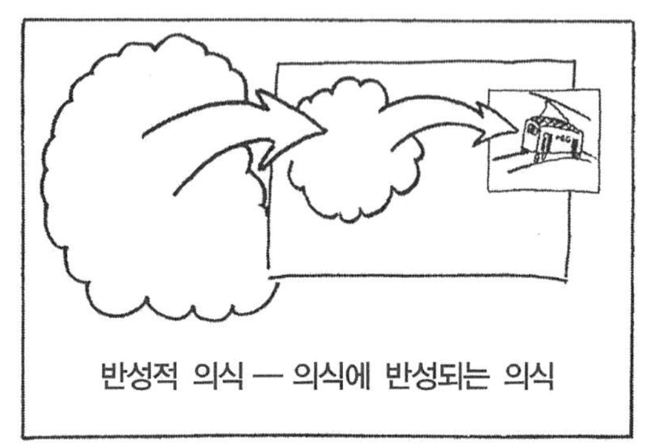

전차만이 존재할 뿐이다. '반성적 의식'은 스스로를 반성하는 의식이다. 사르트르에 따르면(데
카르트와는 반대로), '자아' 혹은 '나'는 반성적 의식에서만 발견될 수 있다. 자아와 나는 반성적
의식에서 발견될 뿐만 아니라 어느 정도는
거기서 창조되기도 한다.

　의식을 현상학적으로 조사해보
면(즉, 의식을 괄호쳐서 반성적 의
식의 대상으로 만들면), 그것이
기괴하고……비인격적이며 자
발적인"[1] 것임을 알게 된다. 의
식 속에서는 내가 아니라 타자들
의 의지에 따라 생각들이 왔다갔
다하는 것이다. 이 의식의 자발
성은 어지럽고 제멋대로
활동하는데, 사르트르에
따르면 그것을 정면으로
생각하면 고뇌에 빠지게

I. Jean-Paul Sartre, *The Transcendence of the Ego*(Noondat Press, 1957), pp. 98~99.

된다고 한다. 우리는 이 자유로운 자발성을 통제하기 위해 적극적으로 노력하지만, 그것이 실패할 경우에는 신경증과 정신병이 따르게 된다.

사르트르는 남편이 직장 때문에 집을 떠나게 될 것을 걱정하는 어느 여성의 예를 든다. 그녀가 두려워하는 것은 남편이 떠난 뒤에 자신이 마치 창녀처럼 창문 앞에 벌거벗고 앉아 있게 되는 상황이다. 왜 그것을 두려워할까? 그것은 그녀가 그렇게 할 자유를 가지고 있기 때문이다. 자유가 있기 때문에 그녀는 두렵다.(사르트르는 이 주제를 키에르케골이 설명하는 두려움에서 이끌어냈다. 신이 아담에게 선악과를 먹지 말라고 명하자, 그때 아담은 자신이 그것을 먹을 수 있다는 것을 알았다. 즉, 그는 그렇게 할 자유가 있었던 것이다. 아담은 언제든 원하면 그것을 먹을 수 있다. 그래서 그는 자신의 자유를 두렵게 여기는 것이다.)

사르트르가 말하는 여성의 경우는 실상 우리에게도 적용된다. 간혹 우리가 의식에 내리는

명령이 깨어질 경우에 의식은 우리에게 그 기괴한 자발성을 노골적으로 드러내는 것이다. 철학적 방법의 하나로서 후설은 모든 믿음과 모든 선입견을 에포케에 넣었지만, 사르트르는 우리가 그 에포케를 예상하기만 해도 에포케는 깨어진다고 말한다. 따라서 에포케는 철학적 방법이 아니라 의식의 위기다. 그 깨어진 틈을 들여다보면 우리는 갑자기 그 속으로 뛰어들고 싶은 충동을 느끼게 된다.

바로 이것이 사르트르의 소설《구토》의 주인공 로캉탱이 겪은 경험이다. 그는 공원 벤치에 앉아서 우들투들한 혹마디가 있는 밤나무의 뿌리를 보다가 느닷없이 그런 경험을 하게 된다.

갑자기 모든 선입견이 깨어지면서 로캉탱은 밤나무를 그냥 나무가 아니라 "길고, 우들투들하고, 거칠고, 흐늘거리고, 미끌거리고, 기괴하고, 벌거벗고, 음탕하고, 충격적인 존재의 덩어리"로 보게 된다. 바로 그 순간, 나무의 '존재'가 그에게 모습을 드러낸 것이다. 로캉탱은 의식의 위기 속에서 드러난 그 존재가 순수한 여분이며 잉여라는 걸 깨닫는다.

I. Jean-Paul Sartre, *Nausea*, trans. Lloyd Alexander(New Directions, 1964), p. 127.

스피노자나 라이프니츠 같은 합리론자들의 견해는 완전한 잘못이다. '존재'는 필연적인 게 아닐 뿐더러 불합리한 것이다. '존재'의 존재에는 결코 '충분한 근거'가 없으며, 그 존재가 존재할 이유가 전혀 없다. 그래서 사르트르 같은 실존주의자들은 자신의 존재가 불합리한 세계 속의 잉여임을 깨닫는다. 하지만 그래도 인간 존재는 엄연히 존재한다. 인간은 자신의 뜻과 달리, 무의미한 세계 속에 내던져진 존재다. 인간 존재와 세계는 어떤 관계일까?

그 관계의 가장 유의미한 형태는 '질문'이다. 세계에 질문을 던짐으로써 나는 존재 속의 무를 드러낸다. 내가 카페에서 피에르를 찾다가 그가 없는 것을 보았을 때 나는 현실 속의 무를 드러낸 것이다(피에르의 부재는 현실이다).

마찬가지로, 나는 무가 나와 나 자신을 갈라놓는 것을 발견한다. 나와 나의 과거(지금의 나는 과거의 나와 다르다) 사이에는 무가 있으며, 나와 나의 미래(미래의 나도 지금의 나와 다르다) 사이에도 무가 있다.

그 깨달음은 다시 내게 다음과 같은 인식을 전해준다. "나는 미래 속의 나 자신을 기다린다. 나의 불안은 그곳에서 나 자신을 발견하지 못할지도 모른다는, 심지어 그곳에 있고 싶어하지 않을지도 모른다는 두려움이다."[1] 이 불안을 느끼는 이유는 나의 '자아'가 시간이 지나도 계속 존재하는 안정적이고 견고한 실체가 아니라는 것을 내가 깨달았기 때문이다. 나의 자아는 오히려 내가 순간순간마다 되풀이해서 만들어나가는 것임을 깨달았기 때문이다.

나는 나 자신을 창조해야 할 뿐만 아니라 나의 세계도 창조해야 한다. 그러기 위해 나는 세계에 가치들을 부여한다. 사르트르 이전의 자유관에 따르면, 가치들은 나의 자유 이전에 이미 존재하는 것이었다. 나는 그 가치들

나는 미래 속의 나 자신을 기다린다

I. Jean-Paul Sartre, *Being and Nothingness*(Washington Square Press, 1992), p. 73.

사이에 놓여 있고, 나의 자유는 그 기존의 가치 중에서 마음대로 선택할 수 있다는 데 있었다. 그러나 사르트르적인 자유관에 따르면, 나는 자유를 통해 세계에 가치를 마음대로 부여하는 존재다. 자유는 가치에 선행한다. 삶은 내가 그것에 의미나 가치를 부여하지 않으면 아무런 의미도, 가치도 없다. 하지만 불행히도 내가 가치를 선택하는 것은 결코 정당화될 수 없다. 내 선택을 정당화할 수 있는 데 필요한 영원한(플라톤적인) 가치관, 계명, 성서 따위는 없다. 결국, 어느 가치관도 다른 가치관보다 객관적으로 더 가치 있다고 말할 수 있는 근거는 전혀 없다. 이 발견은 당연히 더욱 큰 불안으로 이끌게 된다.

"나의 자유는 그 자체로 무근거하면서도
가치들의 근거가 되어야 하는 고뇌에 빠져 있다."[1]

I. 앞의 책, p. 76.

분명히 내 자유는 절대적이지 않다. 의식은 존재 속의 '사실성'(즉, 변할 수 없는 성질)과 맞닥뜨린다. 바위가 내 앞길을 가로막고 있는데, 나는 바위가 거기 있다는 사실을 변화시킬 수도 없고 바위를 뚫고 나갈 수도 없다. 그러나 나는 '바위가 거기 있음'의 의미를 나름대로 해석할 자유는 있다. 즉, 나는 그것을 극복해야 할 장애물로 해석할 수도 있고, 산꼭대기에 오르려

는 내 목표가 좌절된 것으로 해석할 수도 있으며, 그냥 그 바위를 미학적 관조의 대상이나 과학적 표본으로 여길 수도 있다. 이러한 사실성의 해석을 사르트르는 '상황'이라고 부른다. 사실성을 해석하는 것은 곧 내가 거주할 세계를 창조하는 것이다. 나는 언제나 '상황' 속에 있으며, 언제나 세계들을 창조할 자유를 가지고 있다. 바로 그렇기 때문에 나는 "……자유를 선고받은 것이다."[1]

---

[1] Jean-Paul Sartre, "Existentialism Is a Humanism", in *Existentialism and Human Emotions*(Citadel Press, 1990), p. 23.

대부분의 사람은 '잘못된 신념'에서 세계를 창조한다. 다시 말해서, 자신의 책무와 자유를 직면하기보다는 그것들로부터 벗어나려 하고, 그것들을 부인하고, 다른 사람들이나 운명 또는 '제도'에게 전가하려 하는 것이다.

하지만 '올바른 신념'에서는 그런 것이 불가능하다. 우리는 우리의 성장 과정, 부모, 가난함(혹은 부유함)을 비난할 수 없고 운의 탓으로 돌릴 수도 없다. 왜냐하면 그것들이 우리에게 지니는 의미를 결정하는 것은 오직 우리 자신뿐이기 때문이다.

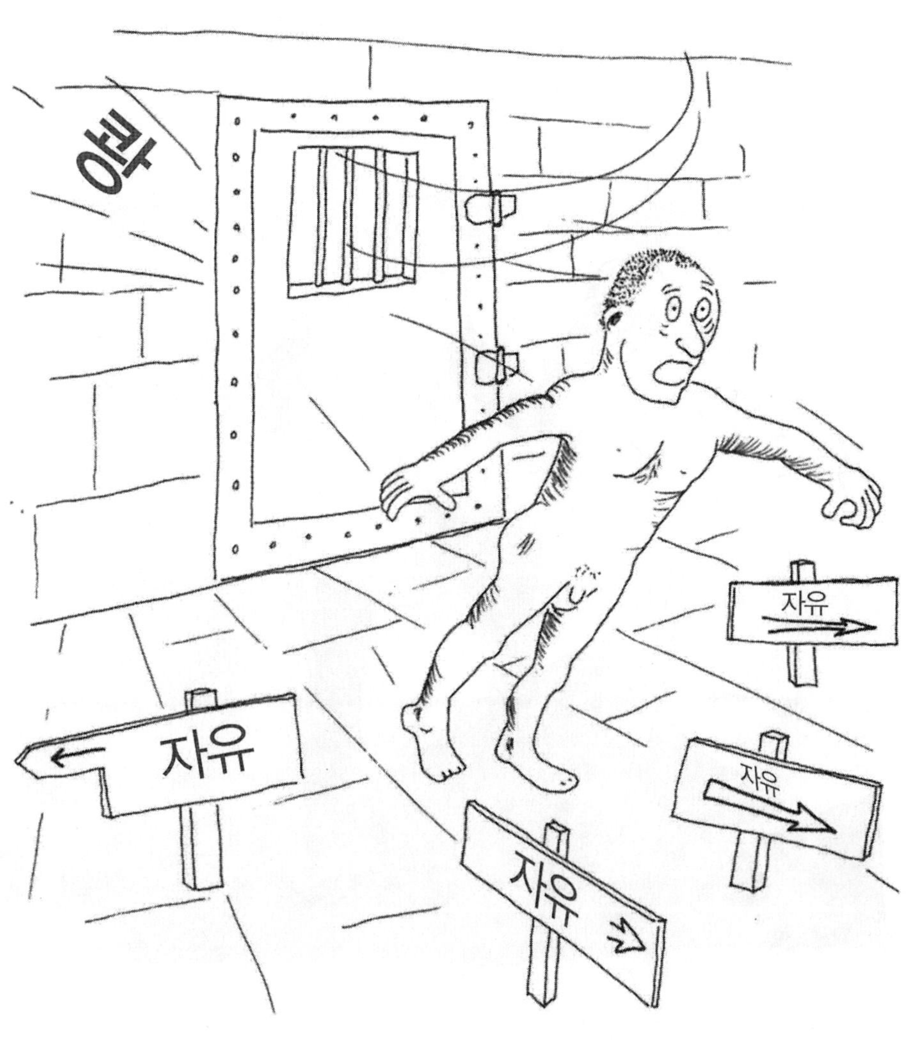

우리에겐 언제나 선택권이 있기 때문에 우리는 자유롭다. 궁극적인 대안은 바로 '죽음'이다. 만약 내가 자살하지 않는다면, 그것은 곧 죽음이 아닌 다른 대안을 선택했다는 뜻이다.

자유를 경험하는 데에서 중요한 문제는 불가피하게 다른 자유로운 존재들을 마주칠 수밖에 없다는 점이다.

내가 내 의식에 부여한 통합성은 타인의 나를 바라볼 때, 타인의 나를 자기 시선의 '대상물'로 삼을 때 일시적으로 깨어지게 된다. 그럴 경우에 나는 그를 바라보고 그를 내 대상물로 삼아야만 내 자아를 회복할 수 있다.(이것은 헤겔의 주인/노예 관계와 비슷하다. 물론, 사르트르의 경우에는 종합이 불가능하지만.) 이를 가리켜 사르트르는 "타인의 지옥"[1]이라고 말한다.

I. Jean-Paul Sartre, *No Exit*(Knopf, 1948), p. 61.

사르트르의 철학이 귀결되는 곳은 일종의 비관주의다. 그의 비관주의는 현대 세계를 살아가는 인간의 처지를 반영하고 있다. 물론, 사르트르는 자신이 비관주의자라고 생각하지 않는다. 오히려 그는 우리 모두를 영웅으로 만들어준다. 근거를 가진 인간 존재는 자신의 모든 행위가 궁극적으로 죽음과 존재의 불합리함 앞에서 무의미하다는 것을 알면서도, 행위를 계속 수행한다. 인간은 마치 신과 같이 자신의 세계를 창조한다. 마치 시지푸스처럼, 인간은 매일 아무런 핑계나 아무런 불평도 없이 존재의 가파른 경사면으로 바위를 굴려올리는 존재다. 결국, 그 바위는 자신의 것이니까. 자신이 창조한 것이니까.

구조주의와 포스트 구조주의

1960년대 초에 유럽을 휩쓸던 현상학과 분석 철학은 구조주의라는 새로운 운동에게 그 자리를 내주게 되었다. 이 운동은 현상학과 분석 철학에 대한 대응으로부터 비롯되었다. 그러나 구조주의자들은 실존적 현상학이 제기한 주제들로 끊임없이 되돌아가고자 했다.

소쉬르

구조주의는 철학에 큰 영향을 주었지만, 원래는 사회 과학에서 출발했다. 20세기 벽두에 스위스의 언어학자 페르디낭 드 소쉬르Ferdinand de Saussure(1857~1913)의 저작에서 단초를 마련했기 때문이다. 유작으로 사후에 출간된 소쉬르의《일반 언어학 강의》는 동시대인들과 실용주의자들의 큰 공감을 얻었으며, 장차 후기 비트겐슈타인의 사상을 예고하는 것이기도 했다. 그 책에서 소쉬르는, '의미'란 (합리론에서처럼) 고정된 실체의 이름도 아니고, (경험론에서처럼) 감각 경험의 이름도 아니라고 주장했다. 소쉬르에 따르면, 언어 현상의 의미는 그 기저에 있는 언어 '구조' 속의 위치와 기능에 의해 결정된다. 언어의 대상은 그것 자체에 내재하는 긍정적 속성에 의해 정의되는 게 아니라, 그것의 체계 속의 다른 대상들과 맺는 부정적 관계의 관점에서 정의되는 것이다.(따라서 언어의 소리[음성학적 가치]와 뜻[의미론적 가치]이 모두 중요하다. 예컨대, '돌'이라는 말은 '달'이나 '돈', '골'이 '아니기 때문에' 돌이라는 얘기다.)

소쉬르에 따르면, 언어는 기호sign들의 체계다. 기호는 소리(혹은 음성 이미지)와 뜻(혹은 개념)의 결합으로 이루어진다. 소리는 기표signifiant이라 부르며, 뜻은 기의signifié라고 부른다(이런 식의 용어법은 모든 구조주의

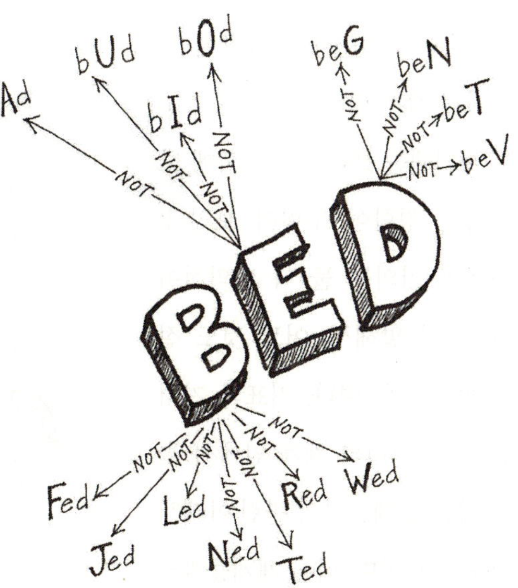

의 기능의 차이에 의해 전적으로 결정된다. 이와 관련해서 소쉬르는 "존재하는 것은 오직 차이뿐"[1]이라고 말했다.

레비 스트로스

저서의 끝부분에서 소쉬르는 기호에 관한 일반적인 학문이 필요하다고 말하면서 그것에 **기호학**이라는 이름을 붙였다. 그리고 기호학은 언어학을 바탕으로 성립하지만, 언어학조차 기호학의 일부라고 주장했다. 기호학에서는 인간의 관습, 의식儀式, 행위를 모두 기호(기표와 기의의 결합)로 간주하고 연구한다. 이러한 형태적 기호들 역시 언어학적 기호처럼 자의적이며, 마치 언어학적 기호와 언어의 관계처럼 다른 형태 체계의 부분들과 그런 관계를 맺는다는 것이다.

물론, 구조주의라는 학문을 주창한 사람은 소쉬르라고 해도 과언이 아니지만, 구조주의를 정립한 사람은 따로 있다. 그는 바로 프랑스의 인류학자 **클로드 레비 스트로스**Claude Lévi-Strauss(1908~1991)이다.

현대 인류학은 주로 특수한 사회 형태들을 조직하는 문제에 관심을 갖고 있다. 따라서 해당 문화권 내부의 공리주의적 가치에 입각하여 그 사회의 제도와 현상을 설명하는 일종의 **기능주의**적 접근 방식을 취한다.(예를 들면, 이런 식의 설명이다. 사막의 유목민 부족들이 만약 돼지를 길렀다면 그들은 생존하지 못했을 것이다. 그러므로 이 사회에서는 돼지고기를 먹는 걸 금지하는 제도가 자리잡게 된다. 그 때문에 '여호와'와 '알라'는 돼지고기를 금지한 것이다.[돼지고기는 장기간 보관할 수 없기 때문에 사막 지대에선 쓸모가 없다. 예컨대, 양은 젖을 짜서 우유와 치즈를 만들 수도 있고 고기를 말려서 장기간 보

레비–스트로스

I. 앞의 책, p. 120.

관할 수 있으므로 사막에서 기르기 적합한 가축이다. 이슬람 신앙에서 돼지고기를 금하게 된 이유는 바로 그렇듯 기능주의적 측면에 있다는 뜻이다.—옮긴이])

하지만 레비 스트로스는 사회 현상을 구조주의적으로 해석하는 데 반대한다. 실제로 유용성을 전혀 가지지 못하는 사회 제도들도 많이 있다는 것이다. 이런 제도는 그 사회 안의 다른 제도들과 관련 하에서만 의미를 찾을 수 있다. 또한 레비 스트로스는 특수한 사회 형태를 조직하는 데 관심을 가지기보다는 모든 사회의 보편적 특성을 찾고자 한다. 각 문화마다 여러 가지 다양한 차이점이 있지만 기본적으로는 모두 인간 두뇌의 산물이다. 그러므로 "모든 문화의 표층 아래에는 공통적인 특성들이 존재해야만 한다"[1]는 것이다.

이렇게 보편적인 것을 찾고자 하는 점에서 레비 스트로스는 20세기 중반에 주류를 이루던 기능주의 운동에서 벗어나 소크라테스와 플라톤으로부터 비롯된 철학적 전통에 몸담게 된다.(아직도 플라톤은 완전히 죽지 않았다!) 그들보다 더 현대적인 예를 든다면 종합적인 아프리오리 진리를 찾고자 했던 칸트의 노력과 비교할 수도 있을 것이다. 레비 스트로스가 그 철학적 전통에 새롭게 부가한 점은, 인간의 보편적 요소가 현상적 사실의 차원이 아닌 구조의 차원에 잠재되어 있다고 본 것이다.(사실, 맑스와 프로이트도 그와 비슷한 주장을 했다. 그런 점에서 맑스와 프로이트는 소쉬르처럼 구조주의에 영향을 준 사람이다.) 레비 스트로스가 스스로 밝힌 그의 방법을 살펴보면, 그의 사상이 소쉬르의 언어학에서 지대한 영향을 받았다는 것을 알 수 있다. 이를테면, 레비 스트로스는 마치 소쉬르가 기표를 말하는 것처럼 문화 현상을 설명한다.

II. Edmund Leach, *Lévy-Strauss*(Fontana, 1970), p. 26.

1 "연구 대상으로 삼은 현상을 두 개 이상의 개념이 실재하는 것이든 가정한 것이든 사이의 관계로 정의할 것."

2 "그 개념들 사이의 가능한 치환을 일람표로 작성할 것."

3 그 일람표를 필연적인 논리적 연관성의 구조로 만들 것("마치 화학 원소들의 주기율표처럼"). 그러면 연구 대상으로 삼은 경험적 현상이 "하나의 가능한 조합"에 불과하다는 점이 드러날 것이다.[1]

I. Claude Lévy-Strauss, *Totemism*(Beacon Press, 1963), p. 16.

여기서 주복할 것은 두 가지다. 첫째, 레비 스트로스의 방법은 합리론적이다(그 자체로 아프리오리한 것일 수밖에 없는 필연적인 논리적 연관성을 밝히려 한다는 점에서). 그는 경험적 현상 자체의 가치를 '강등'시키며, 경험론을 부인하고 있다. 둘째, 레비 스트로스는 자유와 결정론 사이의 중간적 기착지를 제공한다. 선택은 여러 가지가 있지만, 기본적으로 그것은 개인과 문화에 의해 엄격한 제한을 받고 있다. 즉, 그 선택을 포함하는 구조 체계가 선택을 창조하는 동시에 제한하는 것이다. 레비 스트로스는 이렇게 말한다. "개별적 인간 존재처럼, 인간 사회도 절대적으로 창조할 수는 없다. 다만, 특정한 조합들 중에서 선택할 수만 있을 따름이다."[11]

《야생의 사고》(1962)에서 레비 스트로스는 모든 인간 사고가 지니는 본질적으로 논리적인 성격을 보여주고자 하면서 이른바 원시 부족들에서도 그것을 볼 수 있다고 말한다. 모든 정신 활동의 논리적 토대는 대립적인 것, 대조되는 것, 유사한 것을 승인하는 데 있다. 그런 의미에서 '야생의 사고'(이는 있는 그대로의, 즉 '날것'의 사고라는 뜻이다) 역시 대단히 합리적이라고 봐야 한다. 나아가, 그 책에서 그는 자연에 관한 거칠고 조잡한 형태의 감각 자료를 특히 중시하고 있으며, 색깔이나 소리, 냄새, 맛 등 감각과 관련된 어휘들 사이의 유추적인 체계를 파악하는 직관적 능력이 있음을 강조하고 있다.

《야생의 사고》는 레비 스트로스의 선배 인류학자들은 물론, 일반 사람에게도 널리 퍼져 있는 편견, 즉 원시 부족은 마치 아이처럼 행동하고 사고한다는 믿음을 완전히 근절하고자 한다. 이에 대해 그는 일반적인 상식을 뒤엎는 두 가지 요소를 든다. 첫째, 그는 전형적인 원시적 사고이면서도 우리의 사고 방식보다 훨씬 세련된 사고의 영역을 보여준다. 둘째, 그는 문화적 사고를

II. Claude Lévy-Strauss, *Trites Tropiques*(Athenium, 1964), p. 160.

표방하면서도 실상은 원시적인 사례들을 보여준다.

원시 부족의 세련된 사고에 관해 레비 스트로스는 필리핀의 어느 부족을 예로 들고 있다.

하누누족은 야생 식물들의 93%을 문화적으로 중요한 것으로 여기고 있다.⋯⋯그들은 새의 종류를 75개나 되는 범주로 구분하고 있다.⋯⋯뱀들도 10여 가지 종류로 구분하며⋯⋯물고기의 종류도 60가지나 된다.⋯⋯또한 하누누족은 곤충들도 108가지로 분류하고 각기 이름을 달리 부르는데, 그 중 개미의 종류만도 13가지나 된다.[1]

---

1. Claude Lévy-Strauss, *The Savage Mind*(Chicago Univ. Press, 1966), p. 4. 이 글은 레비 스트로스가 H. C. Conklin의 예일대학 박사 학위 논문에서 허가를 얻어 인용한 부분이다.

'세련된' 문화 안에 존재하는 원시적 사고의 예는 우리 주변에서 얼마든지 찾을 수 있다. '조지 워싱턴이 사용했던 침대', 마돈나가 썼던 브래지어, 미국 헌법 초안이라고 전해지는 문서 등등 이른바 문화적 상징물을 대하는 우리의 태도를 보면 된다(사실, 그 초안 문서가 없었더라도 미국 헌법은 탄생했을 것이다). 많은 사람은 그런 물건들을 원시적인 신앙처럼 숭배하고 있다.

요컨대 레비 스트로스에 따르면, 시대와 민족을 불문하고 보편적으로 타당한 인간 사고의 원리는 존재한다는 것이다. 물론, 역사적·문화적 사건들이 쌓이면서 그 원리는 추상화되고 기술적으로 모호해질 수는 있지만, 그렇다고 해서 그것이 대체된다거나 위장될 수는 없다. 이 보편적인 논리를 가장 순수한 형태에서 관찰하기 위해서는 기술 문명 이전 시대에 사는 사람들의 '오염되지 않은' 정신을 연구해야 한다. 그런 방식을 통해 우리는 인류의 통합을 추구할 수 있을 것이다.

라캉

1970년대 말에 이르러 구조주의는 또 다른 사상의 주자에게 바통을 내주게 되었다. 그 사상은 단일하지 않고 서로 상충하는 부분이 많지만, 대략적으로 총칭해서 '포스트 구조주의'라는 용어로 부른다.

　　이 '운동'은 사실 구조주의를 노골적으로 거부하고
나선 것이 아니다. 오히려 구조주의의 핵심 내
용을 수정하고 심화시킨 것이라고 할 수 있
다. 구조주의와 마찬가지로, 포스트 구조주
의도 철학이 아니라 사회 과학, 정신분석학,
문학 비평 등에 뿌리를 두고 있다. 구조주의
와 포스트 구조주의를 잇는 가교 역할을 한
것은 프랑스 정신분석학자 자크 라캉Jacques
Lacan(1901~1981)이 쓴 난해하고 모호한《에크
리》라는 책이다. 그러나 라캉은 자신의 새로운
이론을 발명했다거나, 정신분석학의 창시자인
지그문트 프로이트의 이론을 재해석했다고 여기
지 않고, 단지 프로이트의 저작을 세심하게 읽었다

자크 라캉이
지그문트 프로이트를 읽고 있다

고만 말했다(이를 테면, 다른 사람들이 읽어내지 못한 것을 읽어낸 것이다). 비록 신경학은 프로이트
가 예견했던 정신분석학의 경험적 증거를 밝혀내는 데 실패했지만, 라캉은 그것에 굴하지 않고
언어학을 통해 정신분석학을 정당화하고자
했다. 정신분석학은 궁극적으로
"대화를 통한 치료"를 목적으
로 하고 있기 때문이다. 라
캉에 따르면, "무의식은 언
어처럼 구조화되어 있다"[1]
고 한다. 이 경구는 언어
학의 통찰력을 인간 정신
의 연구에 응용하는 계기가
된다.

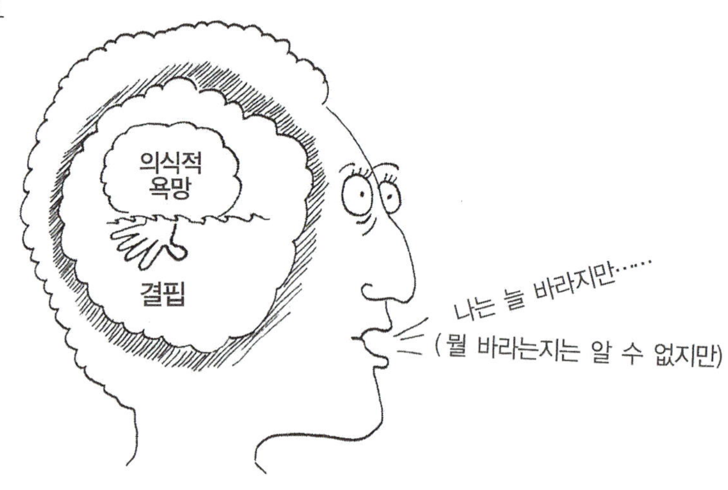

I. Jacques Lacan, *The Four Fundamental Concepts of Psycho-Analysis*, trans. Alan Sheridan(W. W. Norton, 1978), p. 20.

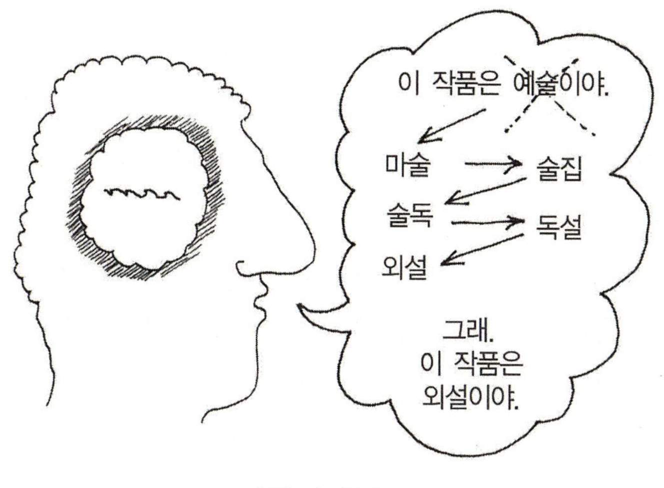

환유적 추론

물론, 언어 이전의 경험 같은 것은 있다. 유아는 그런 경험을 통해 온통 니체적인 무질서로 가득한 가운데에서도 '실재'에 다가갈 수 있다. 아이에게 실재란 고통과 기쁨으로 경험되지만, 아이는 언어에 접근함으로써 점차 실재로부터 외화(소외)된다.

유기체적 욕구(프로이트는 이것을 '본능적 욕구'라고 불렀다)는 본래적인 결핍으로 경험된다. 유기체적 욕구가 언어로 번역되면서 그것은 욕망이 되며, 본래적인 결핍의 경험은 무의식 속으로 들어가게 된다. 그렇기 때문에 인간은 탐욕을 제어하지 못하는 존재인 것이다. 욕망의 근저에는 근본적인 존재의 결핍이 있다. 그러나 욕망은 언어의 제약을 받으므로 그 결핍에 직접 접근할 수 없다.

욕망은 환유의 경로를 따라간다.('환유'란, 의미가 하나의 기표에서 그것과 의미나 발음이 유사한 다른 기표로 치환되는 것을 뜻한다. 예컨대,

"그는 술독에 빠져 산다"는 말, 또는 시에서 흔히 사용하는 각운의 경우를 예로 들 수 있다.) 즉, 욕망은 하나의 기호에서 인접한 기호로 항상 옮겨다니지만, 그래도 기호가 감추고 있는 절대적인 결핍은 결코 이해하지 못한다. "욕망은 환유다"라는 라캉의 말은 바로 이런 과정을 가리킨다. 욕망은 요구로 번역되지만, 그 요구도 실은 특정한 대상과 관련된 게 아니다. 어떤 대상도 한번 영원히 상실해버린 대상을 대체할 수는 없기 때문이다.

진정한 욕구(하지만 기표의 그물에 포획된 욕구)를 찾아 환유적인 방랑을 하다보면 "그 과정에서 지쳐 욕망은 궁극적으로 그 자체의 대상이 되어버린다." 이렇게 해서 욕망은 욕망을 욕망하게 된다. 바로 이것을 가리켜 라캉은 "욕망은 타자의 욕망이다"라는 유명한 말을 남겼다. 모든 욕망은 궁극적으로 타자가 욕망하는 욕망, 즉 타자에 의해 부과되는 욕망이다. 그렇다면 결국 모든 요구는 애정에 대한 요구인 셈이다.

무의식 속에 억압된 것은 생물학적 본능이 아니다. 생물학적 본능은 이미 언어로 번역되었기 때문이다. 따라서 무의식에 위임된 것은 언어—기표—이다. "무의식은 기표들의 연쇄다." 의식적인 언어와 사유에서는 기의의 객관성(즉, 의미의 객관성)이 중시된다. 이는 곧 기표(단어)의 창조성을 위장한다. 그로 인해 기표가 손쉽게 정상적인 경계선을 통과하여 그 기표 자체와 가능한 기의들 사이의 전혀 새로운 관계를 드러낼 수 있다는 사실이 모호해지며, 심지어 부인되기에 이른다. 무의식적 언어와 사유는 그러한 진실을 알고 있지만, 의식적 사유와 언어('이성의 담론' 또는 로고스)는 조직적인 억압을 통해 그 엄청난 깨달음을 무시해버린다.

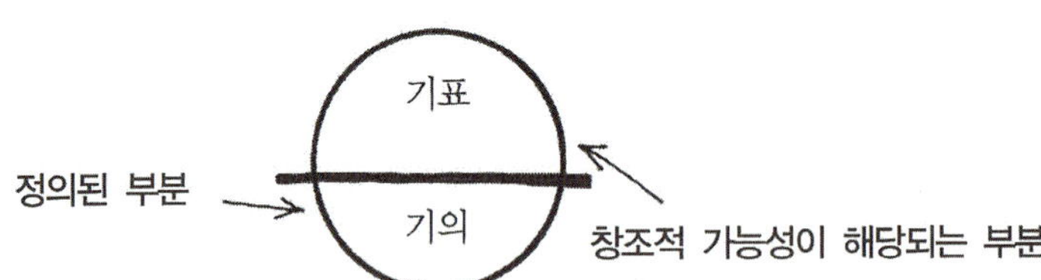

I. Jacques Lacan, *Écrits: A Selection*(W. W. Norton, 1982), p. 175.

II. 앞의 책, p. 264.

III. 앞의 책, p. 297.

의식적 언어는 고정된 의미를 지니는 종래의 기호들을 사용한다. 사실 그래야만 한다. 그렇지 않다면 우리는 대화를 통해 서로를 이해할 수 없기 때문이다. 그러나 무의식은 그런 공식적 이해의 필요성에서 벗어나 있다. 따라서 무의식은 기표의 현실적 의미를 고려하지 않고 기표와 자유로이 어울릴 수 있다. 그 결과, 무의식은 자신만의 은밀한 '의미들'을 낳게 된다. 하지만 의식과 무의식 사이에는 가교가 있다. 그 다리는 바로 시詩다. 시적 언어는 무의식적 언어의 형태와 아주 가깝다. 따라서 그것은 의식과 무의식의 대화를 중재하는 역할을 한다.("나는 조용한 바다 위를 매끄럽게 스쳐가는 한 쌍의 거친 발톱이 되었어야 했다."[IV])

시인은 공적인 '겉'과 사적인 '안' 사이의 시점에서 떠돈다. 라캉에 따르면, 환자와 시인의 차이는 단지 환자의 시적 표현이 기표들 사이의 관계를 엄격하게 사적인 범위 안으로 국한되어 있는 것뿐이라고 한다. 영화에 나오는 어느 정신병 환자는 프랑스 구어에서 자전거를 탄 경찰

침묵 — 고민하는 시인   침묵 — 고민하는 환자

IV. T. S. Eliot, "The Love Song of J. Alfred Prufrock", in *The Waste Land and Other Poems*(Harcourt, Brace, Jovanovich, 1962), p. 6.

을 '제비'라고 부른다는 것을 알고 있기 때문에 새를
두려워한다. 이때 그는 순수하게 사적인 시의 세
계 속에서 살고 있는 것이다. 그는 말로 전달
할 수 없는 고통스런 사적 경험을 가지고 있
다. 그의 정신을 얽매고 있는 기표들의 그
물을 따라 그 경험을 추적해보면 무의식
이 도사리고 있음을 알게 된다.

　라캉은 유아의 세계(일부 정신병 환자
의 세계)를 가상계라고 표현한다. 여기
서는 주체가 자기 자신의 가상, 공상 속
에 파묻혀 있다. 가상의 '상'(이미지)은 경
험이 언어로 외화되기 이전의 체험을 반영한
다. 그 가상의 덫에서 빠져 나오기 위해서는 언어의 충족성 속으로, 즉 '상징계' 속으로 들어가
야 한다. 대상의 이름을 짓는 것으로써 주체는 그 대상으로부터 벗어날 수 있다. 즉, 대상을 명
명할 때 주체는 자신이 그 대상과 같지 않다고 부인하는 것이다. 상징에 접근함으로써 정신은
단단하게 고착되며, 가상의 무차별적인 유입으로부터 벗어난다. 그로써 정신은 자아와 자아,
자아의 대상을 중재할 수 있게 된다. 이렇게
"자신을 상징에 등록할 수 없다면" 개
별성이 나타날 가능성은 없어진
다. 개별성은 바로 차별성을
필요로 하기 때문이다.

　라캉은 상징 질서 속에
들어가는 것을 결코 좋게
여기지 않는다. 긍정적인
측면에서 본다면 그것은 개
별성을 가능하게 하며, 인간
을 자연에 비해 우위에 있도

록 해준다. 하지만 부정적인 측면을 보면, 자기 자신을 자연으로부터 외화시키고 자신의 원래 자아를 억압하는 무의식을 창조하게 된다. 따라서 인간은 점점 인위적이 되어가고, 자신의 원래 존재의 진실로부터 멀어지며, 엄격한 결정론의 체계 속으로 들어가게 된다. 라캉을 비관주의자라고 간주할 수 있는 이유는 바로 이런 결정론 때문이다.

인간은 상징계에 접근하면서 그 자체의 규칙과 구조를 지닌 기존의 체계 속으로 들어간다. 자아는 기존의 관계망에 동화된다. 그 안에서 자아는 결코 원인이 될 수 없고 오직 결과만 될 수 있다. 주체는 언어 구조에 의해 만들어진다. 기호들 사이의 관계라는 논리가 실재의 체험을 대체한다. 개인은 기호들의 자율적인 질서에 사로잡힌 포로가 되는 것이다. 후기 하이덱거처럼, 말하는 것은 주체가 아니라 언어다.

데리다

유럽 대륙의 포스트 구조주의 운동에서 또 한 명의 중요한 이론가는 자크 데리다Jacques Derrida(1930~2004)이다. 그런데 물론 그는 철학을 연구했지만, 그의 사상에서 가장 큰 특징은 공교롭게도 언제나 이성의 중재자로 자처해왔던 철학을 그 특권적 위치에서 끌어내리는 것이다. 데리다는 전통적인 철학을 '로고스 중심주의'라는 말로 조롱한다. 철학은 그동안 고압적인 자세로 다른 형태의 글쓰기, 특히 시, 은유, 문학 등이 철학적 담론에 비해 '진리'에서 멀다면서 평가 절하해왔다. 철학은 마지못해 언어를 사용하여 철학적 통찰력을 의미와 실재로 표현한다. 그러나 데리다는 철학적 담론도 역시 다른 방식의 말하기나 글쓰기와 마찬가지로 숱한 변천을 겪으며, 의미나 실재의

디즈니랜드에 온 파리장 철학자

뜻을 말하려 한다면 필연적으로 자멸할 수밖에 없
다고 말한다.

그래서 데리다는 20세기의 자칭 플라톤들에
맞서 기꺼이 20세기의 소피스트임을 자임한
다. 그의 상대론은 소쉬르 언어학을 근
본적으로 수정한 결과다. 만약 소쉬르
가 주장한 것처럼 모든 기호가 다른
기호들과의 차이로 정의되는 것이라
면, 모든 기호는 곧 다른 모든 기호
를 포함하게 된다. 그러므로 어떠
한 '의미'도 완전히 현존할 수 없으
며, 오히려 모든 의미는 무한히 미뤄
지고 '지연'된다.(데리다는 이 점이 그 자
신의 의미에도 해당한다고 인정한다! 즉 그
의 담론 역시 그가 비판하는 담론 위에 기생한
다는 것이다. 하지만 그는 이 역설을 흔쾌히 받아
들다. 그를 비판하는 사람들이 볼 때는 약간 지나치
게 흔쾌하다고나 할까?)

의미의 잉여

　　의미와 존재('존재'는 '의미'의 맥락 속에서만 모습을 드러낼 수 있다)의 현존은 모두 실상은 부
재不在이며, 모든 부재는 현존이다. 데리다는 이러한 '의미의 잉여'를 가리켜 '차연差延, dif-
férance'이라고 부른다. 이 말은 프랑스어 차이différence에서 재치있게 철자를 바꿔 만든 용어
인데(발음은 똑같다.―옮긴이), 프랑스어 동사인 différer가 '다르다'는 뜻과 '미루다'는 뜻을 모두
가지고 있다는 데에서 착안한 것이다.[1]

　　여기서 그의 말장난은 단순한 장난이 아니라 아주 중요하다. 데리다의 사상은 거의 모든 단
어가 중첩되는 의미를 가지고 있다는 사실을 알아야만 이해할 수 있기 때문이다. 예컨대, 랜덤

I. Gayatri Chakravorty Spivak이 번역한 Jacques Derrida, *Of Grammatology*(Johns Hopkins Univ. Press,
　　1976), p. XⅠiii~XⅠiv에 실린 역자 서문에서 한 différence에 대한 용어 풀이를 참조하라.

하우스 판 사전에서 '개dog'라는 단어를 찾아보자.(지은이는 영어의 dog을 말하는 것이므로, 아래의 뜻 가운데 우리 말의 '개'와 다른 뜻도 있다.—옮긴이) 그에 따르면, 개는 집에서 기르는 개과의 동물로서 늑대, 재칼, 여우와 다른 뜻이기도 하며, 반면에 그 동물들을 모두 포함하기도 한다. 또한 암캐와 달리 수캐만 지칭하기도 하며, 동시에 둘 다를 포함시키기도 한다. 또 '개를 닮은 여러 가지 동물들'을 가리키기도 한다. 나아가, 개라는 말은 '비열한 젊은이', '못생기고 따분한 여자'라는 뜻이 있는가 하면 발을 나타내는 익살스러운 뜻도 있고 '중요하지 않는 것 또는 아주 나쁜 품질'이라는 뜻도 있다. 게다가, '물건을 잡거나 고정시키는 데 쓰는 기계장치 가운데 하나'라는 뜻도 있으며, 소시지나 파멸go to the dogs, 불행a dog's life이라는 뜻으로도 사용하고,

개 없이 에스컬레이터에 타는 경우

데카르트적 로고스 해체하기

해방적인 성격으로 전환되기 위해서는 남근 중심주의 자체가 해체되어야 한다. 이렇게 해체라는 부정적 행위는 필연적으로 창조라는 긍정적 행위를 수반하게 된다. 그래서 시수와 이리가레는 여러 방식으로 여성 특유의 언어와 글쓰기 형식을 개발하고 있다. 이러한 공통의 목표가 있지만, 그 철학자들 사이에도 중요한 편차는 있다.

여기서 뤼스 이리가레의 사상을 요약해보자. 그녀는 언어심리학을 공부했고 현재 정신분석가로 일하고 있지만, 박사 학위는 철학으로 받았다. 그녀에 따르면, 철학이 '핵심 학문'이라는 역할은 마땅히 의문시되어야 한다. 왜냐하면 철학은 진리를 추구하는 학문임을 자임하고 있기 때문이다.

정신분석가로서 이리가레는 프로이트 자신과 라캉이 독해한 프로이트에게서 큰 영향을 받았다. 그러나 프로이트 이론이 오히려 가부장적 담론의 로고스를 무너뜨리려는 그녀의 시도를 저해한다는 것을 깨닫고서 그녀는 프로이트가 여성성을 설명하는 데에서 예의 그 여성 혐오적인 논리를 구사하고 있다고 맹렬히 비판하기에 이르렀다. 묘하게도, 프로이트는 여성이 성에

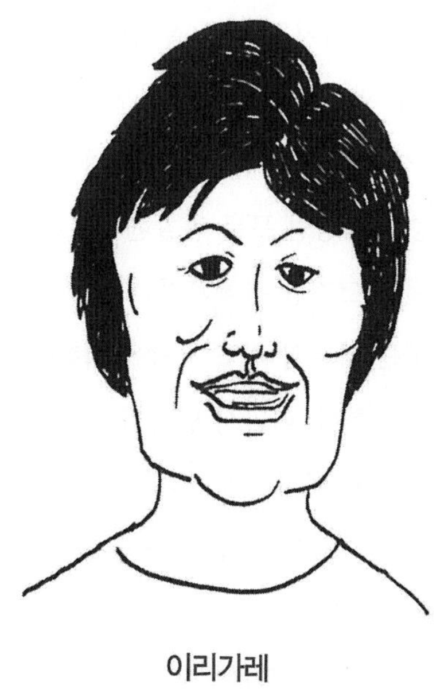

이리가레

눈뜨게 되는 계기가 시각적 인식이라고 주장했다. 어린 소녀가 벌거벗은 소년의 몸을 보고서 자신에게는 없는 게 소년에게는 있다는 사실을 깨달으면, 소녀는 자신의 것을 빼앗겼다고 믿고서 소년을 부러워하게 된다는 것이다. 성적 차이는 시각에 의존하는데, 여성에게서는 아무 것도 볼 것이 없으므로 여성은 '결핍'으로 정의되며, 따라서 표상의 바깥에 있게 된다. 즉 여성은 불완전하고 부적절한 남성으로 비치게 되는 것이다.

이리가레는 《타자 여성의 스페쿨룸》(1974)에서 그 터무니없는 논리를 부수는 작업에 착수한다. 우선 제목에 나온 스페쿨룸speculum이라는 말 자체에 주목해야 한다. 이 말은 원래 '거울'이라는 뜻이었지만, 지금은 산부인과 의사들이 여성의 자궁을 들여다보는 의료 기구인 검경檢鏡을 주로 뜻한다(그렇기 때문에 '본다'는 뜻을 가진 접두어 'spec'이 붙었다). 나아가, 스페쿨룸은 사색speculate이라는 말과도 통하므로 철학적 구상과 접목될 수 있다.

이리가레는 스페쿨룸의 첫 번째 의미를 이용하여 데카르트의 철학을 설명한다. 그의 철학은 정신이 그 자신의 존재를 성찰하는 것을 보여주었다. 그것은 단조로운 방 안에 갇힌 공허하고 자폐적인 자아였다. 철학자들은 이 나르시시즘에 빠진 데카르트의 사색을 인간의 조건에 대한 명상이라고 주장하지만, 실은 남성적(남근적) 사유 과정에 대한 명상일 따름이다. 따라서 그것은 여성을 성찰의 부정적인 존재로만 표상하는

소녀가 벌거벗은 소년의 몸을 본다

**데카르트적 자아의
반영으로서의 여성**

데에서 벗어나지 못한다. 두 번째 의미와 관련해서 (남성) 산부인과 의사는 '스페쿨룸'을 통해 여성성의 특성인 무를 관찰한다. 그런데 그것을 관찰하려면 그 기구는 자궁의 경도 모양을 취해야만 한다. 따라서 남성의 시선은 결국 여성성에 의해 결정되는 것이다. 남성 철학자들은 아무리 열심히 '사색'해봐도 그들의 사색, 즉 그들의 시선을 결정하는 여성적 타자를 표상할 수 없다.(여성적 특권은 시각이 아니라 촉각에 있다. 그러나 촉각은 눈에 보이지 않기 때문에 [남성적] 정신에 비추어질 수 없는 것이다.) 이리가레는 〈하나가 아닌 성性〉이라는 중요한 글에서, 여성은 '탈중심화'되고 '복수화'되어 있기 때문에 정의할 수 없는 존재라고 말한다. 시수나 크리스테바처럼, 이리가레 역시 여성의 '차이'를 설명하려면 여성의 무의식을 조사해야 한다고 생각한다. 그녀는 자신의 분석에서 라캉의 남근적 '상징계'를 핵심 범주로 사용하지 않고, '가상'을 주로 이용한다. 이것은 프로이트가 말한 오이디푸스 이전의 엄마와 딸의 관계(프로이트와 라캉의 이론에서 이 부분은 중요하게 다루어지지 않는다)를 가리키는데, 여기서 이리가레는 단순히 남성의 부정적인 거울 이미지가 아닌 '자아'를 발견한다.

이리가레는 '여성의 말'이 오이디푸스 이전의 영역으로부터 비롯되는 것임을 설명한다. 그녀의 첫 저작인 《치매 환자의 언어》(1973)는 치매에 걸린 환자들과 그들이 하는 말 사이의 관계를 탐구하고 있다. 그것은 소외의 관계이다. 즉, 말하는 사람이 진정한 화자가 아니라 말과 문구들 자체가 치매 환자를 통해 저절로 흘러 나오는 수동적 과정이다. 하지만 이리가레에 따르면,

그것은 바로 남근 중심적 담론에 접했을 때 여성이 겪는 과정이기도 하다. 지금까지 여성은 침묵으로 일관하거나 남성의 눈을 통해서 (문자 그대로) '보여진' 자신을 그대로 재현해야만 했다. 다시 말해서, 여성은 자신을 지우는 언어를 모방해야 했던 것이다. 이리가레는 진정으로 여성적인 창조적 언어, 글쓰기, 사유의 형태를 추구한다. 그것을 통해서만 여성은 자신을 표상할 수 있을 것이며, 이리가레가 여성과 등치시켰던 물과 공기의 유연한 요소들처럼 "지속적이고, 팽창적이고, 끈끈하고, 유용하고, 확신적이고……열기의 정도에 따라 늘 부피와 힘이 변화하는"[1] 존재가 될 수 있을 것이다. 그 모습은 이리가레 자신의 글쓰기와도 크게 닮은 꼴이다.

철학이여, 어디로 가시나이까?

I. Luce Irigaray, *Ce Sexe Qui n'en est pas un*(Minuit, 1977), 109.

말해서, 자유란 행위자가 자신의 행위에 책임질 수 있는 방식으로 행위가 이루어지는 경우를 가리킨다. 어떤 철학자('자유주의자')들은 그런 행위가 존재하며, 누구나 자유로이 자신의 행위를 선택할 수 있다고 말하면서 결정론이 잘못이라고 주장한다.("나는 X라는 행위를 했다. 그러나 그와 똑같은 상황에서 나는 Y라는 행위를 할 수도 있었다. 그러므로 X는 자유로운 행위다.") 또 어떤 철학자(온건한 결정론자)들은 자유로운 행위가 존재하는건 사실이지만, 그 기준을 참된 선택이 아니라 자발적인 행위라는 관점에서 찾는다.("나는 X라는 행위를 하고 싶어서 X를 했다. 그러므로 X는 자유로운 행위다.") 또 다른 철학자(강경한 결정론자)들은 자유로운 행위의 정의에 관해서는 자유주의자들에게 동의하지만, 그런 행위나 행위자가 존재한다는 것을 부인한다.

전체론holism. 한 체계의 부분들은 독립적이거나 서로 구분된 단위가 아니라 전체 체계와의 관계 속에서 의미를 가질 수 있다고 보는 입장.

정신분석학psycho-analysis. 지그문트 프로이트가 개발한 이론. 억압된 소망과 공상의 원인을 무의식에서 찾으려 하며, 이 무의식적 동기가 의식이나 기타 정상적 또는 비정상적 행동 전반에 영향을 미친다고 보는 이론이다. 정신 요법은 이 이론에 바탕을 두고 있다.

존재론ontology. 존재에 관한 이론. 이를테면, 다음과 같은 문제들을 추구하는 철학의 분야다. "실재란 무엇인가?", "외양과 실재의 차이는 무엇인가?", "정신과 신체의 관계는 어떠한가?", "개념들도 실재하는가, 아니면 물리적 대상들만이 실재하는가?"

존재론적 논증ontological argument. 신에 대한 생각으로부터 신의 존재를 연역할 수 있다는 것을 보여줌으로써 신의 존재를 증명하고자 하는 아프리오리한 농증. 플라톤적 전통에 따르는 수많은 종교 철학자가 이 논증을 옹호했다. 처음 정식화한 사람은 안셀무스이며, 이후 데카르트, 스피노자, 라이프니츠, 헤겔의 저작에서도 여러 형태로 등장한다. 찰스 하트션 Charles Hartshrne이나 노먼 맬컴Norman Malcolm등 현대적인 옹호자들도 있다. 그러나 그것을 거부한 철학자도 많은데, 예를 들면 토마스 아퀴나스. 흄, 칸트, 키에르케골 등이 대표적이다.

종말론eshatology. 최종적인 사건이나 상태에 관한 연구. 신학에서는 죽음이나 최우의 심판,

세계의 종말에 관한 연구를 가리킨다.

종합 명제synthetic proposition. 실재에 관해 사실적인 주장을 담은 진리나 허위의 명제. 분석 명제와는 달리, 종합 명제의 부정은 자기 모순을 빚지 않는다("고양이가 양탄자 위에 있다"와 "고양이가 양탄자 위에 있지 않다"는 둘 다 실재에 관한 사실적인 주장이다). 경험론자들은 종합 명제가 항상 아포스테리오리하다고 믿는다. 다시 말해서, 관찰을 통해서만 입증되거나 반박될 수 있다는 것이다. 그와 반대로, 칸트는 종합적 아프리오리 명제가 가능하다고 보았다.

주관주의subjectivism. 객관적인 진리나 가치가 없다고 보는 견해. 모든 진리와 가치는 개인의 주관성(주체성)에 따라 상대적이다(주관주의는 상대주의의 한 변형이다).

지복 직관the beatific vision. 축복과 행복을 가져다주는 커다란 깨달음.

진화evolution. 오랜 기간에 걸쳐 하나의 생물 종이 다른 생물 종으로 바뀌는 과정.

집합론set theory. 수의 대상들을 집합의 관점에서 정의하고(예컨대, '짝수'는 2로 나누어질 수 있는 모든 수의 집합이다) 집합들 사이의 논리적 관계를 확립하려는 수학의 한 분야.

충분 조건sufficient condition. X라는 대상이나 관념을 X라고 규정해주는 요소, 속성, 상태. 예를 들어, 불은 열의 충분 조건이지만 필요 조건은 아니다(열은 불 없이도 발생할 수 있다). 필요 충분 조건도 있을 수 있다. 생명은 모든 유기체의 필요 충분 조건이다. 2로 나누어진다는 것은 짝수의 필요 충분 조건이다. 4로 나누어진다는 것은 짝수의 충분 조건이지만 필요 조건은 아니다.

카논canon. 모든 종교적·철학적·학문적 전통의 믿음에 대해 그 전통의 권위자들이 중요하다고 규정한 문헌이나 책. 예를 들면, 창세기는 유대교와 그리스도교의 카논이며, 마가 복음서는 그리스도교도에게는 카논이지만 유대교에게는 카논이 아니다.

카타르시스catharsis. 위험한 감정들을 정화하는 것. 아리스토텔레스는 연극 예술에 능동적으로 참여함으로써 카타르시스를 얻을 수 있다고 주장하지만, 냉수 샤워를 통해 카타르시스를 얻는다는 이론도 있다.

쾌락주의hedonism. 쾌락과 고통이 올바른 행위의 유일한 동기여야 한다고 보는 견해(에피쿠로스와 벤담이 옹호한 '도덕적 쾌락주의'), 혹은 쾌락과 고통이 자발적 행위의 유일한 동기라고 보는 견해(홉스가 옹호한 '심리적 쾌락주의').

펠라기우스파Pelagianism. 펠라기우스가 이끌던 종교 분파. 중세 초기 그리스도교에 의해 이단으로 규정되었다. 교회 측의 주장으로 따르면, 펠라기우스파는 원죄를 부정하고 구원받기 위해 자유 의지의 역할이 중요하다는 점을 지나치게 강조했다.

프리스킬리아누스파Priscilliansim. 5세기에 스페인의 주교 프리스킬리아누스가 이끌었던 그리스도교의 한 이단. 삼위 일체설(성부인 신과 성자인 예수, 성령이 일치한다는 견해)을 주장했으나 아우구스티누스의 비판을 받았다.

플라톤적 실재론 Platonic realism. 보편자가 실재하는 본질과 기타 일반적 속성을 나타낸다고 주장한 중세의 플라톤적 언어와 정신 이론. 본질(형상)은 그것이 나타내는 물리적 대상보다 실재적이라고 보았다.

플라톤주의Platonism. 플라톤 철학의 여러 사상 가운데 하나에 뿌리를 둔 이론. 이를테면, 지적·정신적 세계가 물질적 세계보다 실재적이며 그것의 원본에 해당한다고 보는 입장, 본질은 단지 추상이 아니라 아래로 내려갈수록 덜 실재적이라고 보는 입장, 실재를 의존성의 위계로 구분하고 아래로 내려갈수록 덜 실재적이라고 보는 입장 등이 있다.

필연성necessity. (1)논리적 필연성: 두 가지 명제 사이에 논리적 필연성이 있다는 것은 곧, 둘 중 하나를 긍정하고 다른 하나를 부정할 경우에는 모순이 빚어지는 관계를 가리킨다. 예를 들어, 내가 남자일 경우에 "영희는 내 누이동생이다"라는 말과 "영희는 최소한 한 명의 오빠가 있다"는 말은 서로 논리적 필연성의 관계에 있다. 하나를 긍정하고 다른 것을 부정하면 모순이 되기 때문이다. (2)존재론적 필연성: 두 사건 X와 Y가 사이에 존재론적 필연성이 있다는 것은 곧, 앞의 사건 X가 반드시 Y보다 먼저 일어나야 한다는 뜻이다.(결정론에서는 모든 사건이 필연적이라고 주장한다. 즉. 모든 사건은 필연적으로 선행하는 사건에서 나온다는 것이다. 반면에 비결정론에서는 어떤 사건도 필연적이지 않다고 주장한다.)

필요 조건necessary condition. X라는 대상이나 관념이 X라고 규정되기 위해서는 반드시 존재해야 하는 요소, 속성, 상태. 그 조건이 없으면 그 대상이나 관념은 X가 될 수 없다. 예를 들어, 산소는 연소의 필요 조건이다. 어떤 필요 조건은 **충분 조건**이 되기도 한다. 생명은 모든 유기체의 필요 충분 조건이다. 2로 나누어진다는 것은 짝수의 필요 충분 조건이다. 4로 나누어진다는 것은 짝수의 충분 조건이지만 필요 조건은 아니다.

합리론rationalism. 참된 인식은 '일차적으로' 이성으로부터 나온다고 보는 인식론적 견해('순수한' 합리론에서는 '오로지' 이성에서만 인식이 나온다고 본다). 정신은 스스로 물질을 만들어내서 그것에 작용을 가할 수 있다. 대개의 합리론에서 이 물질은 본유 관념의 형태를 취한다. 그러므로 합리론에서는 **아프리오리**한 인식이 가장 중요한 인식 형태이다. 합리론적 **존재론**에서는 정신과 세계를 동일한 것으로 본다. 따라서 현실적인 것은 이성적인 것이다. 전형적인 합리론자들은 데카르트, 스피노자, 라이프니츠 등 17세기와 18세기에 활동했던 대륙의 철학자들인데, 그밖에 파르메니데스, 플라톤, 헤겔 같은 철학자들도 합리론자로 분류된다.

해체deconstruction. 프랑스의 현대 철학자 자크 데리다가 페르디낭 드 소쉬르의 언어학을 독특하고 도발적으로 독해한 결과로 만들어낸 개념. 해체는 텍스트(철학서, 소설, 법학서, 과학서)에 관한 이론으로서, 그에 따르면 사유와 언어의 본성 때문에 거의 모든 전통적 텍스트는 자신을 '해체'하고 있다고 한다. 다시 말해서, 그 텍스트들은 스스로 그 안에 담긴 테제를 침해하며 논박하고 있다는 것이다.

허무주의nihilism. 아무 것도 존재하지 않으며 아무 것도 존재할 가치가 없다고 보는 견해.

허위 의식false consciousness. 맑스주의 용어인데, 프리드리히 엥겔스가 처음 사용했다. 이데올로기의 지배를 받는 사회 구성원들의 심리적 상태를 가리킨다.

형상forms. 플라톤과 아리스토텔레스의 철학에 등장하는 개념. 플라톤(그의 철학에서는 보통 대문자를 써서 Form으로 표기한다)은 물리적 혹은 개념적 세계 내에 존재하는 모든 것이 형상에 의존한다고 보았으며, 형상은 세계와 독립적으로 존재하며 모든 실재의 모델(본질, 보편자, 원형)이라고 말했다.(이 책에서는 문맥에 따라 '이데아'라는 말로 옮기기도 했다. 플라톤 철학을 주로 다룬 책에서는 보통 이데아라는 말을 더 많이 쓴다. 영어의 form이나 idea는 모두 그리스어 eidos에서 파생된 용어다.—옮긴이) 형상은 영원 불멸하며, 모든 참된 철학의 궁극적 대상이다. 아리스토텔레스도 형상을 사물의 본질이라고 보았지만, 그는 형상이 사물과 독립적으로 존재하는 게 아니라 그 내부에 있다고 말했다. 한 대상의 형상과 기능은 궁극적으로 서로 연관되어 있다.

형이상학metaphysics. 일반적으로 사변적인 세계관을 구성하고자 하는 철학의 분야. 모든 실재와 경험에 대해 완벽하고 체계적으로 설명하고자 하며 보통 인식론, 존재론, 윤리학, 미학 등을 포함한다('형이상학적'이라는 형용사는 주로 과학적이거나 상식적이 아니라 사변적인 이론 또는 명제의 성질을 가리킬 때 사용한다).

환원론reductionism. 복잡해 보이는 실재의 차원들도 더 단순하고 근본적인 차원들로 환원시킬 수 있다는 점을 입증하려는 철학적 프로젝트. 이를테면, 모든 물리학적 대상을 원자 구조로 설명하거나 모든 정신적 사건들을 신경학적 사건으로 설명하려는 시도가 그것이다.

회의론skepticism. 인식의 가능성을 부인하는 태도. 전반적 회의론은 모든 인식의 가능성을 부인한다. 그러나 특정한 탐구 분야(예컨대, 형이상학)나 특정한 기능(예컨대, 감각 지각)에 대해서만 회의론을 품을 수도 있다.